本书由

中央党史和文献研究宣传专项引导资金项目资助

（项目批准号：YDZJ20202030）

DONGXIBU FUPIN XIEZUO
HE DUIKOU ZHIYUAN ZHONG DE
SHANGHAI YANGBEN

上海样本

东西部扶贫协作和对口支援中的

郭继　侯桂芳　孙宝席　许璇

著

上海人民出版社

目　录

第十章　与乡村振兴战略有效衔接的启示和思考

序　言

东西部扶贫协作和对口支援，是推动区域协调发展、协同发展、共同发展的大战略，是加强区域合作、优化产业布局、拓展对内对外开放新空间的大布局，是实现先富帮后富、最终实现共同富裕目标的大举措。2020年现行标准下农村贫困人口全面脱贫任务的完成，是东西部扶贫协作和对口支援制度优越性的最好体现。经过改革开放40多年的探索实践，具有鲜明中国特色的东西部扶贫协作和对口支援这一制度性创新，创造了许多人类脱贫史上的奇迹。上海作为典型的东部地区，是东西部扶贫协作和对口支援制度创新的重要实践者之一。

这一制度创新不仅是中国特色社会主义制度优越性的展现，更是解决区域发展不平衡的一个有效途径。梳理这一制度创新的历史演变历程，有利于我们更好地理解中国共产党如何在不同的历史阶段采取不同的扶贫举措，有利于我们更好地理解中国怎样实现近1亿人口脱贫的艰巨任务。

第一章

东西部扶贫协作和对口支援

制度的缘起和历史演进

中国幅员辽阔，各地资源环境禀赋差异大，使得中国一直存在着比较突出的发展不平衡问题，特别是西北、西南一些地区以及其他一些革命老根据地、偏远山区、少数民族地区和边境地区，长期低产少粮，群众生活贫困。改革开放以来，随着经济建设的快速发展，一些有条件的地区快速发展起来，东西部发展的差距逐渐拉大。对此，党中央提出"两个大局"战略构想，作出东西部扶贫协作和对口支援这一具有中国特色的制度创新。

第一节　改革开放早期我国地区发展不平衡及贫困状况

区域发展不平衡一直是中国的一个特点，有客观的地理环境因素，也有历史根源。到鸦片战争前夕，东部地区的封建经济已有了几千年的历史，并在封建社会中，由于商品经济的发展，已经孕育了资本主义萌芽。与此同时，西部各少数民族地区社会经济的发展很不平衡，从原始共产主义到封建地主制，存在着各种社会形态，其中封建经济的发育程度也明显低于东部地区。到近代以后，这种差距与不平衡明显地呈现在中国的经济生活中。[①]1949年新中国刚建立时，区域经济不平衡十分明显。据统计，1949年，沿海地区占全国国土总面积的11.4%，却占全国工业总产值的77.6%；而中西部内陆地区占全国国土总面积的88.6%，工业总产值仅占全国总数的22.4%。其中西北、西南两个地区占全国国土面积的31%和23%，而工业总产值分别只占全国总数的2%和6%。

尽管在改革开放以前，以毛泽东同志为核心的党的第一代中央领导

---

① 黄健英：《我国东西部发展不平衡的历史溯源》，《黑龙江民族丛刊》1990年第2期。

集体就如何促进中国的均衡发展进行了大量的探索实践、理论思考，特别是毛泽东的《论十大关系》。《论十大关系》试图通过调整重工业和农业、轻工业的投资比例，在内地新建工业的同时好好利用和发展沿海的工业老底子，兼顾国家、集体、个人，发挥地方积极性等，来解决重工业和轻工业、农业的关系，沿海工业和内地工业的关系，国家、生产单位和生产者个人的关系，中央和地方的关系，从而最终达到把我国建设成为一个强大的社会主义国家的目的。但因当时迫于外部环境和中国经济实际，采取的优先发展重工业的战略和追求经济增长的高速度，使得均衡发展只能是一种良好的愿望。虽然中国历史上形成的西部工业落后的状况有了较大程度改观，但东西部差距并未随着西部工业生产的布局而消除。如果以东部地区人均国民收入为1，1953年东中西部的差距为1：0.78：0.64，到改革刚开始的1979年则变为1：0.6：0.56。据统计，到1982年，全国29个省区市都处于低人类发展水平，其中，上海是全国人类发展水平最高的地区，人类发展指数（HDI）[①]为0.54，仍然低于中等人类发展水平的标准。西藏是全国人类发展水平最低的地区，人类发展指数仅为0.21，属于人类发展水平极低地区，东西部的差距可见一斑。[②]

从资源禀赋上看，中国地势西高东低，呈梯级分布。东部地矿资源缺乏，但气候温暖湿润，地肥土沃，水热条件配合充分，交通条件方便，适合人类生长、生活和社会生产的发展，因此东部沿海地区普遍经济基础较好，商品经济较为发达，科学文教水平较高，信息比较灵通，历史上就与国外有广泛联系，在资金、人才资源、技术力量、文化教育

[①] 人类发展指数（HDI）由联合国开发计划署编制，通过出生时预期寿命、教育水平和收入水平三大类指标反映居民生活质量的综合发展状况。0.8以上为极高人类发展水平；0.7—0.8为高人类发展水平；0.55—0.7为中等人类发展水平；0.55以下为低人类发展水平。

[②] 胡鞍钢、石智丹、唐啸：《改革开放以来中国各地区人类发展水平差异持续缩小》，清华大学国情研究院微信公众号（ID：tsinghuaiccs），2018年12月12日。

等方面具有明显的优势。西部地矿资源丰富,以天然气和煤炭为例,据统计,西部地区所占全国总储量的比重分别高达 80.2% 和 49.2%。在全国已探明储量的 156 种矿产中,西部地区有 138 种。在主要矿产资源中,西部有 24 种占全国保有储量的 50% 以上。同时,西部还拥有丰富的土地资源、水能资源、生态资源以及旅游资源等方面的优势。西部土地面积占全国的 71.4%,其中拥有广阔的草原面积,人均占有耕地 2.1 亩,是全国平均水平的 1.6 倍。但高寒干旱,加之与内陆腹地交通不便,信息不灵,不利于人类生活和社会生产的发展。正是中国自然地理、人口地理和经济地理的这种不平衡性,使中国长期存在一种东富西贫的状况。

同时,中国的发展不平衡问题还体现在城乡发展的不平衡上,这也使得中国的贫困问题主要是农村人口的贫困问题。根据测算,1978 年中国贫困人口有 2.5 亿人,占农村人口比例的 33%,且西部农村地区的贫困发生率远高于东中部农村地区。如 20 世纪 50 年代国家确定的甘肃定西、甘肃河西、宁夏西海固等集中连片最困难的地区,就素有"苦瘠甲天下"之称。定西的绝对贫困面高达 76%,水土流失面积超过 90%,大多数农民过着"全天两顿粥,三代一床被,草皮作燃料,洪水解饥渴"的日子,山区的农民更是穷得连柴都烧不起;西海固曾被联合国专家评价为"这里不具备人类生存的基本条件"。不仅如此,非贫困地区的农村贫困问题也不容忽视,它们的贫困人口占全部贫困人口的比例远远超过贫困地区,而且非贫困地区的绝大多数贫困人口没有或很少受到各级政府的关注和支持。[①]

可以说中国地区发展不平衡问题和贫困问题是交织在一起的。针对

---

① 李实、古斯塔夫森:《八十年代末中国贫困规模和程度的估计》,《中国社会科学》1996 年第 6 期。

这个问题，实行改革开放后，中共中央从 1982 年至 1986 年连续 5 年发布以"三农"为主题的中央一号文件。这 5 个一号文件，对实现农村改革率先突破、调动广大农民积极性、解放农村生产力起到了巨大的推动作用。不过，由于东部沿海地区具有较好的经济基础，优越的地理位置，相对较高的资本边际效率等多方面优势，随着沿海地区率先发展战略的实施和国家的政策倾斜，东部沿海地区取得了快速的经济增长，加上西部地区自身存在的诸多不利因素，导致了西部地区发展的相对滞后，东西部发展差距进一步扩大。

首先，据第三次全国工业普查数据，1986 年至 1995 年，中国东、中、西部地区工业总产值年均增长速度分别为 18.8%、14.39%、13.3%，中西部地区工业发展速度明显慢于东部地区。从固定资产投资比重来看，1995 年东部地区占全国的 67.41%，中部地区占 20.43%，西部地区仅占 12.16%。其次，东西部在生产总值上存在差距且日益加大。从国民生产总值来看，在国土面积、人口结构份额没有明显改变的情况下，国民生产总值却发生显著的变化。东、中、西部国民生产总值结构份额由 1980 年的 52.3∶31.2∶16.5 改变为 1993 年的 60.1∶26.8∶13.1。占国土总面积 10.7% 的东部地区创造的生产总值是占国土面积 69.1% 的西部地区的近 5 倍。再次，东西部在人均国民生产总值、人均收入以及脱贫率方面存在差距并呈现逐步增长的趋势。据统计，1980 年东、西部地区人均国民生产总值分别是 488.3 元和 274.3 元，西部地区大约相当东部地区的 56.17%。到 1995 年，全国人均国民生产总值 4757 元，其中东部地区 7910 元，西部地区 2696 元，东部是西部的 2.93 倍。西部地区的经济增长率低，其脱贫速度也慢。1994 年，在全国的贫困人口中，西部占 40%，且返贫率较高；中部占 38%，东部仅占 22%。全国重点贫困县共 592 个，其中西部就有 366 个，约占全国的 62%。

针对上述情况，党和国家自改革开放以来，在做大经济发展蛋糕的同时，开始更多地从推动区域平衡发展的角度考虑解决西部地区的贫困问题。这自然而然促使党关于贫困问题的理念发生转变。

第二节　共同富裕构想和"两个大局"思想的提出

区域发展不平衡带来的贫困问题，是中国共产党实现为中华民族谋复兴、为中国人民谋幸福的初心和使命，必须首先解决的基本问题。为解决这一问题，中国共产党自新中国成立之初就不断进行思考和谋划。新中国成立后，面对一穷二白的国情，以毛泽东同志为核心的党的第一代中央领导集体针对中国的贫困问题，最早提出"共同富裕"的概念，并且将共同富裕与社会主义联系起来思考。1953 年 12 月，由毛泽东主持制定的《关于发展农业生产合作社的决议》提出"逐步实行农业的社会主义改造，使农业能够由落后的小规模生产的个体经济变为先进的大规模生产的合作经济，以便逐步克服工业和农业这两个经济部门发展不相适应的矛盾，并使农民能够逐步完全摆脱贫困的状况而取得共同富裕和普遍繁荣的生活"[①]。1955 年，毛泽东再次指出："在土地改革后，农民发生了分化。如果我们没有新东西给农民，不能帮助农民提高生产力，增加收入，共同富裕起来，那些穷的就不相信我们，他们会觉得跟共产党走没有意思……要巩固工农联盟，我们就得领导农民走社会主义道路，使农民群众共同富裕起来，穷的要富裕，所有农民都要富裕，并

---

① 《建国以来重要文献选编》第 4 册，中央文献出版社 1993 年版，第 662 页。

且富裕的程度要大大超过现在的富裕农民。"① 由于当时中国人口的 80%
以上为农民，所以毛泽东提出的农民共同富裕思想，其实就是使全中国
人民共同富裕。但是，由于计划体制下实施重工业赶超发展战略，农业
处于为国家现代化提供原始积累的位置，过早过度的集体化，束缚了农
民的生产积极性，农村农民贫困问题没有得到有效解决，农业发展和农
民生活改善比较缓慢。

1978 年党的十一届三中全会作出把全党的工作重心转移到经济建
设上来、实行改革开放的历史性决策后，农村改革率先取得突破，以包
产到户、包干到户为主要形式的家庭联产承包责任制，充分调动了农民
的生产积极性，促进了农业生产的迅速发展，农民收入得到很大提高。
共同富裕的理想被再度唤醒。邓小平在总结过往社会主义建设过程中正
反两方面的经验教训并吸收借鉴其他社会主义国家建设得失的基础上，
提出"先富带动共富"的共同富裕构想。

早在党的十一届三中全会召开前举行的中央工作会议上，邓小平就
指出，应该"允许一部分地区、一部分企业、一部分工人农民，由于辛
勤努力成绩大而收入先多一些，生活先好起来。一部分人生活先好起
来，就必然产生极大的示范力量，影响左邻右舍，带动其他地区、其他
单位的人们向他们学习。这样，就会使整个国民经济不断地波浪式地向
前发展，使全国各族人民都能比较快地富裕起来"，并强调"这是一个
大政策，一个能够影响和带动整个国民经济的政策"②。1985 年 3 月，
在全国科技工作会议上，邓小平强调共同富裕是社会主义的目的，他
指出："社会主义的目的就是要全国人民共同富裕，不是两极分化。"③
9 月，在中国共产党全国代表会议上，邓小平强调共同富裕是社会主义

---

① 中共中央文献研究室编：《建国以来重要文献选编》第 7 册，中央文献出版社 1993 年版，
第 308 页。

② 《邓小平文选》第 2 卷，人民出版社 1994 年版，第 152 页。

③ 《邓小平文选》第 3 卷，人民出版社 1993 年版，第 110—111 页。

必须坚持的根本原则之一，他说："在改革中，我们始终坚持两条根本原则，一是以社会主义公有制经济为主体，一是共同富裕。"①1986 年初，邓小平与新西兰总理谈话时，指出："我们坚持走社会主义道路，根本目标是实现共同富裕，然而平均发展是不可能的。过去搞平均主义，吃'大锅饭'，实际上是共同落后，共同贫穷，我们就是吃了这个亏。"②1988 年 9 月，邓小平进一步把部分先富带动共富的思想概括为"两个大局"战略构想。其中，一个大局是："沿海地区要加快对外开放，使这个拥有两亿人口的广大地带较快地先发展起来，从而带动内地更好地发展，这是一个事关大局的问题。内地要顾全这个大局。"另一个大局是："发展到一定的时候，又要求沿海拿出更多力量来帮助内地发展，这也是个大局。那时沿海也要服从这个大局。"③一部分地区有条件先发展起来，一部分地区发展慢点，先发展起来的地区带动后发展的地区，最终达到共同富裕。如果富的愈来愈富，穷的愈来愈穷，两极分化就会产生，而社会主义制度就应该而且能够避免两极分化。解决的办法之一，就是先富起来的地区多交点利税，支持贫困地区的发展。当然，太早这样办也不行，现在不能削弱发达地区的活力，也不能鼓励吃"大锅饭"。什么时候突出地提出和解决这个问题，在什么基础上提出和解决这个问题，要研究。可以设想，在 20 世纪末达到小康水平的时候，就要突出地提出和解决这个问题。到那个时候，发达地区要继续发展，并通过多交利税和技术转让等方式大力支持不发达地区。不发达地区又大都是拥有丰富资源的地区，发展潜力是很大的。总之，就全国范围来说，我们一定能够逐步顺利解决沿海同内地贫富差距的问题。④

---

① 《邓小平文选》第 3 卷，人民出版社 1993 年版，第 142 页。
② 《邓小平文选》第 3 卷，人民出版社 1993 年版，第 155 页。
③ 《邓小平文选》第 3 卷，人民出版社 1993 年版，第 277—278 页。
④ 《邓小平文选》第 3 卷，人民出版社 1993 年版，第 374 页。

至此，共同富裕构想形成完整的体系，也是东西部扶贫协作和对口支援制度诞生的理论基础。

依照共同富裕构想，东西部扶贫协作和对口支援形成了"鼓励先富、带动后富、东西联合、共同富裕"方针。这是基于中国共产党要带领中国人民实现共同富裕的目标决定的。无论是毛泽东，还是邓小平，都反复强调共同富裕是社会主义的目的，没有共同富裕的社会主义就很难显示出它的优越性。但共同富裕不是同步富裕，不同地区存在的发展差距是不可否认的现实。为避免再走过去平均主义的老路，也不陷入富者越富、穷者越穷的"马太效应"，已经发展、富裕起来的地区，帮助发展中的没有富裕起来的地区，是社会主义的必然要求。2016 年 7 月 20 日，习近平总书记在宁夏银川主持召开的东西部扶贫协作座谈会上总结 20 年东西部扶贫协作和对口支援，指出"西部地区城乡居民收入大幅提高、基础设施显著改善、综合实力明显增强的同时，国家区域发展总体战略得到有效实施，区域发展协调性增强……这在世界上只有我们党和国家能够做到，充分彰显了我们的政治优势和制度优势。东西部扶贫协作和对口支援必须长期坚持下去"。

依照共同富裕构想，东西部扶贫协作和对口支援坚持"因地制宜、合理分工、各展所长、优势互补、共同发展"，成为具有中国特色共同发展的重要制度性举措之一。共同富裕首先是富裕。因此，在东西部扶贫协作和对口支援的过程中，东部地区仍然需要继续加快发展，西部地区需要在解决贫困问题的基础上实现新发展，发展成为东西部地区的共同需要。这就决定了在东西部扶贫协作和对口支援的过程中，双方必须坚持发展理念，找准自身的优势和长处，看大局、算大账，坚持互惠互利，坚持错位发展，通过共同发展最终实现共同富裕。正如江泽民同志在 20 世纪 90 年代指出的"实现小康目标，不仅要看全国的人均收入，还要看是否基本消除了贫困现象。这就必须促进各个地区经济协调发展"。不难看出，东西部扶贫协作和对口支援也是促进地区经济协调发展的有效手段。

依照共同富裕构想，东西部扶贫协作和对口支援不仅仅是物资上的帮扶，更是产业互补、人员互动、技术互学、观念互通、作风互鉴。马克思主义关于共同富裕的论述，可以分为狭义和广义两个层面：从狭义层面上主要强调在生产资料社会所有制基础上劳动者通过按劳分配实现的生活资料平等占有的状态；广义层面上则主要强调全体社会成员在生产资料社会所有制基础上通过联合劳动生产和共享社会产品所达到的一种平等状态，体现的是全体社会成员之间实现富裕的平等性和机会的公平性。正如习近平总书记讲的："我们说的共同富裕是全体人民共同富裕，是人民群众物质生活和精神生活都富裕，不是少数人的富裕，也不是整齐划一的平均主义。"[①] 这决定了东西部扶贫协作和对口支援不能是简单地停留在给钱给东西的救济层面，而是为了促进发展有差距的不同地区最终实现物质生活和精神生活都富裕，因此必须是除了经济上的帮扶外，更多的是通过人员互动、技术互学、观念互通、作风互鉴，来调动贫困地区干部群众积极性、创造性，不断激发脱贫致富的内生动力。

总之，东西部扶贫协作和对口支援是实现共同富裕的重要举措之一，是社会主义制度优越性的重要体现。

第三节　对口支援体制的先行实践

东西部扶贫协作和对口支援制度的形成，有一个发展过程。最早实践的是对口支援。这与中国少数民族地区经济发展缓慢的国情有关。

---

① 《习近平著作选读》第 2 卷，人民出版社 2023 年版，第 501 页。

1951年5月，中央人民政府与西藏地方政府签订《中央人民政府和西藏地方政府关于和平解放西藏办法的协议》(简称《十七条协议》)，宣告了西藏的和平解放。为了依据西藏的实际情况，逐步发展西藏的农牧工商业，改善人民生活，中央人民政府提出了帮助西藏地区发展的指导思想。而这一帮助包括派汉族干部到西藏工作，还包括帮助在拉萨建水力发电厂、皮革厂、小型铁厂，在日喀则建小型火力发电厂，修筑水坝等项目。1960年西藏农业区和牧业区的民主改革获得成功后，中央投入更大的物力、财力、人力支持西藏开始建立现代化工业体系，并组织各部门和发达省、市在人力、物力、财力和技术等多方面援藏。但这一时期对于各地的积极性的调动和发挥还没有被放到突出的位置。

1978年党的十一届三中全会召开后，为了弥补中央财政的不足，同时促进地区之间的横向经济协作，国家对民族地区的发展工作思路随着"两个大局"战略构想的逐步形成而开始发生变化。1979年4月召开的全国边防工作会议上，乌兰夫作题为《全国人民团结起来，为建设繁荣的边疆巩固的边防而奋斗》的报告。报告总结新中国成立以来关于民族工作的经验教训，提出"要组织内地省、市，实行对口支援边境地区和少数民族地区"的要求，并明确北京支援内蒙古，河北支援贵州，江苏支援广西、新疆，山东支援青海，天津支援甘肃，上海支援云南、宁夏，全国支援西藏。1979年7月，中共中央批转了该报告，这种通过较发达地区结对帮扶落后地区发展的对口支援政策被正式提出并确定下来。9月，党的十一届四中全会通过《中共中央关于加快农业发展若干问题的决定》，专门指出"我国西北、西南一些地区以及其他一些革命老根据地、偏远山区、少数民族地区和边境地区，长期低产缺粮，群众生活贫困。这些地方生产发展快慢，不但是个经济问题，而且是个政治问题。国务院要设立一个有有关部门负责同志参加的专门委员会，统筹规划和组织力量，从财政、物资和技术上给这些地区以重点扶持，帮助它们发展生产，摆脱贫困"①。对口支援机制就是在这一思想指导下诞生的解决少数民族地区发展落后问题的举措，丰富了关于脱贫工作的经验和做法。

1982年10月，为更好地实施对口支援政策，促进少数民族和贫困地区的经济社会发展，国家计委、民委在银川市召开经济发达省市同少数民族地区对口支援和经济技术协作工作座谈会。1983年1月，国务院批转了这次座谈会议纪要，明确了对口支援工作的原则、重点、任务等问题，强调对口支援必须坚持"共同发展"和"互利互惠"的方针，坚持"经济效益与互助风格的有机结合"的原则。1984年中央召开第二次全国经济技术协作和对口支援会议。会议指出，对口支援是我国在社会主义现代化建设新时期，根据各民族之间经济文化发展水平还存在着事实上的不平等，地区之间还存在着自然资源分布不平衡的客观实际，为更好地帮助少数民族地区发展经济文化建设，促进经济发达省市的经济得到更大的发展所采取的一项重要措施。② 国务院副总理万里在会议上指出："经济技术协作和对口支援，两种形式都需要。一种是互助互利的，这是根本性的。一方吃亏，一方占便宜，不符合经济规律。另一种是支援性的，经济发达的省、市支援落后地区。要把眼光看得更远一点，着重考虑将来，考虑整体，要有点牺牲，或者保本薄利，或者保本无利。这似乎不符合经济规律，但从长远看，对整个国家的发展将起重大作用，也是互利的。我们的对口支援，是从整个国家的利益着眼的，是社会主义制度优越性的体现，一定要搞好"。"我国边远地

① 中共中央文献研究室编：《三中全会以来重要文献选编》(上)，中央文献出版社2011年版，第167—168页。
② 伍精华：《开展对口支援帮助少数民族地区发展经济建设》，《经济工作通讯》1984年第14期。

区，多半是少数民族聚居区。现在最穷困的地区，也多半是这些地方。对口支援，帮助少数民族地区发展经济，让他们尽快富起来，不仅有经济意义，而且有重大的政治意义，是我国的一个大政策。因此，先进地区有责任帮助边远地区、少数民族地区发展经济。对口支援，当然也要讲平等协商、互惠互利、互相支援、共同发展。但有些时候被支援的受惠多些，支援的就要有些牺牲，暂时吃亏。经过充分调查研究，项目选择得好，也不一定做不到一开始就能互利。在这个问题上要强调整体利益、长远利益，即使眼前吃点亏也要干。牺牲自己地区或自己城市的一些利益，支援少数民族地区、落后地区，如同专业户支援贫困户差不多，能使我们国家各地区都逐步富裕起来，这有重大的经济意义和政治意义"①。他还特别要求沿海省市不要到内地和少数民族地区去"挖"人才，而是要在技术和开发智力方面，给这些地区以大力支持。正如邓小平同志所说"西藏是人口很稀少的地区，地方大得很，单靠二百万藏族同胞去建设是不够的，汉人去帮助他们没有什么坏处。如果以在西藏有多少汉人来判断中国的民族政策和西藏问题，不会得出正确的结论。关键是看怎样对西藏人民有利，怎样才能使西藏很快发展起来，在中国四个现代化建设中走进前列。目前西藏情况有了明显的变化，西藏人民生活有了不小的改善，但总的讲还是处于落后状况，还有很多事情要做。不仅西藏，其他少数民族地区也一样。我们的政策是着眼于把这些地区发展起来"②。

1991 年 12 月，国家民委在上海首次召开全国部分省、自治区、直辖市对口支援工作座谈会，对十多年来的对口支援工作进行总结。座谈会纪要指出对口支援不同于一般的经济技术协作和横向联合，是有领

① 万里：《万里同志在全国经济技术协作和对口支援会议上的讲话（摘要）》，《中国经贸导刊》1984 年第 14 期。

② 《邓小平文选》第 3 卷，人民出版社 1993 年版，第 246—247 页。

导、有组织、有计划的，不以营利为目的而以帮助少数民族地区加快发展为己任的一项既有政治意义又有经济意义的工作，并提出对口支援的十六字原则：支援为主，互补互济，积极合作，共同繁荣。可以说，具有中国特色的对口支援体制至此基本确立下来。第一，这是一个既有政治意义又有经济意义的工作，决定了支援方和受援方必须把政治性摆在第一位，也就是要始终从国家整体利益出发思考推动对口支援工作，特别是支援方即使在无利的情况下也要把这项工作作为政治任务完成好。第二，对口支援不是无偿援助，其出发点和落脚点是共同发展、共同富裕，因此，互惠互利是确保对口支援能够持续有效开展下去的关键。第三，对口支援的目标不仅是帮助受援地发展经济建设，还包括发展文化建设、提升受援地的自我发展能力、促进支援方的发展等内容，这决定了对口支援的内容非单一化的，而是丰富的、广泛的、相互的。总之，中央关于对口支援的认识经过20世纪80年代的实践逐步粗具雏形，关于其核心内容基本明确，从而成为指导实践的重要依据。

各地，特别是经济发达地区和少数民族地区对照中央关于对口支援的论述和工作要求，努力按照客观经济发展的要求，探索调动地区、部门、企业的积极性参与对口支援工作，发展出多方面、多层次的、各种各样的联合和协作。以上海为例，自1979年确定对口支援关系后，完成与云南、宁夏、新疆、西藏的对口支援项目1900多项，为支援对象培训了各类技术管理人才12000多人次。全国9省市支援西藏的43项工程如期完工交付使用。对口支援的领域也发展到工业、农业、商贸、科技、人才、文教、卫生、扶贫、劳务等各个领域，对促进少数民族地区发展发挥了很大作用：一是推动被支援地区重点企业的改造、整顿，改善了经营管理，提高了经济效益。二是帮助被支援地区解决技术难关，不断提高了产品质量，增加了轻、纺、手等产业的花色品种。三是培训人才，促进了智力开发。四是帮助少数民族地区进行了资源考察和研究，提出了合理的开发利用方案，并通过合资联营、补偿贸易等方式，共同开发矿产资源，发展农、林、畜产品加工工业，推动了少数民族地区的经济建设。五是在物资上互通有无，解决了生产上的部分紧缺需要。对口支援和经济技术协作的开展，也促进了经济发达省、市的生产建设。

第四节　东西部扶贫协作和对口支援政策的形成和完善

自党的十二大、十三大提出小康社会目标和社会主义现代化建设"三步走"战略之后，党和国家一直把消除贫困作为建设小康社会的底线任务，进行了大量的理论思考和实践探索。

事实上，除了少数民族地区，中国还有许多其他地方也存在着群众生活贫困的现象。这部分群体摆脱贫困问题对于我们国家的现代化建设、对于小康社会目标的完成同样十分重要。尽管改革开放以来，中央通过推动改革促进了农业农村发展、农民增收，解决了很多人的温饱问题，"但总的说来，人民的生活水平还是比较低的。在农村中的一部分低产地区和受灾地区，农民还很贫困"[1]。针对这个问题，中央在大力推动旨在帮助少数民族地区发展的对口支援工作的同时，于1986年5月16日由国务院办公厅发出《关于成立国务院贫困地区经济开发领导小组的通知》，成立专门的扶贫工作机构——国务院贫困地区经济开发领导小组（1993年更名为"国务院扶贫开发领导小组"），开启开发式扶贫工作的新时期。

所谓开发式扶贫，不同于传统的救济式扶贫，其关键是"造血"，

---

[1] 《十二大以来重要文献选编》（上），人民出版社1986年版，第19页。

就是利用贫困地区的自然资源，通过政府在生产、加工、销售等方面给予必要的政策、资金、技术和市场流通方面的支持，帮助贫困人口提高自我积累、自我发展的能力。这更多要靠经济规律办事，要靠除了中央政府转移支付以外更多的力量的加入。对此，5月14日召开的国务院贫困地区经济开发领导小组第一次全体会议，提出了10条帮扶贫困地区脱贫的措施，其中一条是积极发展和不断扩大贫困地区与经济发达地区的横向经济联系。中央要求国务院和有关省、自治区都要建立贫困地区领导小组，加强领导。6月，国务院办公厅转发的《国家科委〈关于考察大别山区的汇报提纲〉的通知》，更是明确提倡发达地区在技术、信息、人才等方面对贫困地区实行对口支援，包括与贫困地区联营合办企业等。其实，就是把对口支援少数民族地区发展的一些好做法引入到扶贫开发中。经过1986年到1993年8年的不懈努力，到1993年年底，中国农村贫困人口由1.25亿人减少到8000万人，占农村总人口的比重从14.8%下降到8.7%。开发式扶贫取得显著成效。

进入20世纪90年代，也是中国进入到"三步走"战略的第二步战略实施的关键期，按照预定目标中国应该在20世纪末人民生活从温饱进入小康。帮助8000万农村贫困人口摆脱贫困成为建成小康社会必须首先解决的重要问题。1994年4月，国务院颁布《国家八七扶贫攻坚计划》，明确提出："社会主义要消灭贫穷。为进一步解决农村贫困问题，缩小东西部地区差距，实现共同富裕的目标，国务院决定：从一九九四年到二〇〇〇年，集中人力、物力、财力，动员社会各界力量，力争用七年左右的时间，基本解决目前全国农村八千万贫困人口的温饱问题。"并认为，"这是一场难度很大的攻坚战"[1]。八七扶贫计划还首次对东西部扶贫协作的内容，作了一个较为完整的表述："北京、

---

[1]《十四大以来重要文献选编》（上），人民出版社1996年版，第774页。

天津、上海等大城市，广东、江苏、浙江、山东、辽宁、福建等沿海较为发达的省，都要对口帮助西部的一两个贫困省、区发展经济。动员大中型企业，利用其技术、人才、市场、信息、物资等方面的优势，通过经济合作、技术服务、吸收劳务、产品扩散、交流干部等多种途径，发展与贫困地区在互惠互利的基础上的合作。"

1996 年 7 月 6 日，国务院办公厅转发《关于组织经济较发达地区与经济欠发达地区开展扶贫协作的报告》，指出"经济较发达地区与经济欠发达地区开展扶贫协作，对于推动地区间的优势互补，推进社会生产力的解放和发展，加快贫困地区脱贫致富步伐，实现共同富裕，增强民族团结，维护国家的长治久安，都具有重要的意义"。确定由北京市与内蒙古自治区，天津市与甘肃省，上海市与云南省，广东省与广西壮族自治区，江苏省与陕西省，浙江省与四川省，山东省与新疆维吾尔自治区，辽宁省与青海省，福建省与宁夏回族自治区，大连、青岛、深圳、宁波市与贵州省，开展扶贫协作。这标志着东西部扶贫协作机制的正式确立和实施。不仅如此，该文件还就东西部扶贫协作的原则进行了明确，那就是坚持东西部地区优势互补、互利互惠、共同发展。不难看出，无论是东西部扶贫协作还是对口支援，优势互补、互惠互利、共同发展都是两项制度得以持续发挥巨大作用的关键所在。东西部扶贫协作和对口支援作为促进区域协调发展的大举措，在促进摆脱贫困、缩小东西部地区发展差距方面发挥着越来越突出的作用。据统计，截至 1997 年年底，东部 13 个省、市共为西部 10 个省、自治区无偿捐款 5.4 亿元；签约东西协作项目 1428 个，协议投资 127 亿元；吸收西部省、自治区劳务人员 14.6 万人，创收 4 亿多元；完成干部交流 1901 人次；帮助引进技术 426 项，培训各类人才 26437 人，援建希望学校 581 所；新修公路 1187 千米，建设基本农田 41000 公顷，解决了 31.6 万人、1.7 万头牲畜饮水困难，直接或带动当地解决了 123 万贫困人口温饱问题。[①] 东西部扶贫协作和对口支援在各地党委、政府的高度重视和领导下，不仅政府部门层层结对子，还发动企业合作、民众广泛参与，形成了基础设施建设、劳动力培训与转移、企业产业化和规模化、文化教育多样化等多方面内容的扶贫开发，形成了政府援助、企业合作、社会帮扶、人才支持等方面的基本工作体系。

进入21世纪，党中央更加重视发挥东西部扶贫协作和对口支援机制的作用。党的十六大报告指出"加强东、中、西部经济交流和合作，实现优势互补和共同发展"，从国家战略高度看待东西部扶贫协作和对口支援。以此为指导，中央第四次西藏工作座谈会，明确将对口援藏工作延长10年，并要求加大对口支援力度，扩大对口支援范围。对口援疆方面，从2003年开始也有了很大的发展和完善，中央先后下发文件，从增加援疆干部、加大扶持力度、扩大支援范围等不断推进援疆工作力度，2010年3月进一步确定全国援疆，确保十年内新疆全面实现建设小康社会的目标要求。不仅如此，国家还把对口支援的好做法运用到三峡移民、汶川灾后重建等方面，同样取得突出成效。东西部扶贫协作按照党中央提出的提高扶贫开发水平的要求，加大产业协作力度，因地制宜，发挥当地"相对优势"。

2011年11月29日，中央扶贫开发工作会议在北京召开。会议总结《中国农村扶贫开发纲要（2001—2010）》取得的成就和经验，分析当前和今后一个时期扶贫开发形势和任务，全面部署《中国农村扶贫开发纲要（2011—2020年）》贯彻落实工作，启动新一轮扶贫开发攻坚战。新的扶贫开发纲要，确定新的扶贫标准和到2020年实现扶贫对象"两不愁、三保障"的奋斗目标，确定了新一轮扶贫攻坚目标、任务和方略。其中一条就是继续推进东西部扶贫协作，要求东西部扶贫

---

① 《中国农业年鉴1996》，中国农业出版社1996年版，第124—125页。

协作双方要制定规划，在资金支持、产业发展、干部交流、人员培训以及劳动力转移就业等方面积极配合，发挥贫困地区自然资源和劳动力资源优势，做好对口帮扶工作。国家有关部门组织的行业对口帮扶，应与东西部扶贫协作结对关系相衔接。积极推进东中部地区支援西藏、新疆经济社会发展，继续完善对口帮扶的制度和措施。各省（自治区、直辖市）要根据实际情况，在当地组织开展区域性结对帮扶工作。扶贫开发成为东西部扶贫协作和对口支援要完成的第一任务。

2013 年 11 月，习近平总书记在湘西考察时提出"精准扶贫"的重要理念，即扶贫要实事求是，因地制宜。要精准扶贫，切忌喊口号，也不要定好高骛远的目标。随后，中共中央办公厅印发的《关于创新机制扎实推进农村扶贫开发工作的意见的通知》，以及国务院出台的《关于印发〈建立精准扶贫工作机制实施方案〉的通知》《关于印发〈扶贫开发建档立卡工作方案〉的通知》等文件，对精准扶贫工作模式的顶层设计、总体布局和工作机制等作了详尽规划，推动习近平总书记精准扶贫重要指示全面落实。

其中关于对口帮扶问题，形成了四个方面的认识：一是提高认识，加强领导。即西部地区要增强紧迫感和主动性，不以事艰而不为、不以任重而畏缩，倒排工期、落实责任，抓紧施工、强力推进。东部地区要增强责任意识和大局意识，下更大气力帮助西部地区打赢脱贫攻坚战。双方党政主要负责同志要亲力亲为推动工作，把实现西部地区现行标准下的农村贫困人口如期脱贫作为主要目标，加大组织实施力度。要坚持精准扶贫、精准脱贫，把帮扶资金和项目重点向贫困村、贫困群众倾斜，扶到点上、扶到根上。要加大投入力度，东部地区根据财力增长情况，逐步增加对口帮扶财政投入；西部地区整合用好扶贫协作和对口支援等各类资源，聚焦脱贫攻坚。

二是完善结对，深化帮扶。要着眼于任务的适当平衡，完善省际结对关系。在此基础上，实施"携手奔小康"行动，着力推动县与县精准对接，还可以探索乡镇、行政村之间结对帮扶。要动员东部地区各级党政机关、人民团体、企事业单位、社会组织、各界人士等积极参与脱贫攻坚工作。要加大产业带动扶贫工作力度，着力增强贫困地区自我发展能力。推进东部产业向西部梯度转移，要把握好供需关系，让市场说话，实现互利双赢、共同发展。要把东西部产业合作、优势互补作为深化供给侧结构性改革的新课题，大胆探索新路。在科技创新上，西部地区要不求所有、但求所用，东部地区要舍得拿出真技术支持西部地区。

三是明确重点，精准聚焦。产业合作、劳务协作、人才支援、资金支持都要瞄准建档立卡贫困人口脱贫精准发力。要着眼于增加就业，建立和完善劳务输出对接机制，提高劳务输出脱贫的组织化程度。要在发展经济的基础上，向教育、文化、卫生、科技等领域的合作拓展。要继续发挥互派干部等方面的好经验、好做法，促进观念互通、思路互动、技术互学、作风互鉴。要加大对西部地区干部特别是基层干部、贫困村致富带头人的培训力度，打造一支留得住、能战斗、带不走的人才队伍。

四是加强考核，确保成效。要用严格的制度来要求和监督，抓紧制定考核评价指标。要突出目标导向、结果导向，不仅要看出了多少钱、派了多少人、给了多少支持，更要看脱贫的实际成效。西部地区是脱贫攻坚的责任主体，也要纳入考核范围。

东西部扶贫协作和对口支援机制作为中国特色社会主义制度体系中的一个重要制度创新，在改革开放40多年的探索实践中，形成了较为系统的体制，其理念上、方式方法上形成了一系列探索创新。

第二章

改革开放新时期上海对口

帮扶历程

新中国成立后，上海曾经以支内、支边、三线建设等方式，支援中西部地区建设。改革开放早期，尽管上海自身发展遇到很大的困难，但对于国家提出的帮助后发展地区加快发展的要求，始终积极响应。20世纪90年代，随着以浦东开发开放为龙头带动经济快速发展，上海认真贯彻落实党中央、国务院的一系列指示精神，把开展东西部扶贫协作和对口支援摆在突出位置，全力推进对口帮扶地区的经济社会发展，形成了具有上海特色的对口帮扶模式。

第一节　以经济技术协作为主的早期帮扶（1978—1992年）

1979年4月，全国边防工作会议明确上海支援云南、宁夏，从此拉开上海对口支援工作的序幕。上海主动发挥自身技术、产业优势，积极支援云南、宁夏等少数民族地区建设。上海通过技术援助，帮助云南、宁夏两地解决生产难题，如上海纸浆厂帮助大理造纸厂建设碱回收车间，既提供一批紧缺物资，又帮助解决了对洱海的污染问题。通过技术传授，帮助当地企业产品上新水平，如上海第五毛纺厂帮助银川第二毛纺厂生产8个新品种，还提高了产量和数量。通过技术指导，帮助当地企业上新产品，如上海玻璃瓶一厂帮助银川玻璃制瓶厂筹建啤酒瓶生产线。通过技术培训，帮助当地企业练基本功，如上海服装公司派老技术工人在昆明帮助培训服装技师和工人，使昆明服装企业在短期内实现服装技术等级提高两级。据统计，1979年至1982年，上海与云南、宁夏共签订各类协作项目251个，其中技术支援项目236个。云南来上海进行技术考察、培训达512人次，上海去云南传授技术、现场指导的达312人次；上海教育、卫生系统派出讲学团和教师赴滇讲学、任教，并培训各类人员673人次，其中大学进修教师100人次。

上海有 48 个企业与宁夏的 45 个企业建立了对口支援协作关系，并为宁夏 36 个单位培训技术人员 425 名，派出 23 批 66 名专业技术人员去银川各有关企业进行具体帮助和现场指导，向宁夏提供设备 155 台（套），图纸、工艺设计、配方等资料 45 套，派出支宁教师 53 名。特别是上海对云南的帮扶，确定了县州挂钩实行对口支援的原则，对后来的上海对口帮扶模式有深远影响。

1984 年 2 至 3 月，中央召开第二次西藏工作座谈会，为庆祝西藏自治区成立 20 周年，中央决定由北京、上海、天津等 8 省市和水电部、农牧渔业部、国家建材局等有关部门，按照西藏提出的要求，分两批帮助建设 43 项西藏迫切需要的中小型工程项目，包括电站、旅馆、学校、医院、文化中心和中小型工业企业。

1984 年 9 月，全国经济技术协作和对口支援会议在天津召开，研究进一步推动对口支援和经济技术协作工作。会后，各地大力开展经济技术协作和对口支援，上海对口支援新增了新疆、西藏。上海除参与完成中央确定的为庆祝西藏自治区成立 20 周年的 43 项中小型工程项目外，还充分利用自身的技术、管理优势，积极帮助对口支援地区提高技术、管理水平和培养人才，开展经济技术协作。

这一阶段，对口支援以经济技术协作为主。至 1991 年，上海与云南、宁夏、新疆、西藏四省区共完成项目 1900 多项[1]，经济发达省市与民族地区之间的对口支援取得显著成绩，为 20 世纪 90 年代大规模对口支援工作的开展积累了经验。

---

[1] 《发达省市民族地区携手共建振兴路　全国对口支援工作在沪交流座谈》，《文汇报》1991 年 9 月 26 日。

第二节 扶贫攻坚计划下的对口支援（1992—2000 年）

经过 1986 年到 1993 年的不懈努力，中国农村贫困人口由 1.25 亿人减少到 1993 年的 8000 万人，占农村总人口的比重从 14.8% 下降到 8.7%[①]。为进一步解决农村贫困问题，缩小东西部地区差距，国家印发八七扶贫攻坚计划[②]，扶贫开发进入到有明确目标、明确对象、明确措施的攻坚阶段。

国家把东西部扶贫协作和对口支援作为进一步加快贫困地区发展的重要举措，提出了不同于一般的经济技术协作和横向联合的要求，那就是"支援为主、互补互济、积极合作、共同繁荣"的原则。以此为指导，上海的对口帮扶工作进入到一个全新的阶段。1992 年 8 月国家要求上海对口支援四川万县地区和湖北宜昌市；1994 年 7 月中央第三次西藏工作座谈会确定上海对口支援日喀则；1996 年 3 月中央下发《关于新疆稳定工作的会议纪要》后，明确上海对口支援阿克苏；1996 年 5 月国务院扶贫开发领导小组召开扶贫协作会议确定上海帮扶云南，重点对口支援云南的红河哈尼族彝族自治州、文山壮族苗族自治州、思茅 3 个地州，帮助其发展经济，减少贫困。

按照党中央、国务院的统一部署，为统筹推进对口支援工作，上海从 1992 年开始先后成立了市对口支援三峡工程移民领导小组、市援藏援疆工作领导小组、市对口云南帮扶协作领导小组，负责全市对口支援工作的统筹与协调，形成市、区县、援边干部联络组等多层组织体系，确定了坚

---

① 国务院扶贫开发领导小组办公室编：《中国农村扶贫开发概要》，中国财政经济出版社 2003 年版，第 3 页。

② 即《国家八七扶贫攻坚计划（1994—2000 年）》，1994 年由国务院制定并实施。

持以产业为主线、以市场为导向、以企业为主体、以资产为纽带的横向经济协作运行机制四原则,坚持让贫困人口直接受益。

一、对口支援三峡地区

1992 年 8 月,国务院召开三峡工程库区移民对口支援工作会议,明确上海对口支援四川省万县地区和湖北省宜昌市,并以万县地区的万县市(现在的重庆市万州区五桥移民开发区)和宜昌市的宜昌县(现宜昌市夷陵区)为重点。按照中央提出的"搬得出、稳得住、逐渐能致富"要求,进行对口支援。

这一阶段,为帮助移民"搬得出",上海的对口支援的重点主要放在无偿援助上,以"四大社会事业(教育、卫生、通信、广播电视)"为重点,参与对口地区基础设施建设,完善移民新区的社会服务功能。其中,万州五桥原本是一个居民不到千人的农村集镇,为安置移民,国务院在 1993 年批准成立五桥区,规划建设五桥新城。根据当地制定的基础设施建设规划,上海开展了对口支援五桥移民新城的建设工作,陆续援建了电信大厦、环保监测中心、广播电视发射中心、购物中心等一批基础设施项目,在五桥百安坝逐渐形成一条长达 3 千米的"上海街",也称"上海大道"。

1994 年 2 月,上海市对口支援三峡工程移民领导小组第三次会议指出,要集中力量办成几件实事,做到"看得见、摸得着、有实效"。这九个字成为一条原则,贯穿于上海援三峡工作的各个方面。1995 年至 1996 年,上海以合作项目为基础,号召、引导、鼓励能吸纳大量劳动力的上海轻工日化企业投资三峡库区,促成了沪江人造板有限公司、白猫(四川)有限公司、海螺三峡制衣有限公司、重庆(上海)汇丽建材有限公司、宜昌上海春天百货商场和重庆市海峡水泥有限公司等合作项目。

截至 2000 年先后派出 7 批 20 名干部到库区挂职,帮助两地移民建造小学、卫生所、通讯站、邮电局、工厂等，还引导上海烟草、白猫、汇丽等一批名牌企业落户库区，安置库区农村外迁移民 150 户 639 人。

二、对口支援西藏日喀则地区

1994 年 7 月 20 日至 23 日，中共中央、国务院在北京召开第三次西藏工作座谈会。会议决定，采取"分片负责、对口支援、定期轮换"的办法，从内地有关省市和中央国家机关选派干部对口支援西藏，援藏期限为 10 年。根据中央安排，上海市对口支援日喀则地区江孜、亚东、拉孜、定日 4 县。会议还决定，为西藏建设经济和社会发展急需的 62 个项目，其中上海市承建 2 项工程，即西藏自治区传染病医院和日喀则市自来水厂。

1995 年至 2001 年，上海先后派出 2 批援藏干部，建立市、区两级政府两级支援机制，在资金、项目、人才、技术上给予全方位的援助。从有利于日喀则地区改变面貌出发，援建日喀则医疗、教育、文化、道路、住房、培训等社会公益项目和小型经济项目。上海第一批援藏干部把推进日喀则地区城镇建设作为重点工作之一，完成了 8 个县市 1 个口岸的城镇发展总体规划，初步确定了三个层次的地区城镇空间布局体系。在第一轮援藏期间，上海投入 3885.5 万元，用于日喀则地区市政与基础设施建设，实施了日喀则上海广场、地区广电中心大楼等工程，并组织上海规划设计专家为对口四县分别编制城镇建设中长期发展规划，各县因地制宜开展城镇建设，四县县城面貌均发生明显变化。第二批援藏干部确定了六大工程，即希望工程、健康工程、培训工程、"造血"工程、实事工程和形象工程，并开始实施。

在对口帮扶的支持下，日喀则地区经济发展得到很大促进，2000 年地方财政收入突破 1 个亿。

三、对口支援新疆阿克苏地区

1996 年 3 月，中共中央政治局常委会决定，从中央有关部门、内地和沿海省市选派干部进疆工作。根据中央安排，上海市对口支援阿克苏地区。

在对口支援阿克苏地区的初期，上海的主要任务是选派干部。1997 年至 1999 年，上海市向阿克苏地区派出 3 批共 83 名干部；每批的援疆时间均为 3 年。从第 3 批起，援疆干部每 3 年一轮换。为有利于援疆干部开展工作，从 1998 年起，上海市政府每年为阿克苏地区办一两件实事，采用"一事一报"的方式，援建项目资金由市财政拨付。充分发挥上海人才技术优势，实施"人才技术工程"，大力帮助阿克苏地区建设高素质的干部队伍和专业技术人才。此外，还积极争取各方资金支援，在阿克苏援建"阿克苏上海急救中心"、"阿克苏上海培训中心"、希望小学，帮助当地发展生产等，有力地促进了当地经济社会事业的发展。

四、对口支援云南三地州

1996 年 9 月，中央召开扶贫工作会议，具体部署东部 9 个省（市）和 4 个计划单列市分别帮助西部 10 个省（自治区）贫困地区发展经济，明确上海市对口帮扶云南，重点搞好对口支援云南的红河、文山、思茅 3 个地州国家级贫困县的扶贫开发任务。上海在总结以往经验的基础上，积极转变思路，制定《上海—云南对口帮扶与经济社会协作"九五"计划纲要》，首次明确提出以强化造血功能项目建设为抓手的帮扶思路，通过建温饱试点村、种养殖基地、培训中心、科技中心、安居工程和推行小额信贷等方式，帮助农户提高综合素质和生产技能，改善生产生活条件。

1998 年开始，上海在云南对口支援地开展温饱试点村建设，即帮助每个试点村建设小水塘、小水坝、小水窖池等"五小"水利工程设施，以及道路、沼气池水利设施（沟渠）地面卫星接收站、文化活动室等新设施，为巩固当地脱贫成效打下基础。1999 年，温饱试点村建设进一步升级，发展成为"7＋8"温饱试点村、安居＋温饱试点村和脱贫奔小康试点工程。各个区县也充分发挥自身的优势，帮助对口帮扶的乡村发展特色种植业、养殖业，形成"特色甜瓜村""生态环境村""养猪示范村""沼气普济村"等一批各具特色的乡村，使三地州 40 万贫困农户直接受益脱贫，同时解决了 128 万人的就医难题。这种整村推进扶贫模式，后被《中国农村扶贫纲要（2001—2010 年）》列为重要扶贫载体在全国范围推广。

整个"九五"期间，上海在对口支援的云南省三地州、西藏日喀则地区、新疆阿克苏地区和三峡库区共无偿援助资金 7.3 亿元，援建希望工程 582 个，卫生所 463 个，温饱试点村 407 个。实施合作项目 148 项，总投资 57 亿元，极大地促进了帮扶地区的经济社会发展。[①]

第三节　21 世纪初期的深化和完善

进入 21 世纪，中央在八七扶贫攻坚计划取得成绩的基础上，在中国农村贫困人口温饱问题基本解决、大面积绝对贫困现象明显缓解的基础上，从全面建设小康社会的全局需要出发继续推进扶贫开发工作。胡锦涛同志强调扶贫开发是建设中国特色社会主义事业的一项历史任务，也是构建社会主义和谐社会的一项重要内容。要求继续实施开发式扶

---

① 《上海市志　经济综述分志（1978—2010）》（下），上海辞书出版社 2021 年版，第 1006 页。

贫，把更多资金用在支持农村经济社会发展上，用在改善民生上，尽最大努力加快贫困地区发展。2001年5月，中央召开扶贫开发工作会议，提出今后10年中国扶贫开发的奋斗目标，指出东部13个省、市对口帮助西部10个省、区的扶贫协作工作，是贯彻促进区域经济协调发展，缩小东西部差距的重要措施，要继续搞好东西部地区的扶贫协作，进一步扩大规模、提高水平。

在这一思想的指导下，上海对口支援云南三地州增加了迪庆藏族自治州；对口支援西藏日喀则地区在江孜、拉孜、亚东、定日四县的基础上增加萨迦县；在圆满完成援建新疆阿克苏任务后，中央在2010年又把对口支援新疆喀什的任务交给上海，同时，决定上海对口支援青海省果洛藏族自治州。为更好地完成中央交予的任务，上海以高度的责任感和使命感，不断丰富对口支援工作的内容和形式，以思想认识的新高度、工作方法的新举措、工作运行的新机制、工作效果的新成绩，不断开创上海对口帮扶工作新局面。

一、帮助三峡库区移民"稳得住"

在三峡地区，上海紧紧围绕移民安置、就业致富和解决库区产业"空心化"等问题，做好对口支援工作。这一阶段，为了让搬出来的移民"稳得住"，上海抓住移民最关心的教育、医疗和就业问题，给予全方位的立体帮扶。帮助当地农村移民集中村开展村域环境、道路、饮水等改造工程，帮助援建希望小学、幼儿园、文化站、卫生所、农技站，改善农村移民生产生活条件。在新农村建设发展中，上海提出了"整镇规划、分步实施、整村推进、梯度转移"的理念。经过大量翔实调研和专业研究，帮助每个村进行了富有特色的优势产业发展规划，实现了一村一特色。帮助城镇移民小区建设各类公共服务设施项目和移民就业岗位，方便改善城镇移民生活和就近就业。

2008 年 2 月，在由上海市政府合作交流办、重庆市万州区政府、湖北省夷陵区政府共同举办的上海市对口支援三峡库区移民工作联席会议上，上海提出新思路，把工作重点放在市场对接和友好工业园区对接上，放在培育、壮大农村集体经济上，并率先提出"筑巢引凤"理念，帮助三峡库区发展产业。

此外，根据国家统一安排，在上海分四批安置三峡库区外迁移民 1835 户 7519 名，分别安置在崇明、金山、奉贤、南汇、松江、青浦、嘉定七个区县，62 个乡镇，520 个村组。

二、对口援藏：把工作做到农牧民身边

2001 年 6 月 25 日至 27 日，中共中央、国务院在北京召开第四次西藏工作座谈会。根据中央安排，上海在对口支援日喀则地区原有 4 个县的基础上，增加萨迦县。会议还下达各省市对口援藏项目 70 个，其中上海承担援建 8 个项目，即扎什伦布寺文化广场、地区职业中等技术学校、地区农业机械化工程、地区绿化环境工程、江孜文化广场、拉孜文化广场、亚东康布康复医疗中心、定日珠峰观景台项目。

上海在建设中央确定的 10 项援藏重点工程时，从前期考察、工程设计、施工安排、项目监理、资金预算、工期控制等方面严格管理，坚持做到"四个高"，即项目设计坚持高起点、项目施工坚持高质量、项目进度坚持高速度、工程质量保证高水平。其中自治区传染病医院和日喀则市给水工程均被国务院相关部门领导称赞为自治区成立 30 周年庆典的"样板工程"，日喀则地区职业中等技术学校教学楼和拉孜文化广场荣获自治区"雪莲杯"建设工程奖。

上海认真贯彻中央提出的向基层倾斜、向农牧民倾斜的"两个倾斜"方针，突出经济援藏和社会支持相结合、硬件建设与软件配套相结合、干部援藏和人才培训相结合、近期帮扶与长期发展相结合，加大援

藏工作力度。援建了地区体育场、扎什文化广场、地区职校教学楼、地区实验学校、地区人民医院病房大楼、地区妇幼保健院、制氧厂、桑珠孜综堡复原等重大项目。按照把对口支援工作做到农牧民身边的要求，开展以修路、建卫生室、搞蔬菜大棚等为内容的"安康工程"，后逐渐完善发展为以"五通五室"①、"两点两栏"②、"一村一品"（培育特色产业）等为标准的社会主义新农村建设，改善了对口地区农牧民的上学、就医和文化设施条件。

上海因地制宜，发挥当地优势帮助发展援藏产业和特色经济，重点扶植农牧业特色产业的发展。在江孜县东郊村建设种畜基地，改良种牛繁育、发展农区畜牧业，建立了大蒜出口基地，在此基础上，将蔬菜基地建成拉孜县农业示范园；帮助亚东县开发丰富的林下资源和鱼资源，促进当地"造血"功能的形成。

上海援藏干部在积极引导和鼓励上海企业到日喀则投资兴业的同时，努力发挥上海在信息、市场等方面的优势，促进西藏特色产品"走出去"，邀请日喀则农特产品龙头企业参加上海特色产品博览会、农产品展销会等活动，支持日喀则特色农副产品在上海国际食品城、西藏大厦建立销售总部，为西藏产品进入上海市场打开通道。

教育医疗方面，在援建地区中专教学楼、中师综合楼、日喀则地区上海实验学校的基础上，以五县中心中学、小学为重点，配套建设师生宿舍楼、食堂、浴室等，配置课桌椅、电脑、图书、仪器等教学设备，极大改善了师生教学条件、生活条件。同时，组织骨干教师到上海进修学习，有力地促进了日喀则地区教育发展，学生入学率和巩固率得到明显提高。上海还进一步健全地区、县、乡三级医疗卫生服务网络体系，

---

① "五通"指通路、通电、通水、通广播电视、通电话，"五室"指村委会办公室、综合活动室、电化教育室、科技阅览室、卫生室。

② "两点"指便民服务点和广场休憩点，"两栏"指村务公开栏、村规民约公示栏。

改建和扩建地区人民医院和五个县人民医院。其中，援助地区人民医院建设了自制大输液生产流水线、中心供氧站、医学影像楼和急救中心，完善五个县乡镇卫生院（所）的硬件设施和医疗设备，改善就医环境和医疗条件，方便农牧民就近就医看病。同时，组织上海知名医院与日喀则地区人民医院、上海疾病控制中心与日喀则地区疾病控制中心等进行结对帮扶，开展专业人才交流，培训科室带头人，提升了日喀则地区医疗服务水平。

此外，上海加大了文化援藏的力度，资助日喀则地区举办珠峰文化节是一个标志。2001 年 8 月 26 日，首届珠峰文化节开幕，从此，援助举办珠峰文化节成为上海对口支援日喀则地区的延续性项目。

截至 2012 年年底，上海援助日喀则地区各类项目达 1051 个，先后选派了 6 批 308 名援藏干部到日喀则地区挂职锻炼，帮助培训各类人才超 2.5 万人次，为日喀则地区经济社会发展注入活力，促进了边疆稳定和民族团结。

三、全方位支援新疆阿克苏地区

上海根据中央提出的援疆实行干部支援和经济对口支援相结合的新要求，进一步加大帮扶力度。2002 年，上海新增对口支援阿克苏地区乌什县。2005 年 4 月，乌什县调整为由国家开发投资公司对口援助。上海市政府驻新疆办事处于 2005 年 8 月成立，为两地合作发展提供服务平台。随着中央援疆政策由以干部援疆为主，转向以干部支援为龙头，实行经济、科技、文化全方位支援，上海市不断加大援助力度，在阿克苏地区的援助项目持续增加，尤其是第四、五、六轮援疆期间，分别实施项目 161 个、125 个和 150 个。

上海先后选派 5 批 228 名优秀干部和专业技术人员到阿克苏任职，援建了地区少年宫、地区图书馆、地区第一人民医院外科病房大楼、地区科技活动中心、地区电视台综合大楼、地区博物馆等一大批重大项目。采取"请进来"和"走出去"的形式，安排上海的专家学者到阿克苏调研、咨询、开讲座，安排阿克苏地区党政干部、专业技术人员到沪学习培训、挂职锻炼，帮助当地培养干部人才。坚持向农牧民倾斜，开展白玉兰重点扶贫村项目建设，援建小学校舍、抗震安居房、科技示范园、广播电视入户、节水灌溉等，改变了农牧民房屋破旧杂乱、吃饭睡觉和家畜混杂等状况。

进入21世纪后，阿克苏地区提出了"两黑（天然气、煤炭）一白（棉花）"振兴大计，要将阿克苏建设成为国内"资源高地"之一。上海市帮助阿克苏地区在沪举办了一系列经济合作活动，主要有：阿克苏地区经济技术合作项目推介会、阿克苏地区农产品展销交易会、阿克苏地区旅游宣传推介活动、阿克苏宣传周。

截至2010年12月，上海无偿援助各类资金、物资、设备合计人民币5.75亿元，阿克苏2.2万户、46.7万贫困人口摆脱了贫困，贫困人口占农村总人口的比重由当年的35.47%下降到2009年的21.89%。为阿克苏地区经济社会跨越式发展和社会稳定作出积极贡献。

2010年3月，根据中央要求，上海对口援疆地区调整为喀什地区的莎车、泽普、叶城、巴楚四县。上海市委、市政府提出"民生为本、产业为重、规划为先、人才支撑"的新一轮援疆工作总体思路，并成立了上海市对口支援新疆工作前方指挥部，全面开展对口支援喀什工作。

四、对口支援云南四州市

"十五"期间，上海在云南地区对口帮扶的重点是建设白玉兰温饱试点工程。针对自然村脱贫，新建500个"7＋8"温饱试点村；针对特困地区，实施一批"安居＋温饱"工程；针对行政村区域，实施一批脱贫奔小康试点工程，同时实施一批科技示范项目。2000年，为解决当地培训资源少的困难，上海—云南首创运用远程教育模式，开通白玉兰远程教育网，为云南培训师资，开辟了上海与云南贫困地区远程培训的新途径。"十五"期间，上海市对口帮扶云南无偿援助资金4.5亿元，实施了以整村推进为主的对口帮扶项目2500项，支持帮助贫困地区基础设施建设；建立希望学校、光彩学校146所；建立疾病防治中心和乡、村卫生所264个。同时，帮助云南转移富余劳动力，5年直接向上海输出劳务人员9900人次。

"十一五"期间，上海市继续重点帮扶红河、文山、思茅、迪庆四个州市，从2006年开始，增加对人口较少民族德昂族的帮扶工作。由于上海对口帮扶云南的地方多，贫困程度深，上海在总结以往做法的基础上，整合资金、集中力量，重点实施整村推进，启动建设"脱贫奔小康试点村"，援建白玉兰扶贫开发重点村，发挥白玉兰扶贫开发重点村的示范作用。加强对贫困地区贫困人群的劳动技能培训，提高贫困人群就业能力。

探索、创新产业扶贫机制，在四个对口地区发展特色产业。巩固并加大教育、卫生等公共事业的援助力度，继续加强上海与云南在干部交流、教育、科技、文化、卫生、人才培训等领域的对口交流与合作，通过援建"白玉兰"医疗卫生所，扩大远程诊断、专业培训，继续组织医疗队到对口地区开展巡回医疗，提高对口地区医疗水平，解决贫困人群"看病难"的问题。探索、创新产业扶贫机制，形成一批特色村，带动了特色产业带、规模化种养基地建设。"十一五"期间，上海在云南投入各类帮扶资金9.98亿元，实施项目包括整村推进、农特产业发展等新农村建设，以及教育、卫生等社会事业帮扶项目和产业帮扶项目等。"整乡规划、整村推进、连片开发"试点在文山、红河、普洱、迪庆四州市的26个重点县31个乡镇全面推开；帮助1.97万德昂族群众整体脱贫，顺利完成金平莽人、丘北僰人、镇沅苦聪人等人口较少的民族帮扶任务。上海 19 家三级医院对口支援云南 19 家县级医院，转移输出劳务近 10 万人次，培训各类专业人员 32 万人次。上海对口帮扶的红河、文山、普洱、迪庆四州市，贫困人口从 2000 年年底的 429.9 万人下降到 2010 年年底的 90.1 万人。

截至 2010 年年底，上海帮助云南地区援建各类帮扶项目 5735 个，完成了人口较少民族德昂族、独龙族、苦聪人、莽人等少数民族帮扶任务，有力地促进了帮扶地区经济社会协调发展和贫困群众生活的有效改善。

五、对口支援都江堰：三年任务两年完成

2008 年 5 月 12 日汶川发生地震，震中在汶川县，但都江堰市毗邻汶川县，是离震中直线距离最近的县级城市，是汶川地震灾情极重的 10 个县之一。2008 年 6 月 11 日，国务院办公厅下发《汶川地震灾后恢复重建对口支援方案》，明确"一省帮一重灾县"，上海市对口支援都江堰市。

上海在第一时间选调 34 名干部组成援建指挥部，全力以赴支援都江堰市灾后重建，共援建 5 批 117 个项目，总投资 82.5 亿元。117 个援建项目，形成了"5·2·1"的架构，包括教育支撑骨干、医疗卫生服务、城乡安居房基础、城乡用水治污框架、支农惠农保障"五大体系"，公共服务设施、产业发展提升"两大支撑"，以及开展一系列软件援助和智力支持。至 2020 年 8 月，"五大体系"形成雏形：教育支撑骨干体系，共 26 个项目，涉及 24 所学校基本建设和 2 项装备配套项目；医疗卫生服务体系，共 28 个项目，涉及 6 个市级医疗机构、14 个乡镇医院（社区卫生服务中心）和村卫生室及医疗设备，实现了当地老百姓在家门口看病的愿望；城乡安居房基础体系，共 8 个项目，涉及

57.1 万平方米安置房、廉租房，以及城乡用水治污框架体系和支农惠农保障体系。

与都江堰市充分协商后，上海援建采取了三种方式：一是"交钥匙"方式，由上海方全程负责项目建设。二是"联建共建"方式，由都江堰方负责项目立项、设计、施工招投标、工程安全质量等，上海方负责建设标准、投资规模控制等；联建共建方式适用于一些较分散的小项目。三是"交支票"方式，即对农村低保家庭自建安居房进行补贴。

2010 年 9 月，上海援建都江堰项目实现资产整体移交，顺利实现党中央、国务院提出的"三年重建任务两年基本完成"目标，体现了上海速度和上海质量。为巩固援建成果、深化交流合作，2010 年 8 月 15 日，两地签署了《关于构建上海市对口支援都江堰市工作长效机制的框架协议》。

2011 年 11 月，中央召开扶贫开发工作会议，基于扶贫开发已经从以解决温饱为主要任务的阶段转入巩固温饱成果、加快脱贫致富、改善生态环境、提高发展能力、缩小发展差距的新阶段，提出将六盘山区等 11 个连片特困地区和西藏及四川、云南、甘肃、青海四省藏区，新疆南疆三地州作为扶贫攻坚的主战场的要求。其中多地都是上海对口帮扶的地区。上海从责任担当和加快自身发展的内在需要出发，"动真情、办实事、求实效"，坚持无偿援助、经济合作、人才交流培训三管齐下，政府牵头，强调市场机制；财政拨款，社会共筹资金；区县分工，各有对口地区；委办挂钩，发挥职能优势；输血与造血同步推进，不断完善具有上海特色的帮扶体制。

第三章

新时代脱贫攻坚下的上海
对口帮扶

2012年党的十八大发出确保到2020年实现全面建成小康社会宏伟目标的动员令后，以习近平同志为核心的党中央把脱贫攻坚作为全面建成小康社会的底线任务和标志性指标，纳入"五位一体"总体布局和"四个全面"战略布局，以前所未有的力度推进。2013年11月，习近平总书记首次提出"精准扶贫"的重要理念。同年，中央把对口帮扶贵州遵义的任务交给上海。上海对口帮扶地区涉及三峡库（坝）区、西藏日喀则、新疆喀什、云南、青海果洛、贵州遵义7个省区市、20个地州、101个县（区、市），其中98个一度是贫困县。帮助这些贫困县脱贫摘帽，成为新时代上海对口帮扶的重中之重。

上海市委高度重视脱贫攻坚工作，坚决贯彻习近平总书记关于打赢脱贫攻坚战的一系列重要指示要求和中央决策部署，坚决服从服务于全国发展大局，增强思想自觉、政治自觉、行动自觉，切实担起中央赋予的东西部扶贫协作和对口支援这一重大政治任务，举全市之力助推对口帮扶地区打赢脱贫攻坚战。市委主要领导多次召开市委常委会会议、市对口支援与合作交流工作领导小组会议等，研究部署扶贫协作和对口支援工作。市委、市政府主要领导每年分别带队赴对口帮扶地区开展调研、对接工作、签署帮扶协议等。先后出台《关于本市进一步做好东西部扶贫协作和对口支援工作的意见》《上海市助力对口地区打赢脱贫攻坚战三年行动计划》《关于上海市东西部扶贫协作和对口支援工作管理办法（试行）》等一系列政策文件。建立完善扶贫协作和对口支援工作制度机制，市对口支援与合作交流工作领导小组统筹推进全市对口帮扶工作；各区、各部门和各前方工作机构明确职责、加强协作，切实增强对口帮扶工作合力；深化"全市一盘棋"工作格局，动员社会各方力量投入脱贫攻坚工作。坚持开展对口帮扶年度考核，将考核结果作为年度绩效评价的重要依据，压实工作责任，推动任务落实。

上海的对口帮扶工作按照习近平总书记提出的真扶贫、扶真贫、真脱贫，以及扶贫要让群众有感受度、扶贫要重视市场化等要求，继续坚持向基层倾斜、向民生倾斜、向农牧民倾斜，把上海自身优势与对口地区发展需要结合起来，坚持"民生为本、产业为重、规划为先、人才为要"的帮扶方针，聚焦精准扶贫、精准脱贫，全力助推帮扶地区打赢脱贫攻坚战，并注意在与乡村振兴战略结合上大胆探索、积累经验。

第一节　坚持"五个精准发力"的沪滇扶贫

云南是全国贫困面最广、贫困程度最深的省份之一。在中国划定的11个集中连片特殊困难地区里，云南就涉及乌蒙山区、滇黔桂石漠化区、滇西边境山区和藏区4个片区，扶贫任务十分艰巨。对此，2016年上海和云南根据中央精神，对沪滇帮扶合作区域作重大调整，即上海14个区与云南迪庆、楚雄、大理、文山、红河、普洱、德宏、西双版纳8个州市结对开展重点扶贫协作，对曲靖、临沧、丽江、保山4个地市开展面上扶贫协作，实现对云南民族自治州和所辖扶贫重点县的全覆盖。2017年又增加昆明市，上海援滇的帮扶对象共为13个州市、74个贫困县。为帮助这些贫困地区在2020年完成脱贫任务，上海市委、市政府在已形成的帮扶体制机制基础上，立足当地所需，制定实施《上海云南对口帮扶与经济社会合作"十二五"规划》《上海云南扶贫协作"十三五"规划》《关于贯彻落实中央决策部署进一步加强对口扶贫协作的协议》，以深度贫困地区、深度贫困县、深度贫困村为重点，突出产业帮扶、就业帮扶、消费扶贫和智力支援，坚持资金使用、产业发展、劳务协作、人才技术、社会动员五个精准发力，全力以赴助力云南夺取脱贫攻坚战的全面胜利。

一、援建资金使用精准发力

发挥好援建项目在扶贫开发中的引擎和助推作用。聚焦"两不愁、三保障",利用 8 年时间持续在帮扶地区打造新纲要示范村项目,2019 年起帮助实施美丽乡村示范点建设,推进整乡规划、整村推进、连片实施。围绕"出行难",硬化村组道路,打通产业发展、群众脱贫的"最后一公里";围绕"配套难",兴建改造乡村学校、卫生室、养老院等,修建厂房、冷库、圈舍、管网,配套产业发展必需的基础设施;围绕"用水难",建设自然能提水工程,解决 8.2 万人的生活用水,6.4 万亩的农田灌溉用水,1.5 万头牲畜和 10 万羽鸡的饮用水,为当地结构性缺水提供"上海方案"。当地产业发展、民生保障所急需的小微基础设施、产业配套设施建设得到完善,极大改善了贫困村的村容村貌、改善了基层教育、卫生条件。截至 2020 年 7 月,上海投入财政帮扶资金 133.65 亿元,援建各类项目 10600 个,超过 110 万的云南各族群众直接受益。

二、产业发展精准发力

注重引资"造血",帮助当地打造特色优势产业。云南物产资源丰富,具有比较好的产业发展条件。上海利用自身优势大力实施"沪企入滇"工程带动脱贫,先后引导光明、上实、医药、烟草、纺织等一批企业到当地建设农业产业园、原材料基地等,探索龙头企业、农民专业合作社、农户利益联结共享的"企业 + 合作社 + 农户"等产业帮扶模式,帮助贫困地区发展起咖啡、猕猴桃、辣椒、乌骨鸡、板栗、油茶、中药材、肉牛等种植、养殖产业。

积极发挥上海大市场、大流通平台优势,推进"云品入沪"工程。2015 年 4 月,沪滇双方签署的《关于加强沪滇对口帮扶与重点领域合作框架协议》中明确,沪滇双方决定合力推进"云品入沪"工程。

2015年9月，在市合作交流办的推动、市商务委的支持下，西郊国际农产品交易中心旗下的"云品中心"正式成立，这是沪滇两地政府为了推进"云品入沪"工程，共同创建的汇聚了各类市场主体的开放平台，旨在为云南农特产品进入上海市场提供质量品控、物流仓储、结算融资等服务，并在上海环球港内设立了线下展示、体验、孵化、交易的平台。随着"云品入沪"工程的深入实施，为云南高原特色农产品开拓了广阔市场。还创新"电商＋公益＋消费"扶贫形式，以销促产，帮助建设规模化、标准化、品牌化蔬菜基地，提升产品产量、品质和标准，带动建档立卡贫困户提高种养殖收入、增产增收。

立足帮扶地区旅游资源丰富和上海市民旅游需求旺盛的特点，帮助当地发展旅游，实施旅游扶贫激发内需消费潜能、盘活旅游市场资源、带动"全产业链帮扶"，把"绿水青山"变成"金山银山"。

三、劳务协作精准发力

帮助发展"打工经济"促脱贫增收。云南劳动力资源丰富，就业扶贫不失为最有效最直接的扶贫方式。上海一方面通过加强培训和服务，帮助贫困户提高就业能力，一方面精准施策、大胆创新，不遗余力解决贫困户就业问题。较早帮助当地建设就业援助信息服务平台，及时发布劳务需求信息。联手市工商联、各地在沪企业联合会等，开展组织招聘活动、技能培训、上岗服务、吸纳稳定就业、外出务工补贴、开发公共岗位等，推动引导一批走出去、支持一批留下来、兜底一批保基本。上海消防、春秋航空等单位企业面向建档立卡户定向招录，实施"云嫂入沪"工程，按照政府推动、市场决定的原则，采取"精准对接、按需培训、择优引进、就业扶贫"的合作、就业、扶贫一体化模式，组织家政企业到云南吸纳贫困县富余劳动力到上海从事家政服务就业。同时在当地开发刺绣、茶叶、织锦、蚕桑、食用菌等扶贫车间，指导返乡大学生、青年农民工、大学生村官和农村青年致富带头人通过电商创业就业。

从 2018 年起，上海市每年投入超过 2 个亿的专项资金，用于组织技能培训、吸纳稳定就业、外出务工补贴、开发公共岗位，共帮助贫困人口转移到上海就业 5000 多人，实现就近就地就业 14.4 万人。2020 年为解决疫情对外出务工带来的影响，积极动员上海帮扶企业加大对贫困人口就业的吸纳力度，并鼓励有头脑、懂市场、会技术的外出务工人员，回乡领办创办专业合作社。

四、人才技术精准发力

发挥上海在教育、医疗、技术、人才方面的优势，为当地打造带不走的人才队伍。实施精准扶贫，难点在人才，潜力和后劲也在人才。多年来，上海坚持"富脑袋"和"富口袋"并重，不仅派往援滇的干部数量越来越多，并且加大双向挂职、两地培训和支教、支医、支农力度，加强教育、文化、卫生、科技等领域的帮扶。重视应用互联网、5G、大数据等先进技术，组织上海三级甲等医院结对帮带云南州市、县级医院，提升贫困地区医院、学校的重点科室、学科建设。精准对接建档立卡贫困人口，重点推动"两后生"[①]到上海接受优质中职教育。实施组织老专家、老教授、老医生到贫困地区开展扶贫"云海银辉"行动，依托上海优质教育资源开展"金种子校长"培训项目、建立上海云南职业教育联盟、基础教育互助成长行动计划等，持续把上海的先进理念、人才、技术、经验等要素引入云南贫困地区。

五、社会动员精准发力

鼓励社会各方力量各尽所能开展扶贫，汇聚起助力脱贫攻坚的磅礴

---

① "两后生"指的是初、高中毕业未能继续升学的贫困家庭中的富余劳动力。

力量。早在 1998 年，上海团市委、市文明办根据上海对口云南帮扶工作的总体部署，启动沪滇志愿服务接力计划，按照社会招募、组织选定、对口支援、定期轮换的方式，每年招募一定数量的青年志愿者，到云南省普洱、红河、文山、迪庆、楚雄、德宏等州市，开展医疗卫生、基础教育、农业科技、企业管理、技术支持等方面的帮扶工作。

截至 2020 年，上海市 15 个区、217 个镇（街道）、338 个村（社区）与云南省 74 个贫困县、353 个乡镇、538 个贫困村建立结对关系，上海市 188 所医院结对帮扶云南省 195 所贫困地区医院，176 所学校结对帮扶云南省 193 所贫困地区学校，1534 家企业结对帮扶云南省 2068 个贫困村。上海的企业、社会组织与贫困村对接，因地制宜推进"三带两转"①，涌现出"行走的渴望""隐形的翅膀""手拉手点亮微心愿""自然的馈赠"等一批优秀公益项目。创造性地开展产业扶贫小额信贷试点和农产品价格保险试点项目，保障扶贫资金发挥效益和贫困户增收。2020 年 11 月，上海对口帮扶的曲靖市会泽县、红河州屏边县、文山州广南县、普洱市澜沧县、丽江市宁蒗县宣布退出贫困县序列，上海对口帮扶的云南贫困地区全部脱贫摘帽。

2021 年 6 月，根据中央统一部署，上海与云南东西部协作结对关系调整为云南全省，上海市安排浦东新区结对帮扶怒江州，安排普陀区、闵行区、松江区共同结对帮扶昭通市。将以"百千万"示范工程和乡村建设行动为抓手，打造一批乡村振兴示范样板；加大产业合作力度，把云南当地资源禀赋优势和上海人才、创新、金融、资本有机结合，有序推动产业梯度转移，深化产业链、供应链合作；加强各领域深化合作，深入开展教育、卫生社会事业领域帮扶合作。

至此，上海承担起整个对口帮扶云南的任务，共 88 个县。沪滇扶

---

① "三带两转"，指带人、带物、带产业、转观念、转村貌。

贫协作 25 年来，上海累计实施帮扶项目 1.3 万余个，累计选派 11 批300 余名干部到云南挂职，为云南决战决胜脱贫攻坚、经济社会发展、民族团结进步和边疆和谐稳定作出了巨大贡献。

第二节　努力做到"五个有"的沪遵扶贫

贵州是中国西部多民族聚居的省份，也是贫困问题最突出的欠发达省份之一。2013 年 2 月，国务院办公厅印发《关于开展对口帮扶贵州工作的指导意见》，其中明确上海对口帮扶贵州省遵义市。上海对口帮扶贵州遵义虽然是上海对口支援 7 个省份中最晚的一个，但却是习近平总书记提出"精准扶贫"重要理念下交给上海的重大帮扶任务。

比起上海对口支援的其他地区，遵义地区的基础条件整体上相对要更好一些。作为贵州第二大城市，又是唯一一个属于长江流域的地级市，无论是当地干部，还是群众的思想精神状态都比较好，思想比较开放，实现遵义跨越发展的意识强烈。这对上海的对口帮扶工作提出了新要求。针对遵义所需，确定对口帮扶遵义的"民生为本、教育为先、产业为重、人才为要"16 字方针。在对口帮扶的形式上，上海市委、市政府根据全市对口帮扶工作总体安排，采取"区对县"的帮扶方式，明确普陀区与习水县、赤水市、桐梓县，杨浦区与道真县、正安县、湄潭县，奉贤区与务川县、凤冈县、余庆县结成帮扶关系，具体承担对口帮扶工作任务，其中，重点帮扶位于武陵山、乌蒙山两个集中连片特殊困难地区的习水、正安、道真、务川 4 个国家级贫困县。上海紧密结合遵义所需，形成了产业发展"有厂开"、劳务就业"有活干"、消费扶贫"有货卖"、发展文旅"有地玩"、改善民生"有保障"的特色帮扶遵义做法。

一、产业发展"有厂开"

扶贫的同时助推遵义产业升级。遵义本地产业发展有一定基础，对此，上海积极推动两地走优势互补、扬长避短、互利互惠的经济合作发展新路，以激活贫困地区发展潜力为根本，注重符合市场经济规律，不做"拉郎配"，但要求产业与贫困户脱贫任务相衔接，确保贫困户脱贫增收。注重拉长产业链，利用当地原材料，把农副产业接入到工业生产中，并通过打通销售链，形成"接二连三"的产业链，从而提升农副产品的价值链。最具有代表性的是联合利华、拼多多等企业的"组团式"协作。联合利华在遵义实施的可持续茶园产业扶贫项目，引入雨林联盟认证，帮助遵义茶获得进入欧美市场的许可证，打造立顿"遵义红"和"遵义绿茶"品牌，助推产品走向国际市场，最终实现脱贫步伐提速。拼多多把扶贫触角前延，深度参与支持设立扶贫茶车间，以销售大数据为"遵义红""遵义绿"扶贫茶提供研发和包装设计的建议，助推"遵义红""遵义绿"扶贫茶通过电商平台有效销售。

不仅如此，上海还在汇川区合作建设"漕河泾遵义科创绿洲"，以"3亿元"+"5400"亩土地建起园区平台，引进上海园区管理理念，市场化运行，全力打造东西部产业合作示范园区和沪遵产业合作典范，成功引进联合利华及一大批高新技术企业，提供大量就业岗位，有效加快遵义市产业升级的步伐。

二、劳务就业"有活干"

多措并举助推精准就业。帮助贫困家庭中的一个劳动力实现稳定就业，就可以让一个贫困户实现脱贫目标。因此，上海坚持"抓培训、提技能、促就业"和"以就地就近就业为主，异地转移就业为辅"的方针，每年与遵义市签订两地劳务协议，明确就业任务和目标，探索形成"上下联动、条块联动、内外联动，专门政策、专项资金、专业机构"的"三联三专"劳务协作新模式，实现了贫困劳动力就业意愿、就业技能与就业岗位的精准对接，全面帮助贫困户就业。在就近就业方面，突出产业带动就业。比如在赤水引进建立一家有1200名员工的生态造纸厂，以竹原料收购、吸纳就业等形式直接或间接反哺农业，帮助竹农提高收入。在协助遵义开展异地转移就业方面，搭建"沪遵劳务直通车"协作平台，探索订单式组织输出培训的劳务协作新模式，通过政府购买服务，由第三方培训机构按照上海企业的用工标准培训电焊工、起重工等工种，培训结业后输送到定向企业工作。此外，上海还不断发挥劳务协作政策和项目资金作用，协助遵义创设了一批公益性岗位。

三、消费扶贫"有货卖"

变资源优势为发展优势。遵义农产品品质优良，但品牌化、商品化、规模化不够。对此，上海通过实施消费扶贫，帮助遵义打通流通链，在着力解决产品能够卖得出的问题的同时，引导激励当地大力发展"有、优、特"农业产业。实施"遵品入沪"，建立上海"终端订单＋批发市场中转集配＋合作社绑定建档立卡贫困户"扶贫运作模式，鼓励并引导当地群众开展规模化生产，确保商品源源不断进入上海；大力支持农产品基地和生产大户冷库建设，解决生鲜食品贮存难题；与对口扶贫县签订产销对接扶贫合作协议，着力打造上海市民喜闻乐见的遵义农特产品，如习水麻羊、赤水晒醋、桐梓方竹笋、正安野木瓜、黄花菜、赤水冬笋、凤冈"益亩茶"、林下"半亩鸡"等。通过"线下""线上"结合，在上海布点建设消费扶贫直营店、消费扶贫生活馆、消费扶贫专柜，进一步拓宽销售渠道，帮助更多贫困户实现增收致富的同时，推动遵义农业产业适应标准化、精细化生产和销售。

四、发展文旅"有地玩"

帮助居民、地方财政双脱贫致富。遵义依托当地特色文化、特色产业等资源禀赋，围绕非遗创新、研学旅行、乡村旅游、定点疗休养等领域下实功、求实效，借助上海帮扶把资源变成资产、颜值变成产值、环境变成风景、绿水青山变成金山银山。上海在沪遵协作帮扶中，引导乡村旅游发展与农耕文化、红色文化、民俗文化等深度融合。遵义抓住沪遵协作契机，以"四在农家·美丽乡村"[①]建设为主线，推动乡村旅游全面发展，贫困人口可以就近创业、就业、入股分红，为助推遵义市整体脱贫发挥了重要作用。

遵义有着丰富的文化旅游资源，如遵义会议会址、四渡赤水纪念馆、国酒茅台等，而上海有着十分巨大的消费市场。为找准两者的对接，促进当地文旅产业发展，上海一方面邀请遵义到上海推介宣传，围绕非遗创新、研学旅行、乡村旅游、定点疗休养等引导鼓励上海市民到遵义等对口支援地区旅游休闲，一方面帮助当地提升文旅产业发展水平，开辟娄山关战斗遗址、海龙屯土司遗址、四渡赤水纪念馆等旅游点，发展"研学＋文旅"；引导当地将生态旅游与农业、文化、商业深度融合，建设了如播州区花茂村，湄潭县鱼泉街道，务川县龙潭古寨等新农村，发展乡村旅游，让村民在家门口实现就业创收，走出了一条文旅融合发展助推脱贫攻坚的特色之路。

在上海帮扶指导下，遵义相继推出温泉、探险、滑雪、漂流、中医药康养等新业态新产品，携程集团在"醉美遵义"品牌打造和推广等方面与遵义深度合作，探索遵义文旅产业发展新路径、新境界。

---

① "四在农家"即富在农家、学在农家、乐在农家、美在农家。

五、改善民生"有保障"

不断增强群众获得感。贵州省是全国脱贫攻坚易地搬迁第一大省，为确保"搬得出、稳得住、能致富"，搬迁后的社会公共事业配套一直是上海对口帮扶关心关注和重点发力的方向。上海坚持教育为先，组织实施"金种子"校长培养计划、基础教育互助成长计划、高校结对帮扶计划、职教帮扶"四个一"工程和上海名师遵义行等活动，利用互联网建立两地间"一校一课表"远程教研教学机制，助力提升遵义教育水平。医疗保障方面，实施精准医疗帮扶，"千里送医到遵义""巡回医疗遵义行"等，援建相关临床医学中心，建立义海基金，帮助当地群众解决看病难看病贵问题。建设"睦邻中心"，推进完善公共服务体系，打造"四在农家·美丽乡村"示范点，改善农村生产生活条件。其中，为了搬迁群众在新的生活环境下，实现现代城市的生活方式，形成良好和谐的氛围，上海杨浦区长白社区社会组织联合会援建了田坝社区的睦邻中心。睦邻中心以社区居民为服务对象，在社区组织开展内容丰富、形式多样的睦邻活动。

2017 年赤水市成为贵州省第一个脱贫摘帽的贫困县，2020 年 3 月正安县在贵州省深度贫困县中率先实现贫困人口全部脱贫，遵义市 8 个贫困县、871 个贫困村实现"清零"。

2021 年 6 月 5 日，上海·遵义扶贫协作总结会议召开。沪遵两地签署了《沪遵扶贫协作交接书》《上海遵义两地深化战略合作框架协议》，普陀区、杨浦区、奉贤区与遵义市有关县（市）签署了结对建立友好城区协议，临港集团与市政府签署了共建遵义临港科技城协议，标志着双方合作交流开启了新篇章、进入了新阶段。

第三节　精准、有效、长远、"组团式"的援藏扶贫

日喀则是西藏脱贫攻坚三大主战场之一，贫困人口多、贫困发生率高、贫困程度深，脱贫攻坚任务艰巨繁重。上海对口支援五县均为国家贫困县。脱贫攻坚战打响以来，为帮助当地完成脱贫攻坚任务，上海聚焦精准扶贫，在 20 年对口援藏工作的基础上，探索形成完善配套、效益分红、创造就业、技能培训、金融杠杆、教育医疗六大精准扶贫模式，注重扶贫模式创新和"造血"能力提升，切实增强对口地区的内生动力。

一、"交钥匙不交责任"，做实"两不愁三保障"

"交钥匙"工程是上海对口援藏的主要形式和传统，党的十八大以来，为保证援建项目和资金落到实处，落到老百姓身上，上海以新农村建设为抓手，加大"交钥匙"工程建设力度，投入大量资金进行困难群众危旧住房修缮、村级配套基础设施建设、农田水利工程建设、安全饮水提升和生态环境保护、城市管理能力提升等民生项目，显著改善了受援地贫困农牧民群众的生产生活条件。2019 年，上海选择在亚东县开展边境小康村建设，按照传统民居与现代工艺相融合、群众传统生活习惯与现代城市相配合的要求，将藏族群众的传统生活习惯融入城镇建设，将生产区和生活区分离，统一建设水、电、路、讯等基础设施，统一配备村委会、卫生室、文化活动室等公共服务设施。同时，从建管并举、着眼长远的角度，注意加强对城市面貌的改善，引导当地群众去除陋习。帮助国家历史文化名城——江孜县制定《城市管理暂行条例》，并将此条例加入沿街店铺的租约中"制约"商家，一举改变了县城机动车乱停放，马车、牛车穿行，沿街店铺跨门、占道经营等行为，交通及

市容大为改观。帮助拉孜县出台《拉孜县城市管理办法》，加强城管力量，改变了县城里野狗四处"流浪"等乱糟糟的状况。

二、发展独具特色的高原产业扶贫

日喀则虽地处高原，但日照充足、农业发达，有"西藏的粮仓"之称。上海将自身优势与当地特色资源精准对接，帮助当地发展了藏红花和青稞产业、唐卡和藏香民族手工业、藏鸡养殖业、亚东鲑鱼和木耳种养加工业、高原智慧农业等产业，助力农牧民就业增收。上海以江孜为试点在江孜红河谷农业园区探索辐射型精准扶贫新模式，把红河谷园区和散布在全县乡村的温室大棚联系起来，发挥园区技术引擎功能，把种苗培育、技术培训等技术优势通过科技特派员辐射到点上，组织建档立卡贫困户参与，形成 1 个园区带动 19 个乡镇，每个乡镇再带动若干个辐射点的"1＋19＋X"的园区辐射带动模式，带动建档立卡贫困户实现就业增收脱贫。在亚东县，上海突出产业基地示范引领作用，帮助当地形成了突出一个特色、打造一个基地、壮大一个龙头、带动一片发展、富裕一方群众的产业发展格局，实现了乡乡有特色产业、村村有利益联结、户户有增收门路的目标。在定日、萨迦等县，帮助投资建设智慧农业园区、智慧农业科技和服务示范项目等，推进藏文化交流推广演出、实施古建筑文化保护项目，带动建档立卡贫困人员增收脱贫。到 2019 年年底，对口支援的五县建档立卡贫困人口全部脱贫、全部摘帽，贫困地区基础设施条件和公共服务水平明显改善，贫困群众生产生活条件大幅提高。

三、发挥上海医疗教育优势，精心打造"组团式"医疗教育扶贫"上海模式"

2015 年第六次西藏工作座谈会后，中组部、国家卫计委决定对西藏实施医疗人才"组团式"援藏工作。上海对此高度重视，在西藏开创了由上海市卫计委牵头，举全市医疗系统之力支持日喀则的"上海模式"。帮助当地建立了以上海援建单位为指导、日喀则人民医院为龙头、医疗资源辐射各县区及周边地区的新型医联体。2015年起先后选派三批"组团式"援藏专家，对日喀则市人民医院开展帮扶工作，使医院的硬件建设、软件建设、内涵建设等得到全方位大幅度提升，实现用两年多时间成功创建三级甲等医院重大工作目标。日喀则人民医院成为西藏自治区单体投资最大、布局最合理、设备最先进的医院之一。为帮助解决优质医疗资源下沉问题，援派上海专家带教、开展远程教学等，接受当地专业技术骨干来沪进修，帮助培训医务人员，定日等县人民医院成功创建二级乙等医院，当地农牧民群众基本实现"小病不出县、中病甚至大病不出市"，有效提升受援地农牧民群众的健康水平。

教育组团援藏方面，上海采取大规模选派教师"定点组团"的模式，通过对一所学校各学科的教学和管理工作派出援助团队，在整体上帮助提升学校教育教学水平和教育质量。日喀则市上海实验学校、日喀则市第二职业技术学校在"组团式"教育援藏的支持帮助下，整体教学质量和办学水平进一步提升。上海还通过成立日喀则"组团式"教育援藏沙龙、牵头10所初中成立"日喀则市义务教育优质均衡发展合作联盟"、沪藏20所友好学校组成"海峰教育联盟"，进一步强化沪藏教育交流的辐射效应。除了送进去，上海还安排日喀则机关干部及乡村基层干部、农民专业合作社和扶贫工作人员、基层农业技术员、致富带头人等走出来，到上海参加培训和挂职锻炼，帮他们开眼界，转理念。

四、脱贫摘帽后的可持续发展

2019年上海助力对口支援江孜、亚东、萨迦、拉孜、定日五县全部脱贫摘帽，对口援藏工作进入到一个新阶段。上海各行各业积极使用新技术、新模式、新理念开展"智慧援藏"，进一步促进各民族交往交流交融。借力5G、大数据等"新基建"，用好文旅直播、远程医疗、在线教育等新渠道新业态，加速西藏特色产品与上海等地的供需对接。探索在上海建立"前置仓"，让苏浙沪消费者享受快速配送服务；选派日喀则优秀创业青年、志愿者等到上海参加直播带货培训，学习在线新经济运营模式。打造环珠峰文化旅游圈，汇聚定日县、萨迦县、江孜县、拉孜县和亚东县最优质的旅游景区、酒店、特色商品等资源，并优化在线科普、推广模式和渠道。搭建"1＋5＋X"远程教育平台，实现沪藏之间、西藏不同学校之间教育资源的远程共享，日喀则近三千名师生从中受益。新冠疫情期间，上海复旦大学附属中山医院、上海中医药大学附属龙华医院等为日喀则百姓提供多次远程会诊服务，一些上海医生借助在线会诊同时对日喀则医生进行教学。

第四节　聚焦产业、民生、人才、旅游的援疆扶贫

上海对口支援的新疆喀什四县属于全国"三区三州"深度贫困地区，还有一些贫困人口分布在生存环境恶劣、基础设施落后、居住分散、发展水平更低的深山区、边境线，是新疆脱贫攻坚主战场。自2010年对口支援喀什四县以来，上海先后选派援疆干部人才1000多人，援建项目1180多个，全力帮助喀什四县加快跨越式发展和实现长治久安。特别是中央打响脱贫攻坚战以来，上海紧紧围绕中央要求结合当地实际精准发力，"输血"和"造血"并重，不断探索援疆扶贫"新路子、新模式"，确保援疆资金90%以上用于对口四县，80%以上用于民生领域。2015年起，上海还根据中央要求，承担起对克拉玛依市的干部和人才支援，帮助进一步提升克拉玛依的经济社会发展水平，更好地为城市升级转型服务。

一、以就业为导向抓产业促就业，打好产业扶贫牌

喀什地区农业劳动力比重高、数量大，但农业基础薄弱，农民就业门路不多、收入来源单一、增收难度较大。上海按照"一产上水平，二产抓重点，三产大发展"的思路，大力推进"龙头企业＋卫星工厂＋专业合作社＋农户"产业链发展模式，促进核桃、巴旦木、香瓜、红枣、金银花、万寿菊等特色农产品和特色种植业发展，建立沪喀农产品产销合作联盟，探索"双线九进"农产品消费扶贫新模式，建立健全县乡村三级电商服务网络，提高农业发展质量，帮助农民增产增收。在对口四县建自治区级工业园区，设置上海市援疆工作前方指挥部和对口四县两级产业促进就业专项资金，"筑巢引凤"式招商引资，引入服装、循环经济、电动车等劳动密集型项目，帮助增加直接就业机会；加大卫星工厂建设，就地解决就业，特别是建档立卡贫困户的就业问题，增加农民在非农产业中的收入。支持建设创新创业服务中心，面向喀什地区科技型创业企业及返乡创业大学生，联合喀什大学，服务上海对口支援 4 县创新创业，并延伸覆盖整个喀什地区，搭建"苗圃＋孵化器＋加速器"三位一体的低成本、专业化、公益性平台，做大做强小微企业创业就业路。

二、加大民生保障改善力度，让群众更好安居乐业

按照住房安居有保障的要求，实事求是推进安居富民项目和定居兴牧建设，加大对安居富民点的水、电、路、灯等配套基础设施的投入，改善当地群众生产生活条件。为让老百姓对安居房愿意造、愿意住、住得好，上海将安居富民工程和发展庭院经济结合起来，利用已建成的庭院基础设施，通过"一对一"精准帮扶模式，加大在新技术、新工艺、新品种引进和经营营销等方面的扶持力度，帮助发展小果园、小藤架、

小菜园、小禽舍、小棚圈"五小"致富项目，有针对性地提高农民发展庭院经济的能力。针对当地群众看病难问题，加大村一级、乡一级医疗机构标准化建设和设备配置，帮助提升基层医疗就医环境；推进"三降一提高"工作，组织医疗团队下乡义诊，推动优质医疗资源向基层延伸，四县传染病发病率、孕产妇死亡率、婴儿死亡率大幅下降。上海还试点利用金融工具（产品）帮扶贫困群众，支持浦发银行设立 500 亿元扶贫发展基金，专项用于喀什公益类和基础设施类项目建设；支持上海国际棉花交易中心完成两期棉花保价服务试点，支持安信农保、太平洋财产保险在巴楚县试点农产品目标价格保险，聚焦建档立卡贫困户确保贫困户收益。

三、做好人才援疆工作，提升当地造血能力

干部人才是对口援疆的关键。2010 年中央作出开展新一轮对口援疆的重大战略决策后，上海进一步加大干部人才援派力度，每批超过百人，由干部和教育医疗人才组成，通过结对帮带变"输血"为"造血"，为受援地留下带不走的干部人才队伍。2012 年上海为帮助提升喀什二院医疗服务水平，派出由中山医院、华山医院、仁济医院等 5 家医院优秀专科专家组成的援疆医疗队，以"院包科"开启"组团式"医疗人才援疆新模式。促成南疆首个院士专家工作站落户喀什二院，建立起以喀什二院为高地的南疆医疗联合体，逐步帮助当地建立起涵盖对口四县医院人才培养、学科帮扶、临床诊疗、公共卫生四大领域的合作机制。教育人才援疆方面，采用专家送教上门与干部人才到上海培训相结合，从上海引进农业、医疗、教育、规划等柔性人才。建立沪喀职教联盟，推进沪喀职业教育对口支援全覆盖，2017 年开展教育人才"组团式"援疆，以上海师范大学附属喀什中学（喀什六中）为核心校，增强地区造血机能，打造了一批标杆学校，并示范辐射带动对口四县基础教育全面提升。

四、多领域开发旅游资源，发挥文旅援疆作用

喀什地区有丰富的自然资源和独特的西域民族风情，长期以来因路途遥远交通不便，旅游业发展不理想。为帮助当地发展旅游业，上海支持对口四县做好旅游园区规划、创建精品景区、完善旅游设施、加强人才培养、拓展客源，形成泽普金胡杨 5A 级景区、巴楚红海 4A 级景区等南疆旅游新地标，创新了泽普叶尔羌河、巴楚邦克尔、叶城宗朗国家湿地公园等生态旅游新业态。积极推进国家级"旅游就业富民示范区"创建工作，拓展农家乐产业链和提升服务品质，使部分农民实现从农业向服务业的初步转型。推进旅游专列、旅游包机、旅游专机游喀什作为"送客进喀"的重要内容，牵头成立长三角地区南疆旅游援疆联盟，组织沪喀两地 18 家旅游企业成立"沪喀旅游营销联盟"，共同研发喀什旅游线路和产品，联手开展产品销售、共同做好市场服务，旅游业正成为喀什四县实现创业就业、脱贫致富的新引擎、新空间。

此外，2015 年起，上海对克拉玛依市开展干部和人才支援，主要是从创新社会治理、人才培养、科技教育、医疗卫生、文化旅游建设等方面展开。逐渐形成了"1＋6"的人才援克新模式，即：以合作交流为 1 条工作主线；以干部人才培养培训、医疗卫生、教育、科技、航空旅游、产业发展 6 项工作为支撑，全面与上海对接各项工作。通过多领域多方面的合作支撑，进一步提升克拉玛依的经济社会发展水平，更好地为城市升级转型做好服务。

2018 年泽普县在喀什地区率先脱贫摘帽，2019 年巴楚县脱贫摘帽，2020 年建档立卡贫困户在地区占比最大的莎车县、叶城县顺利脱贫摘帽。上海援疆进入到聚焦巩固脱贫成果，提高帮扶综合效益；聚焦富民兴疆，增强内生发展动力和活力；聚焦保障改善民生，进一步增强老百姓获得感；聚焦团结稳疆，促进广泛交往、全面交流、深度交融的新阶段。

第五节　交支票不交责任、全面推进的援青扶贫

2010年1月中央第五次西藏工作座谈会后，按照中央统一部署，上海对口支援青海果洛。尽管上海已有对口支援西藏藏区20多年的经验积累，但因帮扶果洛适逢脱贫攻坚战打响、"精准脱贫"目标提出的重要时期，加之果洛地区的生态特殊性，对口帮扶果洛脱贫攻坚几乎是在零的基础上全面推开。

上海从政策、人力、物力、财力等方面加大投入，采取6个区分别对接果洛州6个县模式，形成经济、干部、人才、教育、科技软硬相结合和政府、企业、社会齐参与的全方位支援格局，先后派出4批援青干部和果洛州各级党委、政府以及广大干部群众共同努力，在扶贫的同时着眼长远，努力推动果洛实现跨越式发展，带动了果洛干部群众的思想解放和观念转变。

一、"规划为先、规范管理"发挥强大助推作用

果洛与上海在经济社会发展上存在着很大的差距，这要求上海帮扶果洛既要发挥好上海的优势，又要充分考虑当地的实际，把工作做得更好更扎实更持久，让人民群众真正得到实惠。由于对口援青主要是"交支票工程"，为保证援建项目和资金的使用始终做到"两个倾斜"，上海坚持用科学的规划、规范的管理牢牢管住，坚持"交支票不交责任"，主动牵头分工协作，加强项目的全过程精细管理，率先引入第三方专业机构帮助加强项目管理和综合评价，运用评价结果倒逼流程再造、优化决策程序；率先实现项目管理信息化，让数据跑路，形成项目和资金两个管理闭环，确保了对口支援项目和资金管理规范安全、工程质量合

格。果洛地方干部群众逐渐认可和接受上海规划为先、规范管理的理念，并成为他们开展工作的自觉。

二、聚焦脱贫攻坚，大力保障和改善民生

果洛也是典型的"三区三州"深度贫困地区，90%多的人口为藏族，基础设施薄弱，历史欠账多，农牧民群众绝大部分还是游牧生活，是名副其实的坚中之坚、难中之难，是最难啃的硬骨头。上海坚持聚焦建档立卡贫困户、聚焦保障和改善民生、聚焦果洛特色优势产业、聚焦人力资源开发，大力实施贫困人口教育、医疗保险救助、引导转移就业、发展特色产业、通过资产收益"五项脱贫工程"。从游牧民定居建设入手，推进农牧区危旧房改造，让牧民群众住上安全现代的"放心房"；在安置点聚居区实施安全饮水巩固提升工程，让定居下来的牧民喝上"放心水"。围绕易地搬迁和定居点配套建设，就近就地实施蔬菜温室大棚、生态畜牧业、藏药材种植加工以及相关服务业配套产业，扶持村级经济组织，实现村级经济组织"破零"，让定居下来的牧民有活干、住得下、稳得住、能致富。开展环境综合治理，推进"厕所革命"，建设高原美丽乡村。针对当地医疗服务水平低，人均预期寿命一度不到60岁的情况，围绕州、县、乡、村四级医疗体系建设、公共服务水平提升、地方病综合防治攻坚等工作发力，援建了果洛州人民医院医技楼、果洛州藏医院门诊住院综合楼等一批重点项目，倾力支持以包虫病为主的地方病传染病综合防治工作，帮助首建远程医疗系统，以果洛州医院为核心，让果洛最基层的老百姓足不出户享受到上海三甲医院专家的医学资源。

三、抓牢教育文化扶贫，深化交往交流交融

教育文化扶贫意义深远，是帮助对口帮扶地区提高自身发展能力，

从根本上脱贫之策。上海帮助当地实施中小学标准化建设和"全面改薄"工程，建成州民族高级中学和完成州民族中学改扩建、州职业技术学校整体搬迁新建等一批项目的同时，创造性在西宁建设果洛第一所"异地学校"——西宁果洛中学，为学生搭起成才的阶梯。通过职教联盟开展"输血式"培训与"造血式"培养，发挥上海教育资源扶贫最大效应，推动果洛教育实现跨越发展，牧民群众也逐渐转变观念，愿意送孩子到学校学习。此外，以文艺演出和非遗文化展示弘扬民族文化，帮助打造格萨尔史诗音乐剧，组织果洛文艺人才到上海戏剧学院进修研讨，提升果洛特色文艺的编导、声乐、舞蹈和舞美水平，鼓励果洛各类文化艺术团队到上海展演，进社区、进学校、进企业、进知名景点，嵌入式互动交流，营造民族交流交往交融的热烈氛围。组织学校结对、医院帮扶、文化走亲、青少年夏令营、民族团结模范交流等形式多样的活动，促进两地群众之间开展更广泛的社会层面的深入交流，为最终实现团结奋斗、共同繁荣发展奠定坚强的思想根基。

2019年玛多县率先退出贫困县序列，2020年其他5县全部脱贫摘帽，74个贫困村退出贫困线，绝对贫困人口实现清零目标。

第六节　能致富目标下的援三峡扶贫

经过18年移民迁建，三峡库区移民"搬得出、稳得住"的使命已完成，但与一般居民平均水平相比仍有差距。上海对口帮扶的重庆万州属于国家级贫困县、湖北夷陵属于"插花贫困县"。对此，上海根据精准扶贫要求，切合受援地区实际需要主动转变思路，加大帮扶力度，形成"对口支援＋扶贫＋创新"的工作模式，不断增强库区自我发展能力和造血功能，帮助库区移民实现逐步能致富的目标。

一、实施移民小区综合帮扶，大幅提升库区公共服务功能

由于部分移民小区修建时间相对较早，逐渐显现出设施老旧、管理不到位问题，影响移民幸福感、获得感。上海以此为抓手，大力推进安全饮水、污水处理、扶贫攻坚公路硬化、环境整治等基础设施完善工作，改善移民基本生产生活条件。援建社区卫生服务中心、文化广场、社区公共服务中心、党员群众服务中心、农业技术综合服务中心等配套项目，解决群众住房难、饮水难、出行难等困难。改扩建一批医院、学校、养老机构，进一步改善移民子女的学习条件，提高当地医疗诊断水平。为帮助移民小区提高社区管理和社会治理水平，上海的部分区街道与三峡库区乡镇、居委会与村社还开展友好结对，进一步深化合作，推动实现农村环境卫生、村民精神面貌"双提升"。

二、聚焦农村农业扶贫开发，大力支持库区特色产业发展

三峡库区有着自己的特色农业，为帮助当地做强做优这些产业，上海发挥自身资金、人才、技术优势，在万州区援建古红橘园、现代农业示范园、柑橘基地、中药材基地、茶业基地、猕猴桃基地，在夷陵区支持建设交易市场、猕猴桃基地、移民创业园、茶旅融合产业园等，帮助提高农民收入，促进当地农民（移民）就业。支持万州、夷陵当地农特产品到上海推介，提升万州、夷陵特色产品拓展上海市场的能力。创新思路，在夷陵区建设电子商务孵化基地，支持当地招商引资发展非农产业。红星美凯龙、老凤祥、上海绿地集团、月星集团、中通快递渝东智能科技产业园、上海新维电工程技术有限公司汽车零部件等项目纷纷落户两地，带动了上下游产业发展和当地群众就业。上海还针对三峡库区自然风景优美的特点，在万州太安镇探索打造"全域旅游示范镇"，帮助当地发展生态旅游业。

三、增强智力扶持力度，为库区发展注入内生动力

通过两地学校、医疗机构结对方式，提升库区教育、卫生水平。以"互联网＋硬件＋App"和"1个企业＋1所上海小学＋3所万州当地小学"的模式实现教育资源远程互联共享，基本形成一月一课的互动共享模式。组织上海专家在库区开展巡回医疗活动，资助万州和夷陵籍贫困大学生，补贴万州夷陵在沪中职生。加强人力支援开发帮扶，培训对象进一步向专业技术人员和基层倾斜，培训内容更加注重符合当地发展需要的公共管理、职业技能、专业技术等。如开展的新农村建设与社区管理培训班，就专门学习交流上海对口区在社区管理、小区建设等方面的经验与模式。

2016年万州摘掉贫困县帽子，2017年夷陵区在宜昌市率先脱贫。为巩固脱贫成果，帮助三峡库区移民尽快走上致富发展之路，上海进一步优化帮扶体制机制，细化帮扶重点任务，花更大的精力做大消费帮扶、做强就业帮扶、做深文旅帮扶、做优智力帮扶，帮助当地百姓找到致富方向。

2020年，上海助推对口帮扶地区尚未脱贫的5个贫困县和近40万贫困人口全部如期脱贫摘帽。经过多年精准扶贫、精准脱贫，上海作为参与脱贫攻坚战的一员，始终立足当地所需，发挥上海优势，完成了中央交予的任务，并形成完善了有利于脱贫后进一步加强东西部协作的体制机制。脱贫攻坚不是终点，上海将与对口帮扶地区在全面建设社会主义现代化国家新征程中巩固拓展脱贫成果，加强与乡村振兴相衔接，努力实现优势互补、协作共赢。

第四章

上海帮扶整村推进扶贫的
历程与案例分析

民生问题，是百姓的基本生计问题，狭义的民生主要是指民众的基本生存和生活状态，以及民众的基本发展机会、基本发展能力和基本权益保护的状况，等等。东西部扶贫和对口支援工作的一个重要内容，就是要先帮助贫困地区的贫困人口解决好基本生存和生活状态问题。上海在从 1992 年起正式全面推进对口帮扶工作的过程中，围绕解决好帮扶对象基本生存和生活状态问题，为帮扶对象提供基本发展机会、提高能力等方面，从各种试点村建设开始，在整村推进扶贫开发上进行了大量颇有成效的探索。

第一节　上海开展整村推进扶贫开发的历程

在上海对口帮扶工作的十六字方针中，"民生为本"始终是排在第一位的。从对口帮扶初期递进式温饱示范村的整村推进，到帮扶人口较少民族整体脱贫，再到建设小康示范村，上海一步一步帮助提升贫困地区贫困人口的基本生存和生活状态，解决贫困地区贫困人口的基本发展机会、能力等民生问题，切实发挥了民生帮扶在助力脱贫攻坚中最直接惠及群众的作用。

一、从在云南建设温饱试点村开始

1996 年，中央扶贫工作会议确定上海对口帮扶云南后，上海各区县、各部委办局 60 多名局级干部由时任市长徐匡迪带队，在"第一时间"奔赴云南贫困地区，深入村寨、农户、学校考察，了解实情，决定要把有限的帮扶资金用到刀刃上，重心下移，提出"以贫困村为主战场，资金安排到村，扶持措施到户"的帮扶思路。考虑到思茅、文山、红河三地州的 23 个贫困县，都是少数民族聚居区，不少地方是刀耕火种，水电路不通，茅草房透风漏雨，整体改变当地的基本生产和生活条件是需要上海帮扶首先加以关注的重大问题。在当地的支持配合下，上海援滇干部联络组深入调查，提出以自然村为单元建设温饱试点村的创新设想，解决扶贫措施到村进户难题。1998 年 6 月，上海市委书记黄菊带领代表团入滇调查研究，到村寨、进茅屋，访贫困户，倾听他们对上海帮扶工作的意见、要求。他再次强调，"进村入户"是上海帮扶工作的重点，最好的"抓手"就是以自然村为单位，建设温饱试点村，有的放矢定向使用援助资金，缺水的搞水，没路的筑路，尤其要为每村都提供一套有线广播电视接收设备，在改变当地百姓的生产、生存和生态条件上下真功夫。一场以建设温饱试点村为切入点，以贫困村为主战场，做到"扶贫资金到村、扶持措施入户"的民生帮扶大幕由此拉开。

这一年，文山、红河、思茅三地州 22 个县首批启动 44 个温饱试点村项目。温饱试点村的建设内容分为两部分：一是关系群众生活生产的基础设施建设，涉及道路、饮水工程（水窖）、沼气池（每户一个）、水利设施（沟渠）、地面卫星接收站、文化活动室、举办实用技术等，这是对口帮扶直接到村。二是小额信贷，利用上海提供的信贷资金滚动发展，用于农户的种植业、养殖业，这是对口帮扶直接到户，帮助贫困农户生产自救、脱贫致富。温饱试点村的实施，找到了帮扶对口到村、计划分解到村、资金安排到村、扶持措施到户、项目覆盖到户、扶贫效益到户的结合点和突破口，找到了变"输血"为"造血"的扶贫开发新途径。试点村周围的村子有组织地或自发地到试点村取经、学习，引进高产经济作物等，并纷纷要求加入温饱试点村建设行列。44 个试点村由点到面、建一村带一片的示范效应开始显现。温饱试点村建设受到沪滇两地领导的高度关注，被称为"金点子"。

1999 年 1 月，在总结前期实践和调研后，云南省扶贫办与上海对口云南帮扶联络工作组联合提出了《"7 + 8"温饱试点村工程实施方案》。按照自愿原则，选择村委会班子力量较强、村民积极性较高的自然村进行规划，上海投入资金主要用于农户民居改造，分期分批组织群众以投工投劳的方式，引导农户进行民居改造。上海市向每个试点村投入资金 7 万元，用于人畜饮水、沼气、农田基本建设等公共基础设施及科技培训等；另外安排 8 万元小额信贷专项资金，帮助农户个体发展。上海的资金主要以水泥、砖瓦等方式发放到农户手中，当地相关部门协调配套安排部分财政贴息贷款。随着上海帮扶资金力度的逐年加大，在引导鼓励农户进行民居改造的同时，上海市还安排一定比例的资金用于村内卫生室、公厕、科技活动室等公益设施的建设。省、州扶贫、建设、民政、民委等部门也整合扶贫、民居改造、灾后恢复重建、村民"一事一议"财政补助等各类资金，加大民居改造补助力度，建设通村公路、供水设施等。

2000 年，上海针对边境一线、民族地区贫困群众居住在茅草房、杈杈房的实际困难，开展"安居 + 温饱"试点村建设，云南省扶贫办和上海对口云南帮扶工作联络组制定完成了《上海帮扶"安居 + 温饱"工程实施方案》。《实施方案》明确了"安居 + 温饱 + 社区发展"的理念和"集中边片"的原则，"安居"以解决贫困农户居住条件为目的，通过资金扶持、物资扶持及农户自筹资金相结合的方式，将不具备安全居住条件的茅草房改建为石棉瓦房、土基房等安全性住房。"温饱"以贫困农户增收、增产为目的，通过帮扶资金和农户投工投料，进行改土、治水、科技推广等，使贫困农户的生产条件和生产技术有明显改善。"社区发展"以资金扶持建立科技文化室、有线电视广播、卫生厕所等设施，开展科技培训、扫盲等社区性活动，改变贫困农户落后的生活方式。"安居 + 温饱"试点村的建设资金以上海帮扶资金为主，同时捆绑自筹资金和农户投工投料共同使用。

截至 2001 年 10 月，上海在云南贫困地区援建 1000 个温饱型试点村，帮助贫困山村改善基本生存条件，20万人实现温饱安居，并辐射带动周边60万人摆脱贫困，128万人解决就医、上学难题。这一探索实践被西部地区亲切地称为"白玉兰工程"，也为《中国农村扶贫开发纲要（2000—2010）》将整村推进作为国家扶贫开发的重要载体，提供了研究借鉴的鲜活案例。2002年10月1日，时任总理温家宝同志在新华社《国内内参》刊登的题为"上海实行进村入户帮助云南20万人脱贫"的报道上批示：上海帮扶云南的做法、成效和经验应予重视并认真总结。

二、进入21世纪更加侧重机会、能力和保障的整村推进

温饱村建设是最基本最基础的改善贫困人口生存生活状态的工程，随着人民群众温饱问题得到解决后，对更好的生活就有需求，更多人希望能够得到更大的发展。于是，2001年5月中央扶贫开发工作会议后，结合云南省的发展规划，上海在三地州每县选一个条件较好的村，投资1150万元，试点脱贫奔小康工程建设。脱贫奔小康试点工程的内容主要包括五个方面，即发展一个优势种养品种、培育一批致富带头人、援建一个农贸市场、建设一个科技文化活动室和完善一批公共基础设施。首期23个脱贫奔小康试点工程的实施坚持因地制宜的原则，文山州以多点建设为主，思茅地区以自然村建设为主，而红河州则以村委会和自然村建设并举。脱贫奔小康试点工程覆盖4.9万户22.4万人，为贫困地区群众在基本解决温饱问题的基础上如何加快建设小康社会提供了经验。

2004年4月，国务院扶贫办在京召开全国扶贫办主任会议，对2004年的重点工作进行部署，其中第一项就是"集中力量，实施整村推进计划"。由于递进式温饱试点工程在内涵实质上完全符合整村推进的工作要求，上海市决定在坚持把温饱村建设作为扶贫帮困重点的基

础上，抓好整村推进试点示范工程。2004年年底，沪滇双方达成了开展整村推进扶贫开发工作的基本原则。上海市2005年度安排专项资金8000万元用于整村推进，并把援建的整村推进项目统一命名为"白玉兰扶贫开发重点村"。上海在四州市各选一个村作为整村推进示范点。规划资金重点解决"五通七有"；"五通"指通路、通电、通水、通广播电视、通邮电，"七有"指人均有1亩稳产田地，户均有3亩经济果林，户户有沼气、猪圈、卫生厕所三配套，村有党员活动室、卫生室、村级中心小学、外出务工队伍。同时，每个村都要确定产业开发和农民增收的思路。

上海在云南的这一探索，也适用于上海对口帮扶的其他地区。2002年，上海第三批援藏干部坚持援藏工作向农牧区倾斜、向农牧民倾斜，在对口支援的西藏日喀则5县的30个行政村启动实施"安康工程"。采取小额信贷投放、提供优良种畜、援建蔬菜大棚、实现"四通"（通水、通电、通路、通广播）等措施，引导农牧民勤劳致富。后来，在"安康工程"试点村基础上，上海的每批援藏工作都结合当地实际，坚持"输血"和"造血"相结合，在加强基层政权建设、改善基层医疗条件、农牧民技能培训等方面不断深化，着力改善基层农牧民生产生活条件，取得了良好成效。由于日喀则地区的行政村规模较小，上海援藏干部不搞统一模式，而是强调因地制宜，度身定做。在试点村建设中，上海援藏干部每人负责一个村，住在村里，与村委会一道，统筹安排、分类指导，并定期检查资金流向和使用情况，以确保项目的覆盖面和资金使用效益。"安康工程"改变了村容村貌，人畜混居，环境脏、乱、差现象严重，村里没有医疗设施、文化设施，群众只求温饱，致富无门等问题得到了解决。

2006年全国两会期间，胡锦涛总书记参加政协农业界联组会议时，高度肯定整村推进扶贫开发方式，要求将这项工作"做好，坚持下去"。上海在中央的号召下，放大整村推进改善贫困群体民生的优势，陆续开展对云南人口较少民族德昂族、独龙族、苦聪人、莽人、克木人以及特殊困难群体彝族支系僰人和瑶族支系山瑶群众的帮扶工作，在全国率先实施对口帮扶人口较少民族发展。2006年开始，上海市增加对人口较少民族德昂族的帮扶工作，帮扶的重点是解决群众的基本生活、基本生产、基本教育、基本医疗的问题，以及各类人才的培训，提高群众再生产、再发展的能力。

三、新发展理念指导下的整村推进

在全国上下一盘棋打赢脱贫攻坚战的同时，中央又提出实施乡村振兴战略，对贫困地区贫困人口脱贫工作提出了新的要求，为完成脱贫摘帽的贫困村如何进一步发展指明了方向。

党的十九大报告指出，农业农村农民问题是关系国计民生的根本性问题，必须始终把解决好"三农"问题作为全党工作的重中之重，实施乡村振兴战略。

沪滇双方充分发挥云南区位优势、资源生态优势及独特文化优势，将脱贫攻坚、乡村振兴与兴边富民工程统筹推进、聚点发力，陆续建成一批边民富、边疆美、边防固的乡村振兴特色示范村。聚焦解决当地群众"急难愁盼"问题，本着"一张蓝图绘到底"的原则，上海协调规划设计、农村农业等领域专家，整体设计、整村推进、梯次打造、全面提升，遴选了一批村寨，每年安排援滇资金，用两到三年时间持续打造，包括从脱贫攻坚时期的水、电、路、房、网等基础设施改造，到衔接过渡期间的厕所革命、生活污水和垃圾治理、三线落地，医疗卫生公共服务功能持续提升。通过努力，红河州金平县马鞍底村、西双版纳州勐海县打洛村等近30个村寨生产生活条件不断改善，村容村貌焕然一新。与此同时，上海把培育壮大特色产业作为村寨发展的关键环节，立足当地实际，精准谋划产业发展路径。比如，在保山市龙陵县、德宏州盈江县等部分村寨，引入良种良技，布局幼蚕繁育所、大小蚕房及灌溉系统，因地制宜建设蚕桑养殖基地，采用"公司＋合作社＋基地＋农户"产业化经营模式，实现了"人均一亩桑、脱贫不用慌""人均两亩桑、致富奔小康"。

在云南省宣威市宝山镇树打箐村，经过两期沪滇协作项目帮扶建设，通过赋能绿美乡村建设，激活生态振兴源动力，瞄准农旅融合发展，建设亲子乐园、水果采摘体验园、共享农场、婚纱摄影基地、乡愁体验馆、万寿菊观赏园等特色观光休闲农业，吸引市民下乡入村。两年时间，树打箐村从一个一穷二白的小山村蝶变成远近有名的网红村、示范村、样板村，获评宣威市唯一的省级绿美村庄、曲靖市人居环境三星级自然村、曲靖市乡村振兴示范点、农村厕所革命示范点、沪滇协作示范点。

打造一批具有示范效应的样板，发挥样板的辐射带动作用，对于全面推进乡村振兴至关重要。在西藏日喀则，通过上海市第九批、第十批援藏干部联络组的接续努力，江孜县年堆乡索盖村、定日县扎西宗乡"珠峰小镇"、萨迦县扯休乡朗巴吉村、拉孜县锡钦乡锡钦村等 12 个乡村振兴示范点建设持续推进，成为西藏自治区乡村振兴的示范样板。

2017 年 7 月，西藏自治区边境小康村建设启动后，上海投入大量的人力、物力、财力给予支援。边境小康村建设立足边境地区乡村发展实际，着力解决城镇与乡村之间公共基础服务设施的短板，破除边境地区城乡发展不平衡和不充分，推动边境地区生产生活条件全面改善，主要建设内容包括住房改善，基础设施、公共服务设施、产业建设、生态与人居环境建设。

上海的实践证明，整村推进扶贫是一个系统的有效的扶贫模式。除了硬件方面有规划的建设能在较短的时间极大改善贫困地区的基本生活环境，更重要的是聚焦提高贫困地区贫困人口自我发展能力的帮扶，使得整村推进扶贫避免陷入形象工程怪圈。

第二节　案例分析

案例一　景东县温饱试点村建设

　　云南省西南中部的景东彝族自治县，属思茅地区，是 1994 年被列为《国家八七扶贫攻坚计划》重点扶持的贫困县。全县面积为 4466 平方千米，其中山区面积占 95.5%，是典型的边远贫困多民族杂居的山区农业大县。截至 1997 年年底，全县有绝对贫困人口 6 万多人。1998 年，上海率先创建扶贫温饱村，有效地解决了 3059 人的温饱问题，被世界银行扶贫项目称赞为"这种扶贫方式，在国际上绝对是一流的"。

　　1997 年，上海市普陀区与景东县建立对口帮扶关系。两地帮扶干部走村串寨，调查研究，在充分论证的基础上，最终形成了以建设温饱试点村为主攻方向的具体方案和发展目标。试图通过温饱试点村的建设，真正形成建一个温饱试点村带动周围贫困群众参与的开发式扶贫的格局。1998 年 3 月，第一批温饱试点村建设，选择景福乡勐令和龙街乡岔河两个村作为示范点。

　　所有实施项目围绕"温饱"开展，以种、养为主，广泛征求当地干部群众的意见，需要什么帮什么，缺什么补什么，让贫困群众易懂、易学、易接受，形成了干部群众积极参与，各有关部门密切配合的良好态势，试点村建设方案得以顺利实施。其中景福乡勐令温饱试点村以"吃、住、行、养、乐、卫、洁"七字为建设内容；龙街乡岔河村则以"人均 1 亩基本农田地，户均 1 口沼气池、1 间卫生猪圈、1 口氨化饲料池和全村 1 座科技娱乐室为建设内容。经过一年的建设，两个村的贫困群众当年脱了贫，附近村庄的群众也纷纷效仿，得到了两省市领导的高度赞扬。

首批温饱试点村建设，很快取得了明显的经济、社会和生态效益，带动了温饱试点村的发展。1999 年 5 月，第二、三批温饱试点村建设工程相继启动，"一年基本解决温饱，二年巩固提高，三年稳步发展"的目标正在逐步得以实现。两年来，上海对口帮扶云南景东建设温饱试点村 13 个，上海无偿投入资金 123 万元，结合县、乡、村的配套投入和群众的投工投劳，改造了以"坡改梯 + 五小水利 + 农业科技与良种良法"相配套的高稳产农田地 1642 亩，建成小水池（窖）150 个、输水管道 42.5 千米，解决了试点村的人畜饮水困难，建沼气池 433 口，改建卫生猪圈及厕所 433 间（6480 平方米），种植经济林果 906 亩，经济作物 575 亩，建科技培训及文化活动室 2 所，安装地面卫星电视接收设备 13 套，架设人畜驿道桥梁 4 座。项目的实施，使 13 个温饱试点村的农业基础设施、生产生活条件得到了明显改善，有 95% 以上的贫困人口基本解决了温饱问题。

案例二　帮助人口较少民族德昂族

2006 年，为贯彻落实全国扶持人口较少民族发展工作会议精神，上海市积极响应党中央的号召，率先帮扶人口较少民族发展，将帮扶云南德昂族列为"十一五"沪滇合作的重要内容。德昂族是云南 7 个人口较少民族之一，是从原始社会末期直接过渡到社会主义的"直过"民族。德昂族总人口 1.78 万人，主要聚居在云南省德宏傣族景颇族自治州、保山市、临沧市的 9 个县（市、区），共 80 个自然村。2005 年 12 月，在两省市党政领导签署《上海—云南对口帮扶与经济社会合作"十一五"规划纲要》仪式上，云南省民委与上海市民宗委签订了《关于对口帮扶德昂族发展的合作协议》。2006 年开始，上海市增加对人口较少民族德昂族的帮扶工作，以德昂族聚居的自然村为重点，按整村推进方式进行扶持，同时实施基本医疗、基本教育和实用技术人才培训等方面的面上帮扶。

上海按照"分批扶持，整村推进，重点突破"的思路，紧紧围绕解决德昂族群众的基本生活、基本生产、基本教育、基本医疗来进行帮扶。5年来共投入帮扶资金3000多万元，实施63个自然村整村推进工程，德昂族聚居地区的基础设施建设和生产生活条件得到较大改善。经过共同努力，每个村实施安居房、种养殖业、村内道路、村容村貌、文化活动场所、清洁能源等改进项目，德昂族聚居村寨实现了跨越发展。德昂族群众实现整体脱贫，德昂族聚居地区的基础设施建设和生产生活条件得到较大改善，群众自我发展意识明显增强，各种劳动技能得到普遍提高，群众精神面貌也有了较大的改观。德昂族群众为表达对上海人民的感激，亲切地称上海人为"上海亲戚"，把帮扶修建的路称为"上海路"，把帮扶的村寨改名为"上帮村"。

2009年，上海市提前一年完成两地民委协议确定的63个德昂族村寨的帮扶任务，并把对德昂族的扶持区域从德宏州扩展到临沧、保山等地。9月，第五次全国民族团结进步表彰大会召开，上海对口帮扶德昂族贫困地区被选为成功案例，国家民委誉之为新时期民族团结、和谐发展的典型。12月，上海对口帮扶德昂族发展工作总结暨经验座谈会在德宏州召开，云南省有关部门决定推广上海帮扶德昂族的经验。2010年，全面完成上海对口帮扶德昂族发展工作。

案例三　亚东"边境小康村"

2017年，亚东县顺利通过国务院第三方评估验收组的考核，成为西藏自治区首批脱贫摘帽县之一。脱贫摘帽以后，亚东县把"巩固脱贫攻坚成果""率先实现小康"作为深化乡村振兴战略和边境小康村建设的重要内容，着力解决稳定脱贫和率先小康的问题。亚东小康村示范项目是在沪藏两地党委、政府主要领导的亲自关怀下确定的。2019年

8月中旬，上海市委书记李强率团赴西藏考察，与西藏自治区党委、政府领导座谈，共商援藏工作，并实地察看了上海对口援建项目。自治区领导提出希望上海支援日喀则的"边境小康村"建设。上海后方专门成立了"小康示范村建设工作领导小组"，日喀则也及时成立"上海对口支援日喀则市亚东县小康村示范项目建设前方联合指挥部"，在上海市第九批援藏干部联络组的推进下，沪藏携手，齐心协力将亚东小康村示范项目打造成上海对口援藏工作的亮点工程、全国小康村建设的样板工程、有效衔接脱贫攻坚与乡村振兴的标杆工程。

2020年，严格按照沪藏两地党委、政府相关工作要求，按照既定目标，分解任务、倒排工期、挂图作战，克服大雪、大风、雨季等恶劣天气和新冠疫情的影响，全力推进亚东边境小康村建设，易地搬迁安置亚东县高海拔地区的100户农牧民家庭近500人，抓紧建设包括住房、幼儿园、卫生室等在内的公共配套设施，一期建设已完工并交付使用，27户124名农牧民顺利搬迁入住，助力固边戍边。中央有关部门和沪藏两地领导多次给予表扬和肯定。2021年，扎实推进边境小康示范村二期项目，坚持高起点、高规划、高标准设计，初步实现搬迁群众"搬得出、稳得住、能致富"目标。

亚东县边境小康示范村建设按照传统民居与现代工艺相融合、群众传统生活习惯与现代城市生活相配合的要求，将生产区和生活区分离，统一建设水、电、路、讯等基础设施，统一配备村委会、卫生室、文化活动室等公共服务设施，着力打造特色边境小康示范村。上海建工、交大研究院、宝武集团三家建设单位对搬迁农牧民家庭开展入户调研，精准对接，核对具体人口数，征求群众对房型结构、功能、外观等方面的意见和建议，完成了设计方案和总平面图。建工集团发挥全产业链联动优势，增派园林集团参与到2号安置点景观绿化方案的设计编制工作中。同时，协调亚东县各职能部门，对接小康村建设相关指标和建设要求，继续深化了总平图与房型图。经多次讨论协商，最终确认打造能够满足居住出行、融合上海元素、藏族风情、戍边文化的边境特色乡村。

小康村以自然景观资源为依托，借助山景与水景，形成依山傍水的主要格局和"二轴三心三片区"的空间布局。地块中间布置公建配套、幼儿园、小学等功能形成"公共片区"，南北各布置一个"居住片区"。每个片区以"中央景观花园为中心"，享受内外景观资源。住宅以独栋形式于两侧布置，在地块中间形成"中央景观轴线"，贯穿南北。地块中央为"公共服务轴线"。住宅布置根据地形偏转，形成最有利的日照与景观条件，为每户人家都创造属于自己的小空间，互不干扰，同时与周边形成组团空间。

此外，新建的每一幢民房，均采用装配式钢结构建设，所有建材工厂生产、现场安装，施工周期短、外观挺括，建筑材料可拆除异地安装，房屋抗震、保温性能优于传统结构。外墙采用水泥纤维挂板加防水透气膜和两层保温，内墙采用纸面石膏板面加保温隔声棉，地板、地砖采用时尚灰色系列，屋顶采用深灰色树脂瓦，在高原强烈的日光照射下不会褪色，整个房屋集保温、除湿、防渗漏等功能于一体。

上海还抓紧建设对口五县的乡村振兴示范点，着力打造成上海援建成果的精品项目。通过全面实施乡村振兴战略，努力实现产业兴旺、生态宜居、乡风文明、治理有效、生活富裕，让雪域高原守住美丽的净土，留住记忆的乡愁。

案例分析及启示

（一）由点及面，发挥示范点的带动效应

上海无论是对口支援伊始建设温饱村，还是实施脱贫奔小康工程，以及建设边境小康村，都是先选择一两个地方进行试点，取得成功经验

后，再铺开。

文山、红河、思茅三地州22个县首批启动44个温饱试点村项目，从建设关系群众生活生产的基础设施入手探索形成了"整乡规划、整村推进、资源整合、连片实施"的工作路子。

（二）规划为先，系统推进

整村推进是一项系统工程，在此过程中，上海注重针对当地的实际情况，进行规划。如在三峡库区新农村建设中，重点援建一批以"一站、一室、一院"为主要内容的为民设施；在景东县龙街乡岔河村则以"人均1亩基本农田地，户均1口沼气池、1间卫生猪圈、1口氨化饲料池和全村1座科技娱乐室"为建设内容。

在规划基础上，系统推进，整村推进对当地的生产生活条件、村容村貌、生态环境进行全面建设，集中建设村内的道路、饮水、学校、产业等，同步实现对贫困村的人居环境改造、生产设施建设、劳动者技能培训、产业发展培育、社区公共设施改进、文化卫生设施建设，整体上改变当地面貌。

（三）重视当地群众的参与程度和主体作用的发挥

整村推进的工作需要全体村民参与，有效地调动了贫困户参与扶贫开发的积极性，也一定程度上改变了贫困群体在扶贫中的被动地位。比如，上海投入资金用于农户民居改造，分期分批组织群众以投工投劳的方式，引导农户进行民居改造。使得当地群众在解决贫困问题的同时，还获得发展能力和改善整个村庄生产生活条件，群众自我发展意识明显增强。

第五章

上海产业帮扶的历程与案例分析

产业扶贫是指以市场为导向，以贫困地区特色资源禀赋为基础，以产业规划、产业发展为核心，以经济效益为中心，以产业扶持政策为支撑，以贫困人口脱贫增收、贫困地区区域经济增强为目的的扶贫方式。在助推贫困人口实现脱贫、促进贫困地区产业结构转型、提升贫困人口和贫困地区内生动力、实现可持续发展方面发挥了重要作用。[①]

1987年10月，国务院发布《关于加强贫困地区经济开发工作的通知》，正式提出产业扶贫的概念。20世纪90年代，受农业产业化的启发，产业化的概念开始被引入扶贫开发工作中。2013年，习近平总书记在考察湘西工作时提出了"精准扶贫"重要理念，这一理念为产业扶贫指明了全新的发展方向，精准产业扶贫更加强调对贫困人口的目标瞄准性和特惠性。2014年出台的《关于创新机制扎实推进农村扶贫开发工作的意见》，将发展特色产业列为当前农村亟待解决的十个问题之一。2016年出台的《中华人民共和国国民经济和社会发展第十三个五年规划纲要》将产业扶贫列为脱贫攻坚八大重点工程的主攻方向，提出每个贫困县都要在2020年构建出一批吸引贫困农户参与的特色产业基地和园区。同年国务院印发的《"十三五"脱贫攻坚规划》，将产业发展脱贫列为首要的一章，科学构建了产业扶贫发展模式的基础框架。[②]

第一节　上海开展产业扶贫的历程

自20世纪90年代以来，上海按照党中央、国务院的要求，始终将产业扶贫作为支援对口地区发展经济、脱贫致富的重要手段、根本出路，

---

① 全国扶贫宣传教育中心组织编写：《产业扶贫脱贫概览》，中国农业出版社2018年版，第2—3页。
② 许旭红：《我国从产业扶贫到精准产业扶贫的变迁与创新实践》，《福建论坛》2019年第7期。

坚持积极探索，创新方式方法，助力对口帮扶地区全力打赢脱贫攻坚战。

一、20 世纪 90 年代的探索

1993 年，国家扶贫办公室登记注册了中国扶贫开发协会，通过建设全国性的扶贫开发社团组织，动员社会各界力量参与扶贫工作，并在组织章程中明确提出要在贫困地区开展产业扶贫。1994 年 4 月，国务院印发《国家八七扶贫攻坚计划》，明确特色产业作为农村产业扶贫的基本方向，指出"依托资源优势，按照市场需求，开发有竞争力的名特稀优产品"。特色产业就正式走上了我国扶贫开发的舞台，在我国的扶贫开发战略中愈发重要。[1]1997 年，国务院出台《国家扶贫资金管理办法》，其中还专门提到扶贫项目的选择要有助于贫困户收入直接提高等与产业扶贫相关内容。这一时期，上海对口支援的地区有云南、新疆、西藏和三峡库区。上海按照国家"支援为主，互补互济，积极合作，共同繁荣"的原则，确定了坚持以"产业为主线、以市场为导向、以企业为主体、以资产为纽带"的横向经济协作运行机制四原则，在这四项原则中，突出产业、企业在对口帮扶中的地位。在具体实践中，将援建方式由"输血"为主向"造血"为主转变，采用援建相关工厂、企业设施，引进企业到对口地区发展产业，援助对口地区建立基地发展农业、工业特色产业等方式对对口支援地区进行产业扶贫。这一时期的产业扶贫实践，为后来上海产业扶贫的发展积累了经验，奠定了基础。

（一）通过引进企业、在当地开设工厂等方式，推动当地工业的发展

企业是市场的主体，企业凭借自身在资本、人才、技术、市场等方面的优势，在产业扶贫中可以发挥重大的作用。上海在产业扶贫中，注

---

[1] 全国扶贫宣传教育中心组织编写：《产业扶贫脱贫概览》，中国农业出版社 2018 年版，第 29 页。

重引导企业去补当地产业之短，在 20 世纪 90 年代的援建工作中，这一点在对口支援三峡库区体现得尤为明显。因为三峡工程建设和环境保护的需要，库区原有的很多工厂生产设施被拆除，很多环境压力大的产业被停顿，库区产业发展一度面临"空心化"之痛。中央对三峡援建工作的要求是"搬得出、稳得住、能致富"，产业"空心化"成为影响移民"能致富"的短板。1992 年 12 月 12 日，上海市对口支援三峡移民领导小组第一次会议提出，开展对口支援工作必须遵循中央确定的开发性移民方针，以安置移民、注重经济效益为出发点，做到"三个结合"：库区移民与扶贫解困相结合；支援项目与产品结构、产业结构调整相结合；利用当地资源与市场需求相结合，促进经济繁荣，形成一批骨干企业。就是把产业帮扶放在了第一位。在产业扶贫方面，上海按照国务院关于引导名牌入库区的要求，引导上海企业到库区投资落户，先后引导上海烟草、白猫、汇丽、信谊等一批名牌企业落户库区。从 1994 年至 2001 年的 8 年间，上海先后在三峡库区共实施经济合作项目 48 项（其中，重庆库区 24 项，湖北库区 24 项），帮助库区建立具备造血功能的项目。①上海也不遗余力地推动本区域企业和对口地区"喜结连理"，比如上海正广和汽水厂投入资金 200 万元和长江三峡工程经营公司合作，在宜昌设立分厂。黄浦区副食品公司和万县市开展副食品贸易，仅八仙集团副食品商场一家，春节前就从万县购进猪肉 1000 吨。静安、闵行等区也积极帮助宜昌县在上海销售石材、中药材等，总价大约有 500 万元。②

---

① 中共上海市委党史研究室、上海市人民政府合作交流办公室、政协上海市委员会文史资料委员会编：《上海的责任——对口帮扶亲历者说》（中卷），上海人民出版社 2020 年版，第 583—584 页。

② 中共上海市委党史研究室、上海市人民政府合作交流办公室、政协上海市委员会文史资料委员会编：《上海的责任——对口帮扶亲历者说》（下卷），上海人民出版社 2020 年版，第 1493—1494 页。

　　1993 年，为适应三峡库区移民安置需要，经国务院批准，万县市五桥区成立。该区以山区为主，居民以农耕为主，是全国的贫困县之一。1994 年至 1997 年，上海援三峡干部根据五桥实际情况，以"造血型"项目推动工业发展。该区因交通条件差，路况不好，汽车轮胎磨损严重，上海援建干部联系宝山区横沙乡以技术合作为手段，与五桥区联合投资 185 万元，成立轮胎翻新厂，专门进行轮胎翻新及再利用。1996 年 6 月，五桥区首家合资项目——由上海白猫有限公司与四川省五一日化实业总公司共同组建，注册资本达 7400 万元、安置移民 1451 人的白猫（四川）有限公司（后来更名为白猫（重庆）有限公司）正式开业，并带动包装、原料、运输等行业快速发展，被誉为"白猫"效应。宝山水泥厂以技术输出为主要手段，支援白帝水泥厂建设，使该厂的生产规模从原来的年产 5 万吨，迅速扩大到年产 15 万吨。①

　　上海对口支援西藏日喀则地区工作启动后，1995 年至 1998 年，上海援藏干部提出打造"造血"工程的工作思路，即根据当地实际情况选择适合的产业项目发展经济。为切实支持日喀则地区旅游业发展，上海援建上海宾馆二期、拉孜上海宾馆、珠穆朗玛上海大酒店、亚东上海花园大酒店、江孜宗山广场、拉孜文化广场等一大批重点项目，极大地提高了当地旅游基础设施水平。通过发放无息贷款、建设现代农业科技示范园区等方式，鼓励农牧民发展小型运输业、小型加工业、家庭养殖业等，拓宽农牧民增收渠道。在对口县乡搭建蔬菜大棚，建设花卉、草籽和牧草种植基地，建设贝母、优质油菜种植基地，建设畜舍及牛、羊、鸡种养和改良基地等，提升农牧业科技含量，极大地促进了当地传统农牧业向现代农牧业转变。在江孜建立国家级星火技术密集区，

---

① 中共上海市委党史研究室、上海市人民政府合作交流办公室、政协上海市委员会文史资料委员会编：《上海的责任——对口帮扶亲历者说》（下卷），上海人民出版社 2020 年版，第 1518—1519 页。

推动当地三大产业结构从 1994 年的 75：10：15 调整为 1997 年的 55：24：21。[1]

新疆阿克苏地区阿瓦提县是个典型的农业县，除了围绕棉花的几家轧花厂、（棉籽）榨油厂、农机修配厂，还没有真正意义上的现代纺织企业。1997 年 3 月，第一批上海援疆干部接受县委的委托，将建设阿瓦提县棉纺厂作为援疆的重要工作之一，在 300 天内完成了建厂方案的设计、设备购买、安装到试运行。后来，还成功注册"叶河"商标，"叶河"牌棉纱成为阿瓦提县的拳头产品，在浙江成为抢手货。二期工程很快完成，棉纺厂按照设计，2 万锭规模、投资仅 3600 万元的工程全部圆满完成，产品质量优良，供不应求，对阿瓦提县产业链的提升、地方经济的发展、地方财政的增加、人民就业的帮助和社会稳定起到了积极的作用，为阿瓦提县的经济发展开辟了一片新的天地。[2]

（二）根据对口支援地区自然资源特点，在农业、工业等领域帮助当地发展特色产业

1994 年 4 月国务院制定颁发的《国家八七扶贫攻坚计划》中，明确提出要"依托资源优势，依照市场需求，开发有竞争力的名特稀优产品"[3]。上海在对口帮扶过程中，抓住这一点，根据对口地区的资源优势，帮扶当地发展、培植特色农业，达到推动经济发展的目的。

在西藏日喀则地区，上海援藏干部根据不同地区的资源优势，帮助

---

[1] 中共上海市委党史研究室、上海市人民政府合作交流办公室、政协上海市委员会文史资料委员会编：《上海的责任——对口帮扶亲历者说》（上卷），上海人民出版社 2020 年版，第 36—37、76—77 页。

[2] 政协上海市委员会文史资料委员会、中共上海市委党史研究室、上海市人民政府合作交流办公室编著：《对口援疆》，上海教育出版社 2017 年版，第 180—185 页。

[3] 全国扶贫宣传教育中心组织编写：《产业扶贫脱贫概览》，中国农业出版社 2018 年版，第 29 页。

当地发展名特稀优产品。在新疆阿克苏地区，上海援疆干部将农业扶贫作为推动产业扶贫的主要抓手，组织上海市农委、上海市农科院、上海市农林局、上海市畜牧办公室通过捐赠资金、物资为阿克苏地区引进新品种，扶持新技术，援助农业生产，提高农牧业的产量，带动了贫困地区区域经济发展，帮助贫困农牧民脱贫致富。[①]

在云南地区，上海在帮助贫困地区人口脱贫的同时，注意加强经济协作，培育主导产业和拳头产品，增强贫困地区的自我发展能力。通过"一村一特"的产业扶持和培育，按照"公司＋协会＋农户"的模式，以农民专业协会为运作载体，以养殖示范户带动千家万户，从而把企业与农民有机对接，二者互相依存，互惠互利，并让一笔资金滚动多次发挥帮扶效益。同时，发挥科技在摆脱贫困中的作用，建立沪滇农业示范基地，把上海农业的技术优势和云南农业的资源优势结合起来，引进适合云南农业发展的优良品种，通过在基地试验示范后推广。1997年9月，沪滇对口帮扶的开发式扶贫项目——滇沪合作农业示范基地在蒙自创立，上海投入1000万元，基地按现代企业制度进行经营管理，引进和示范养殖、种植的新品种通过推广体系，成为当地农民和辐射的11个州（市）农民看好的效益和市场风向标，农业产业结构调整的火车头。[②]

在三峡库区，上海援三峡干部有针对性地帮助三峡库区发展特色经济，援建一批柑橘、茶叶、柠檬等种植基地，生猪、水产等养殖基地和生态农业等旅游基地，把库区的资源优势转化为经济优势，带动移民增收致富。在万县市五桥区，宝山援三峡干部根据五桥区农业的实际情

---

① 中共上海市委党史研究室、上海市人民政府合作交流办公室、政协上海市委员会文史资料委员会编：《上海的责任——对口帮扶亲历者说》（中卷），上海人民出版社2020年版，第586、1151—1152页。

② 中共上海市委党史研究室、上海市人民政府合作交流办公室、政协上海市委员会文史资料委员会编：《上海的责任——对口帮扶亲历者说》（中卷），上海人民出版社2020年版，第37—38页。

况，联合宝山区蔬菜办公室积极推进农副产品品种改良和种植技术的援助，无偿提供技术支持，将上海市名特优的黄瓜、番茄、青菜种子带到五桥区试种，并获得成功。为了让当地农副产品可以运到上海销售，宝山援三峡干部在月浦镇和龙驹镇设置了联络处，推动农产品源源不断运到上海，形成了完整的生产与销售链条，为五桥区农业的发展打开了新局面。①

二、21世纪头十年产业扶贫规模和能级的提升

2001年6月，国务院出台《中国农村扶贫开发纲要（2001—2010年）》，将贫困村作为扶贫基本瞄准对象。这一阶段，国家对产业扶贫战略进行了一些结构性调整，如鼓励贫困地区调整农产品结构，发展多种经营，引导农户面向市场生产附加值高的产品；探索贫困地区产业经营模式创新，提出了"面向市场，依靠科技，以农户和农业产业化经营企业为主体，推进农业现代化"思路；倡导贫困地区实行适度规模经营，推进农业机械化，提高劳动生产率，降低农产品生产成本等。②上海坚持以高度的责任感和使命感，认真贯彻执行中央关于对口支援工作的部署和要求，针对对口地区不同的发展需求，不断开拓对口支援工作的新思路、新举措。

（一）注重发挥大企业参与帮扶和产业集群化发展

20世纪90年代，上海帮助对口帮扶地区产业发展实现了从无到有的突破。但是在市场经济体制下，上海援建的产业要能够实现自我发

---

① 中共上海市委党史研究室、上海市人民政府合作交流办公室、政协上海市委员会文史资料委员会编：《上海的责任——对口帮扶亲历者说》（下卷），上海人民出版社2020年版，第1494、1517页。

② 全国扶贫宣传教育中心组织编写：《产业扶贫脱贫概览》，中国农业出版社2018年版，第27、28页。

展、可持续发展，必须在提升质量、能级上下功夫，不断增强自身的竞争力，才能在市场经济的大潮中发展得更好。

对此，上海一方面积极推动大企业到帮扶地区开展合作，从更高的层面帮助当地提高产业发展能级和产业质量。如上海在云南推动上海光明食品集团与云南省最大的制糖企业——英茂糖业公司签署战略合作协议，由光明出资 8.28 亿元控制英茂糖业 60% 股权，企业先后投入的资金用于工厂扩建、设备改造、废水治理和棚户区改造等，企业利润由 4000 多万元增长至 6.8 亿元。双方的合作也是沪滇两地开展对口帮扶与经济社会合作以来，上海大型国有企业在云南投资规模最大的合作项目，实现了双方产业链的优势互补、互利共赢。

2010 年 1 月，光明食品集团上海东海总公司与云南红土生源药用生物科技开发有限公司，共同投资成立光明食品集团云南石斛生物科技开发有限公司。公司先后投资 1.5 亿元，年可育苗 8000 万丛以上、年加工铁皮石斛鲜品 1000 吨以上，成为国内最大的铁皮石斛组培工厂和石斛种苗销售中心。公司除自身种植铁皮石斛 2000 亩外，还带动文山州、西双版纳傣族自治州、普洱市、保山市等地 1000 多农户种植铁皮石斛近 2000 亩，以"公司＋基地＋农户"的模式经营管理，实现公司与农户的互利共赢。构建成集铁皮石斛的科研、生产、驯化、示范栽培、推广种植、技术培训、产品研发加工于一体的生产体系，形成了种苗输出、技术输出、产品输出的中心带动功能和产、加、销、游一体化的完整产业链。[①]

另一方面，上海积极探索"筑巢引凤"模式，成批次帮助帮扶地区引进企业，帮助当地发展产业集群，最典型的是在三峡库区的探索。在重庆市万州区五桥移民开发区，为吸引企业前来，提高招商引资的成功率，上海援建干部对投资上千万、安置移民较多、有发展潜力的项目或

---

① 政协上海市委员会文史资料委员会、中共上海市委党史研究室、上海市对口支援与合作交流工作领导小组办公室编著：《对口援滇》，上海教育出版社 2016 年版，第 38—39 页。

企业，在基础设施建设上给予必要援助，帮助垒窝筑巢。2003 年，为争取欲投资 3000 万元、在库区组建索特恒坤工艺品公司的香港嘉华实业公司，五桥区从对口支援招商引资基金中投入 100 万元，在短短两个月内帮助索特集团整修了 5000 平方米旧厂房、1000 多平方米的配套场地，促成企业选择落户五桥，该企业安置移民 600 人，同时在附近新田等移民场镇建立 3 个外发加工点，100 多户移民办起了家庭作坊，项目全部投产后安置移民 2000 多人。从 2006 年开始，上海投入近一半对口支援资金，援建 30 万元的移民就业基地标准厂房，以廉价的租金租给符合条件的企业，同时对上海企业给予免租金的优惠，从而将一些全国知名乃至世界级品牌的企业吸引过来，帮助万州顺利打开了招商引资的大门。财衡纺织、双星运动服饰都搬到了万州；老凤祥将整个西南销售中心放到万州，结算中心从重庆转移到万州来；生产蓝牙耳机的合智思创、生产电脑硬盘驱动架的肯发科技、国产汽车先进企业长安跨越、世界五百强企业施耐德电器等，提高招商引资竞争力，增强了万州自我发展的能力。[1] 在湖北宜昌市夷陵区，上海通过园区建设招商引资，然后政府出台相关扶持优惠的政策，助推如娃哈哈集团、爱登堡电梯等知名企业在夷陵当地落地生根，解决移民就业增收问题。[2]

留商、稳商比招商更重要。为稳住招商企业，上海和五桥区多管齐下加大激励力度，对企业扩大再生产遇到的用地困难、融资难等问题，从资金、税收、项目用地等多方面予以扶持、奖励，采用招商引资基金对优势企业实行贴息激励，促进企业扩大再生产。沪江人造板公司是上

① 中共上海市委党史研究室、上海市人民政府合作交流办公室、政协上海市委员会文史资料委员会编：《上海的责任——对口帮扶亲历者说》（下卷），上海人民出版社 2020 年版，第1508 页。

② 中共上海市委党史研究室、上海市人民政府合作交流办公室、政协上海市委员会文史资料委员会编：《上海的责任——对口帮扶亲历者说》（下卷），上海人民出版社 2020 年版，第1545—1546 页。

海对口支援五桥的农业产业化龙头企业，年产中密度纤维板两万方，为帮助企业抓住退耕还林政策机遇，尽快实施"二改四"项目，将生产能力扩大到四万方，五桥区从基金中激励式注入该企业60万元给予贷款贴息补助。雄鹰矿泉水厂产品质量优、开拓市场能力强，是招商落户五桥区的扩张型企业。为了尽快盘大盘强该企业，五桥区从基金中给予了20万元的贴息补助，调动了企业扩产扩规的积极性。2003年至2005年，该基金共为五桥区5家企业贴息120万元，促进了企业发展，增强了招商引资生产力。①

（二）在帮扶发展特色产业上更加注重规模化、多样化

由于上海对口帮扶地区的特色资源更多的是以农业为主，帮助当地发展特色产业最核心最关键的是提高当地特色农产品的竞争力，在提升水平和质量上下功夫。

在新疆喀什地区，上海遵循"优势互补、互惠互利、长期合作、共同发展"的原则，帮助当地把资源优势转化为产业优势，推动一批种牛、种羊、种鸽和优良种子等农业、畜牧业援助项目得到落实；推动地区旅游资源与上海旅游市场的对接。在协助阿克苏地区连片实施抗震安居工程中，捐赠大批大型农用机械设备，通过捐赠资金、物资，为地区引进新品种，扶持新品种的开发和新技术的利用，带动贫困地区区域经济发展，帮助贫困农牧民脱贫致富。

在西藏日喀则，上海把培育"一村一品"（培育特色产业）作为产业扶贫的重要抓手，发挥当地优势帮助发展援藏产业和特色经济。通过扶持一些农机、农具、蔬菜大棚，开设旅馆、小店，赠送太阳能灶等，来

---

① 中共上海市委党史研究室、上海市人民政府合作交流办公室、政协上海市委员会文史资料委员会编：《上海的责任——对口帮扶亲历者说》（下卷），上海人民出版社2020年版，第1535—1538页。

帮助农民搞副业创收。按照 2003 年《中华人民共和国和印度共和国关系原则和全面合作宣言》重新开通中印边境贸易通道的精神，建造仁青岗边贸市场，使中断了 44 年的中印边境贸易重新恢复，2006 年恢复开通边贸当年，亚东的边境贸易额就达到 600 万美元。①

在云南，上海在启动建设"脱贫奔小康试点村"的过程中，重点帮助增强当地发展能力的产业，形成传统手工业尼西土陶、尼西土鸡、母猪、仔猪养殖等一批特色村，带动特色产业带、规模化种养基地建设。突出成果有建成雀巢咖啡重要原料基地，具有哈尼族特色的"蘑菇房"，培育农家乐致富带头人，打造梯田文化旅游核心区"一镇六村"，形成了哈尼梯田民族文化旅游景区农家乐、农家客栈等旅游景区配套产业（村落）。②

三、2013 年以来更加精准的产业扶贫

2013 年 11 月习近平总书记提出"精准扶贫"重要理念后，同年 12 月，中共中央办公厅、国务院办公厅印发《关于创新机制扎实推进农村扶贫开发工作的意见》，提出到 2020 年初步构建特色支柱产业体系的目标。2016 年国务院印发《"十三五"脱贫攻坚规划》，指出要每个贫困县建成一批脱贫带动能力强的特色产业，每个贫困乡、村形成特色拳头产品。这些文件的核心精神就是要聚焦贫困地区的特点和特色有针对性帮扶发展特色产业，强调的就是精准。以中央要求为指导，上海市委、市政府把上海自身优势与对口地区发展需要结合起来，在开展产

---

① 中共上海市委党史研究室、上海市人民政府合作交流办公室、政协上海市委员会文史资料委员会编：《上海的责任——对口帮扶亲历者说》（上卷），上海人民出版社 2020 年版，第 121、136—138 页。

② 中共上海市委党史研究室、上海市人民政府合作交流办公室、政协上海市委员会文史资料委员会编：《上海的责任——对口帮扶亲历者说》（中卷），上海人民出版社 2020 年版，第 617、621 页。

业扶贫时也更加聚焦精准扶贫。

（一）坚持精准选择帮扶的特色产业，并主动适应市场经济需求，更加注重打造品牌

产业扶贫要取得成功，必须做到市场定位精准，也就是看市场上缺什么、帮扶地可以发展什么，两者精准对接找到有市场发展需求的特色产业。

上海对口帮扶的新疆叶城县是农业大县，核桃产业的发展在叶城县是重中之重。2017年至2020年，上海援疆干部围绕帮助叶城打造"叶城核桃"品牌，在核桃产业体制建设、核桃种植提质增效、核桃企业招商引资、核桃宣传销售渠道等方面采取许多有效的措施。按照"稳定面积、提质增效"的思路，坚持走精品、高产和高端发展之路，通过构建全产业链，催生"产业裂变"，将核桃资源优势转化为经济优势，推动脱贫攻坚。建立"核桃办"，代表政府统一协调发展核桃产业；组织核桃种植加工销售全环节的企业成立社会组织"核桃协会"，培育成熟的核桃产业链和市场；发挥上海和新疆的科研院所作用，成立核桃科研机构"核桃研究院"，组织研究编制《叶城核桃产业一二三产融合发展规划》，实施核桃产业质量标准化体系建设和"叶城核桃"区域公共品牌创建。叶城核桃成功入选"国家品牌计划—广告精准扶贫"项目，打造的3A级景点核桃七仙园获得"平均树龄最长的古核桃园""最大的古核桃（薄皮核桃）树"上海大世界基尼斯纪录称号。①

在云南红河州元阳县，哈尼梯田是世界文化遗产，作为优秀传统农

---

① 中共上海市委党史研究室、上海市人民政府合作交流办公室、政协上海市委员会文史资料委员会编：《上海的责任——对口帮扶亲历者说》（下卷），上海人民出版社2020年版，第1428—1430页。

耕文明的代表，应当得到保护，然而单纯种水稻附加值较低，一斤米卖不了多少钱，农民种田积极性不高。对此，上海援滇干部针对当地的资源禀赋条件，决定发展哈尼梯田"稻鱼鸭"项目。在2018年和2019年提供了1300万资金，免费发放鸭苗、鱼苗和红谷稻的种子，实施"稻鱼鸭"综合种养。"稻鱼鸭"发展成为生态梯田鸭品牌，不仅增加了农民的收入，又保护了独有的哈尼梯田世界文化遗产，稻鱼鸭共生，形成了哈尼梯田特色的生态产业，梯田红米、梯田鸭、梯田鸭蛋变身"可以吃的世界文化遗产"。①

在遵义，上海援黔干部帮助大力发展"有、特、优"农业产业，用遵义方竹笋、"黄金锭"茶等抢先占领秋笋、黄茶的空白市场，打出"人无我有"的先手牌；用赤水冬笋、正安黄花菜、习水麻羊等，在充分竞争市场中发挥比较优势，打出"人有我特"的实力牌；用可追溯、订制化体系的林下"半亩鸡""遵辣百分百"瞄准中高端市场，打出"人特我优"的金招牌，助力扶贫产业效益进一步提升。② 其中，在遵义正安县，上海援黔干部按照"人有我特"的思路，引进林下生态养殖的现代化农业龙头企业上海圣华集团，在正安注册成立公司，带资金、供鸡苗、教技术、保收购，养出一款遵义林下鸡，2019年投入市场后在上海的土鸡市场极受欢迎。后来，在林下鸡的基础上，打出一个金品牌叫"半亩鸡"，即半亩林地养一只鸡，进军上海高端市场，成为遵义的特色品牌。③

---

① 中共上海市委党史研究室、上海市人民政府合作交流办公室、政协上海市委员会文史资料委员会编：《上海的责任——对口帮扶亲历者说》（中卷），上海人民出版社2020年版，第726页。

② 《决战决胜脱贫攻坚　奋力跑好历史性一棒——2020年上海精准扶贫十大典型案例》，《解放日报》2020年10月17日。

③ 中共上海市委党史研究室、上海市人民政府合作交流办公室、政协上海市委员会文史资料委员会编：《上海的责任——对口帮扶亲历者说》（中卷），上海人民出版社2020年版，第1109—1112页。

（二）探索精准的帮扶体制机制，形成"企业＋合作社＋农户"等多种产业帮扶模式

上海对口帮扶的地区很多，每个地区的贫困区域环境、贫困农户状况差异很大，要真正实现"真扶贫、扶真贫"，上海按照中央提出的精准扶贫要求，在产业扶贫的体制机制上进行了许多探索。

一是形成"企业＋合作社＋农户"模式。产业扶贫需要引导，需要龙头带动。在助力对口地区脱贫攻坚过程中，企业已成为产业扶贫的重要力量，上海引导各类企业积极参与，一大批企业积极投身到产业扶贫当中。通过大力培育特色龙头企业，招引企业投资建设种养殖基地，发展特色产业。如上海对口帮扶的遵义市是产茶大市，2016年全市茶叶种植面积突破200万亩。但是，长期以来，遵义茶的知名度和附加值不高。在上海的推动下，联合利华上海总部积极响应上海市东西部扶贫协作号召，在遵义实施可持续茶园产业扶贫项目，探索产业精准扶贫模式。致力于实现"五个一"目标：即认证一批茶园；培训一批骨干；开发一批新品；延伸一条产业链；惠及一批贫困户。开展"国际雨林联盟"认证，2017年完成5000亩茶园的认证，计划到2020年完成茶园认证10万亩，帮助5万茶农提升茶叶品质；组织茶叶生产加工技术指导小组，派遣专业技术人员为当地企业提供全面的加工技术与质量管理培训；携手供应商到遵义设立茶和健康草本精深加工基地，影响和带动一批供应商和其他品牌生产商，帮助遵义茶畅通销售渠道，延伸产业链，实现茶农稳定收入、加快脱贫步伐，助推遵义茶产品走向国际市场。[①]

在三峡库区夷陵区也一样，由于茶叶产业发展处于起步阶段，且种

---

① 《助力脱贫攻坚　贡献上海力量——2017扶贫日上海发布"十大典型案例"》,《解放日报》2017年10月17日。

茶的多为村里的老人。村民们迫切希望就近建成一家茶叶加工厂，进行茶叶初加工，提高利润率，但建厂需要 200 万元的资金。上海援三峡干部决定以农村合作社的形式办扶贫项目——崔家山茶叶加工厂，并确定每个农民要自掏 500 元钱，以调动大家的积极性，避免"大锅饭"现象的发生。不仅如此，上海援三峡干部还积极帮助当地对接富裕山旅游，将茶产业用来打造旅游，加强品牌效应。2019 年每家茶农都分到 3000 多元钱，省级贫困村——黄花镇杨家河村 76 户 169 人全部实现脱贫出列，完成了"基本消除绝对贫困现象"目标。[1]

在云南西双版纳州勐海县水长乡，这一模式进一步丰富发展为"公司 + 村集体 + 合作社 + 建档立卡贫困户"。上海援滇干部针对当地中草药的特色，重点精准把脉发展中遇到的建设资金不足等问题，引进合作企业嵘煌药业，成立农村公共资产管理经营有限责任公司，对投资及资金进行管理，合作社主要负责土地流转、劳务组织，项目产权归乡人民政府所有，公司进行项目的经营管理。公司每年付 20 万租金给村里面租中草药大棚，然后企业把"中草药苗"公益性地给贫困户，在宅前屋后种植，贫困户既能获得固定收益也能因此获得劳务收入。项目的开展，吸纳近 300 户建档立卡贫困户入社，运用沪滇资金建设规划面积 130 亩的中药材育苗基地，带动了 265 户建档立卡贫困户 1054 人精准脱贫。[2]

二是形成"1 + 19 + X"利益联结机制，探索辐射型精准产业扶贫模式。在西藏江孜县，红河谷现代农业科技示范区是上海援藏干部结合

---

[1]　中共上海市委党史研究室、上海市人民政府合作交流办公室、政协上海市委员会文史资料委员会编：《上海的责任——对口帮扶亲历者说》（下卷），上海人民出版社 2020 年版，第 1570 页。

[2]　中共上海市委党史研究室、上海市人民政府合作交流办公室、政协上海市委员会文史资料委员会编：《上海的责任——对口帮扶亲历者说》（中卷），上海人民出版社 2020 年版，第 848—849 页。

江孜农业自身优势，充分利用上海援藏资金和技术支持，帮助江孜实现从传统农业大县到现代农业强县转变的重要探索。示范区核心区面积210亩，主要发展种源农业、露地和设施蔬菜、高原特色农产品加工、藏药种植、工厂化食用菌和休闲观光农业。辐射区在因地制宜、尊重当地种养习惯和引导江孜县产业进一步优化的基础上，发展机械化高效粮油、规模化蔬菜、标准化畜牧和农业旅游四大产业。江浦农业发展有限公司由上海和江孜两地3家企业共同注资建立，是红河谷现代农业示范区的经营运行主体。为更好激发贫困群众内生动力，上海援藏干部江孜小组从农户对资金、种子、技术的需求出发，把红河谷园区和散布在全县乡村的温室大棚联系起来，发挥园区技术引擎功能，把种苗培育、技术培训等技术优势通过科技特派员辐射到点上，组织建档立卡贫困户参与，形成1个园区带动19个乡镇，每个乡镇再带动若干个辐射点的"1＋19＋X"的园区辐射带动模式。①

在青海果洛，上海援青干部根据当地畜牧业发展的实际情况，引进青海"5369"生态牧业科技有限公司，与当地签订牦牛养殖基地战略合作，其中青海"5369"生态牧业科技有限公司每年给签约村分红45万元，签约村为企业提供2000亩草场，形成了"龙头企业＋合作社＋基地＋牧户"的利益联结机制。同时帮助合作社建立高原型牦牛奶源基地，集中饲养了200多头奶牛，以更为科学的饲养方式，使得牦牛产奶量显著提升，产奶时间从原来一年180天增加到了300天。而将这些高原优质奶源出售给专业的乳品公司或加工成酥油、曲拉等产品，更是极大地提高了合作社的收益。②

---

① 中共上海市委党校：《上海力量——对口援建的精神品格和实践创新》，上海人民出版社2020年版，第80—88页。

② 中共上海市委党史研究室、上海市人民政府合作交流办公室、政协上海市委员会文史资料委员会编：《上海的责任——对口帮扶亲历者说》（上卷），上海人民出版社2020年版，第417—418页。

三是形成"公司＋协会＋企业"的生产经营模式，更多的社会力量加入产业扶贫队伍。产业扶贫除了政府、企业要发挥重要作用，社会组织也是可以有所作为的。如云南屏边县是全国5个苗族自治县之一，也是云南唯一的苗族自治县。刺绣既是当地苗族妇女的特长，也是屏边苗族文化的重要组成部分，具有浓郁的地方特色。但长期以来，苗绣产品"养在深闺人未识"，产业发展水平低，刺绣技艺传承也面临困难。2017年至2019年，上海援滇干部调研知道这一情况后，牵线搭桥，由上海市徐汇区慈善基金会给予扶持，由爱心人士徐显德成立的慈华专项基金出资95万元，用于妇女发展循环基金和苗族刺绣传承发展。通过帮扶，屏边绣莉丰乡民族工艺品厂、青锋民族服饰加工厂、蒙办叉楼斗秋民族刺绣厂等5个企业已经创建为屏边巾帼示范基地，每个小微企业获得3万元补助，基金会还扶持6户贫困妇女发展种养殖、苗族服装加工、手工业等项目，带动妇女就业人数达100余人。支持成立屏边苗族自治县多彩蒙苗族刺绣协会，采用"公司＋协会＋企业"的生产经营模式，开展人才培训，积极推荐他们参加各种展销会及比赛。通过举办培训、参加比赛、参加展会以及与公司企业合作等形式，不断拓宽刺绣产品的外销途径，确保产品的经济价值和市场销售。屏边苗族刺绣产品已多次亮相南博会、文博会，不仅在县里家喻户晓，也在红河州、云南省及其他省市都打开了知名度。不但让苗绣文化得到了有效保护传承，也有力带动了苗族女同胞就业增收。[①]

四是发挥金融、科技作用，探索形成"金融＋产业""科技＋产业"等产业扶贫模式。在普洱市，当地政府很早就把咖啡作为调整产业结

---

① 中共上海市委党史研究室、上海市人民政府合作交流办公室、政协上海市委员会文史资料委员会编：《上海的责任——对口帮扶亲历者说》(中卷)，上海人民出版社2020年版，第905—906页；《助力脱贫攻坚 贡献上海力量——2017扶贫日上海发布"十大典型案例"》，《解放日报》2017年10月17日。

构、促使农民增收致富的优势骨干产业来发展，但是从 2013 年开始，咖啡收购价就一直在下滑，很多人都砍掉咖啡树去种别的。为保证咖农利益，积极探索用保险为农民撑起"保护伞"，上海援滇干部积极配合普洱市相关部门推动与上海安信农业保险公司合作推进政策性农产品价格保险，从 2016 年 8 月起，在普洱市宁洱县进行咖啡价格保险试点，以"保险＋贫困户"的形式，设置咖啡保险价格，在市场价格低于保险价格时由保险公司赔付咖农，最大限度地减少了市场价格波动带来的损失。全县共完成咖啡价格保险 15132.8 亩，完成目标的 100.89%，其中建档立卡户 6171.5 亩，达到了全覆盖，受到了咖农和龙头企业的欢迎。2017 年，在充分调研的基础上，安信进一步拓展金融扶贫的覆盖面，推出金融扶贫 2.0 版，在西盟县、宁洱县、江城县、孟连县四县开展天然橡胶价格保险试点——采用"保险＋期货＋扶贫"新模式，通过开发天然橡胶期货价格指数扶贫保险，为农户提供市场风险保障，与期货公司签订场外合作协议在期货市场对冲风险，探索了一条风险管理和分散的完整路径，打造风险管理新模式，保障项目稳健运行。项目共赔付 501.4 万元，帮扶建档立卡贫困户 1600 余户，户均赔款达 3133 元，赔款不经过第三方，直接到投保农户及建档立卡贫困户账户，真正实现了精准脱贫。[1] 后来，上海的援青干部借鉴云南经验，把这一产业扶贫方法引入青海果洛，推出"藏系羊牦牛降雪量气象指数保险"，帮助农牧民解决因为牛羊受灾遭受损失问题。这款保险不按照传统的理赔方式，而是和云南的方式一样，根据自然气候，当玛沁县出现极端气候灾害的时候，就启动理赔程序。2017 年，玛沁县下辖的大武乡、优云乡和当洛乡参加了该保险。保费是专项扶贫资金出 95%、牧

---

[1] 中共上海市委党史研究室、上海市人民政府合作交流办公室、政协上海市委员会文史资料委员会编：《上海的责任——对口帮扶亲历者说》(中卷)，上海人民出版社 2020 年版，第 743—744 页。

户自交 5%。当年交了 100 万元保费，保险公司赔了 240 万元，使得在当年玛沁天气非常恶劣的情况下，牧民仍然获益。[1]

在"科技 + 产业"扶贫方面，上海充分发挥自身科技特别是农业科技优势，帮助对口帮扶地区利用自身的自然条件发展特色优质农业。上海援滇干部在考察了德宏州当地气候、水文等自然条件后，将有"水中人参"美誉的青浦练塘茭白引种到德宏州风平镇，2019 年开始大规模种植，至 2020 年 10 月已达到 2000 亩的种植规模，带动当地 506 户建档立卡户增收 1500 余万元。在这一过程中，上海加大技术攻关，使"风平"茭白较普通茭白早上市 2 个月，错峰上市填补市场空白。茭白引种成功后，上海又联合上海农业科研院所，加大稻蟹、稻虾、稻鳅等水产品开发力度。上海还把松江大米成功移植勐海，由上海松江区提供种苗，指导育秧、水稻栽插、水肥管理与病虫害防治等，使得水稻亩产比当地水稻亩产增加 200 千克以上，辐射带动当地农民增产增收。在新疆，上海援疆干部抓住藜麦这个被称为"黄金谷物"的特色农作物，在莎车县实施"耐逆农作物高产优质育种及示范种植研究"项目，建设藜麦育种基地，培育适合南疆地区大规模种植的藜麦品种。2019 年在喀什地区 11 个县市开展了藜麦夏播试验，并首次在中国实现藜麦的两季种植。在试种同时，通过雇佣当地农民作为试验地工作人员，帮助 16 个贫困户家庭实现脱贫。[2]

（三）精准把准产业扶贫全产业链薄弱点，缺什么帮助补什么

产业扶贫绝不是简单地成立个企业，把产品生产出来那样简单。如

---

[1] 中共上海市委党史研究室、上海市人民政府合作交流办公室、政协上海市委员会文史资料委员会编：《上海的责任——对口帮扶亲历者说》（上卷），上海人民出版社 2020 年版，第 512 页。

[2] 《决战决胜脱贫攻坚　奋力跑好历史性一棒——2020 年上海市精准扶贫十大典型案例》，《解放日报》2020 年 10 月 17 日。

果产品卖不出去、农户得不到实实在在的收益,产业扶贫的目的和效果就没有达到。因此,开展产业扶贫必须放眼长远、提前谋划,不能囿于产业本身,而是同步关注如何帮助形成稳固的扶贫产业链。稳固的扶贫产业链,既是产业扶贫得以长远发展的重要保障,也是产业扶贫赢得群众认可的关键所在。在这一方面,上海一直非常重视,特别是在打赢脱贫攻坚战的大背景下,上海在推进产业扶贫的过程中更加注重精准考虑产业链发展问题。

最具代表性的就是在遵义的产业扶贫实践。上海援黔干部坚持产业要连接农业和副业的观念,主动帮助当地拉长产业链。竹子是当地的主要原料,但附加值低,一直没有开展深加工。上海援黔干部针对这个环节的短板,寻找造纸企业在当地建了一个造纸厂。造纸厂的原料用的是当地的竹子,实现原材料的就地取材。竹林成为这个造纸厂的第一车间。要求企业与建档立卡户签约,探索"订单"农业模式,由厂家先行支付农户费用,扶贫效果非常直接。再如黔北麻羊特色产业的发展,更是一个长产业链形成的过程。黔北麻羊是遵义习水县的一个特色品种,也是国家地理保护标志产品。上海帮助引进一家现代化食品加工企业——嘉荣牧业,在当地建了一个总投资 7000 万元、占地 40 亩、建筑面积 1.8 万平方米、年可加工肉羊 20 万只的中央厨房。中央厨房加工的肉羊由当地农户养大后卖到加工厂或安排农户到企业的养殖场里工作。这样,企业不仅把农户连接起来,还针对黔北麻羊吃构树的情况,在当地建设了一个组培中心,培育构树树苗,最终形成"生产基地 + 中央厨房 + 餐饮门店"的产供销全产业链。

藜麦生产是上海援疆干部帮助喀什地区找到并快速发展起来的一个特色产业。为帮助种植户能够把藜麦销售出去、销售出好价钱,上海援疆干部利用上海在食品加工和市场拓展方面的比较优势,聚焦提高藜麦产品附加值,帮助打造完整产业链。上海援疆重点企业上海闽龙实业有限公司（新疆闽龙达干果产业有限公司）承担喀什地区藜麦的原粮托底收购，实现了对种植农户基本收益的保障，以亩产200公斤计，农户每亩收入2000元。同时，新建南疆第一条藜麦去皂苷生产线和藜麦深加工生产线，年产能达到6000吨，年销售额达1.2亿元，可提供500个就业岗位，产品有藜麦能量棒、代餐粉、藜麦燕麦片，一下子把藜麦种植、生产加工、销售全产业建立起来。[①]

再如在云南保山市，自2017年中央一号文件首次将蚕桑产业纳入优势特色农业提质增效行动计划后，上海援滇干部锁定蚕桑产业重点培育发展，连续四年在保山市隆阳区、昌宁县等地扶持蚕桑产业。投入沪滇帮扶资金助力当地建成20余万亩桑田，带动近10000户33000余人增收，其中建档立卡户3500余户12000余人，亩均收入5000余元，户均年收入可超过4万元。引入丝绸加工龙头企业，采取"企业＋合作社＋农户"的运行模式，鼓励村集体通过与合作社、龙头企业市场合作获得分红收益，形成了蚕、桑、丝全产业链。龙头企业实行最低保护价收购，既保证了企业自身运营的原材料供给，又保证了农户稳定收入。[②]

在西藏日喀则亚东县，亚东鲑鱼、木耳闻名遐迩，经过多年的培育和发展，已经成功实现人工养殖、种植，并逐步走向市场。但由于种种原因，亚东鲑鱼、木耳产业一直无法形成规模。针对这个问题，上海援藏干部投入援藏资金7000万元，打造亚东立体生态产业园，重点用于发展鲑鱼、木耳产业，全力推进特色产业规模化发展。其中，亚东的鲑鱼养殖池就有5000多平方米，木耳菌种菌包生产间、育苗车间、养菌房、原料库共计7400平方米。同时，以产业园为中心，辐射带动春丕亚东鲑鱼繁育基地、下亚东等3个乡镇的亚东鲑鱼养殖基地，形成养殖

---

①② 《决战决胜脱贫攻坚　奋力跑好历史性一棒——2020年上海市精准扶贫十大典型案例》，《解放日报》2020年10月17日。

规模化，培育"种植养殖—加工—冷链储运—线上、线下销售"的完整产业链条，增强了产业发展的内生动力和造血功能，也进一步帮助亚东县打牢经济社会发展基础。①

（四）积极发展旅游产业，用旅游扶贫助推产业发展

旅游扶贫，即通过开发贫困地区丰富的旅游资源，兴办旅游经济实体，使旅游业形成区域支柱产业，实现贫困地区居民和地方财政双脱贫致富。上海针对对口支援地区优美的自然风光、丰富的历史底蕴和独特的文化优势，把帮扶对口支援地区的文化旅游产业作为重中之重来抓。

在对口帮扶的西藏日喀则地区，上海帮助当地以宗山城堡、白居寺等真山真水为背景打造西藏县级层面第一台大型原生态实景剧《江孜印迹》，打造萨迦古城，打造"珠峰旅游"IP，推动国家级非遗"堆谐"（西藏的一种传统歌舞艺术形式）文化先后登上春晚和"亚信峰会"文艺演出的舞台，持续打响日喀则地区的文化旅游名片。在同样是高原地区的青海果洛，上海帮助当地发掘碉楼、三江源、红色资源等发展红色旅游和自然风光旅游，为当地农牧群众开辟一条增收致富的新路子。

在新疆、云南、遵义、三峡库区等自然资源更加丰富多彩的地方，上海更是发挥自身优势采取多种手段助推当地大力发展旅游产业。持续推进"万名上海市民坐包机乘专列游喀什、进乡村、访农户"活动，助力喀什旅游拓展市场、提升能级，从而助力脱贫。通过精心策划线路，丰富体验内容，不断优化产品，针对不同游客需求推出多条喀什精品旅游线路。积极协调东方航空、春秋航空和上海铁路系统开行旅游包机、

---

① 中共上海市委党史研究室、上海市人民政府合作交流办公室、政协上海市委员会文史资料委员会编：《上海的责任——对口帮扶亲历者说》（上卷），上海人民出版社2020年版，第284—286页。

专列，指导喀什重点景区开设旅游纪念品展示展销巴扎，增设达瓦孜、民族歌舞表演和篝火晚会等项目，让每个上海游客来喀什看得到雪山冰川、大漠胡杨，吃得到风味小吃、甘甜瓜果，参与到民俗歌舞、民族交流。援疆旅游成为一个品牌，成为上海援疆工作的一个亮点。[①] 立足云南楚雄彝族自治州美丽的自然风光和独特的彝乡文化，帮助楚雄州深入挖掘彝乡文化资源，联袂打造文化影视精品，推出《彝乡之恋》宣传片和《云绣彝裳》彝族服饰音乐舞剧，展示楚雄州绚丽多彩的人文和自然景色，推动当地文化旅游产业发展。通过非遗传承人和骨干企业牵引带动，大力发展民族服装服饰产业，采用"公司 + 合作社 + 绣娘 + 订单"的模式，建立彝绣合作社 57 个、经营户 400 余户，带动 7 万绣娘实现家门口就业增收，形成年产值突破 1.5 亿元的彝绣产业链。在遵义和三峡地区，上海和当地合作探索了把工业农业生产和旅游业融合的旅游扶贫模式，助力湄潭县打好"生态、文化、产业、协作"四张牌，精心呵护百里湄江、万亩茶海等乡村生态环境，成功打造"中国西部生态茶叶第一村"——核桃坝村，金花村七彩部落以茶旅一体化发展为核心形成农家民宿、餐饮、茶园、田园、果蔬园、林下养殖园、农民创业园等乡村旅游业态。

（五）发挥金融、科技作用，探索形成"金融 + 产业""科技 + 产业"等产业扶贫模式

上海在建设国际金融中心的过程中，聚集了十分丰富的金融资源。脱贫攻坚以来，上海主动发挥自身金融资源优势，在发挥金融机构参与扶贫方面进行了许多有益的探索。橡胶是云南普洱地区产业扶贫的重要

---

① 中共上海市委党史研究室、上海市人民政府合作交流办公室、政协上海市委员会文史资料委员会编：《上海的责任——对口帮扶亲历者说》（下卷），上海人民出版社 2020 年版，第1397—1398 页；《涓涓细流汇入　感受上海温度——2018 年上海市精准扶贫十大典型案例》，《解放日报》2018 年 10 月 17 日。

支柱产业，橡胶产业的发展吸纳了大量农村剩余劳动力。2012 年后受国际、国内形势影响，天然橡胶价格长期跌破成本线，农户增产不增收、割胶不赚钱的现象时有发生，对橡胶产业助推脱贫攻坚造成了极大压力。为保证胶农利益，上海安信农业保险携手上海期货交易所、太保财险等公司，对普洱市江城县开展天然橡胶"期货＋保险"精准扶贫项目，采用"保险＋期货＋扶贫"新模式，通过开发天然橡胶期货价格指数扶贫保险，为农户提供市场风险保障，与期货公司签订场外合作协议在期货市场对冲风险，探索了一条风险管理和分散的完整路径，打造风险管理新模式，为试点地区胶农提供了价格托底保障，提高胶农生产积极性，促进橡胶产业健康发展。

科技扶贫不仅是扶贫工作的一种有效手段，更是让扶贫成效能够在贫困地区得以落地生根的"点金石"。上海积极发挥自身科技优势，探索通过向对口支援地区引进先进的科学技术，让当地产业升级、生态修复、经济受益。

第二节　案例分析

案例一　红河谷现代农业科技示范区：推动农业产业发展

（一）基本情况

日喀则市是西藏脱贫攻坚的三大战场之一，因为自然环境恶劣、可利用的资源有限、开发程度低、农牧业基础设施落后等因素影响，该市18 个区（县）中有 10 个深度贫困县，江孜县是其中之一。

江孜县拥有西藏最肥沃的土地，盛产优质青稞，历来享有"后藏粮仓"的称号。为帮助江孜县打赢脱贫攻坚战，2013 年，上海市第七批援藏江孜小组结合江孜县"十三五"规划提出的"现代农业立县"的战略目标，结合江孜农业发展的自有优势，充分利用上海的援藏资金和技术支持，实现江孜从传统农业大县到现代农业强县的转变，决定以"现代农业立县"为目标，提出以"高原特色优势农业"为发展方向，高标准、高起点、高速度建设"红河谷现代农业科技示范区"。示范区自2013年8月开始投建，2014年6月，第一期基本建成，8月正式运营。该项目总面积6万亩，分为核心区和辐射区，是全球海拔最高的现代农业科技示范区。红河谷示范区成功实现了在高原种植香菇、水果黄瓜、樱桃萝卜等数十个产品，大大丰富了当地的蔬菜供应，还通过"走出去、请进来"的方式，打造雪域高原特色产品基地，并成功对接上海等内地市场。2015年11月，示范区被日喀则市人民政府确认为日喀则国家科技示范区第二核心园。

2016年6月，上海市第八批援藏江孜小组结合中央扶贫的重要精神，在坚持红河谷园区规划蓝图的基础上，提出了"123"园区二期的发展思路，进一步对该示范区进行升级更新，进行产业援藏、产业扶贫："1"即追求打赢脱贫攻坚战。"2"就是要打破两个现实的"周期律"，即破解冬季园区不能全功能运行，以及园区管理衔接不到位的问题。利用新技术破解冬季不能全功能运行的问题，坚持一张蓝图干到底，解决专业技术衔接不完善的问题。红河谷园区的数十个"1+19+X"辐射点在冬天同样保持运营，积极发挥脱贫增收功效。"3"是完善引进新品种、增强辐射功能和拓展科普功能。示范园区一期主要是聚焦建设育苗智能温室、高效日光温室和专家楼。二期建设着眼于园区的专业化功能建设，二期建设完成后，新的两座植物工厂和科普基地进入运行阶段，未来将进一步开发红河谷园区的旅游属性。示范区作为"西藏与上海现代农业的对接桥梁"，立足江孜，服务西藏，辐射上海，以高端农业先行的模式，着力打造高原粮油生产基地、高原特色农产品深加工基地、高原种源生产基地、高原特色产品直供基地、国家食用菌工程技术研究中心西藏基地。未来红河谷现代农业科技示范区还要全力打造高原粮油生产基地、高原特色农产品深加工基地、高原种源生产基地，争创国家级的现代农业示范区。

2017年5月初，园区二期项目开工，7月底基本完成。园区二期项目更新拓展和完善了园区的基本功能，建成连栋温室和移动温室，增强了配套的软性服务支持功能。不仅建成农牧民培训服务中心，引进江孜最好的民办雪域阳光职业技术学校入驻园区，而且建成智能PC温室和农业物联网系统，新建了青少年科普基地。除了园区的一般基础设施的现实需求，针对当地对温室大棚、资金、种子、技术等方面的较大共性需求，援藏江孜小组将红河谷园区和其他散落的全县乡村温室大棚联动起来，在种苗培育、技术培训等方面，实现了江孜县内各村科技特派员的全覆盖与广辐射，在种植方面为农牧民提供人力与技术支持。

为发展特色产业，援藏江孜小组在江孜原有藏红花的基础上，重点发展藏红花，着力打造藏红花的产业链。藏红花姓藏，但并不是西藏产的，因为西藏高寒缺氧，藏红花难以生存。主要是采用园区孵化的模式，引进西藏红河谷藏红花农业科技有限公司，以"园区+基地+合作社+农户"的方式形成规模化产业链。在此过程中，攻克了藏红花高原生长中的温度、湿度、光照等技术性难题，形成了一套与高原气候相适应的种植标准和种植技术。在此基础上，2018年，上海从援藏资金中拿出3000万元在江孜县康卓乡建设100亩藏红花种植基地，在日喀则市投资1000万元建设30亩种植基地。红河谷现代农业科技示范区的藏红花种植基地向精加工转变，2018年，园区还建成蜂蜜厂，打造了以"帕拉庄园"为品牌的藏红花蜜和百花蜜，将一系列衍生产品推向市场，加快形成以藏红花深加工为主的产业链。除藏红花产业外，红河谷示范区还引进上海先进的技术和品种在江孜进行培植，同时也引进了30多个农作物新品种和10多个食用菌品种的种植，建成了全区最先进的机械化育苗中心，产业效益显著。

援藏江孜小组在强化产业的特色化、规模化与集约化发展的同时，以藏红花产业为抓手打造附加值比较高的特色产业品牌。2016年至2018年，园区多次引进藏红花，扩大种植规模，江孜藏红花已成功注册"帕拉庄园"商标。红河谷园区藏红花辐射基地8片联体大棚已经建成，总面积100亩。农牧民通过种植藏红花，收入能比以前增长三四倍，仅种植这一项，藏红花产业就能解决2000多人的就业，正是依赖藏红花产业的种植、加工与深度加工，拓展藏红花产业内容与形式，让更多当地人脱贫致富。

（二）主要启示

推动产业帮扶，既要结合当地优势，也需要坚持"一张蓝图绘到底"。江孜县有优越的地理位置，地处西藏南部，年楚河上游，拥有西藏最肥沃的土地，具备发展农业的资源优势；它盛产优质青稞、藏红花等特色农作物，是"后藏粮仓"，具备发展产业基础条件；江孜县委、县政府在"十三五"规划中提出了"现代农业立县"的战略目标，实现传统农业转型发展。上海第七批援藏江孜小组在调研的基础上，选择了江孜县的特色农业作为脱贫增收的抓手，并进行了规划和分步实施。第八批援藏江孜小组按照第七批援藏江孜小组的规划接续奋斗，不但按既有规划做好项目的连续性，而且进行升级拓展，将当地特色藏红花发展成产业。这些都是红河谷现代农业科技示范区从无到有、不断发展壮大的重要保证。

推动产业帮扶，既要注重群众的获得感，也要注重建设利益联动机制。发展特色产业，其初衷是让贫困地区的人民群众摆脱贫苦，过上好日子。第八批援藏江孜小组从进藏之初就把"增强农牧民群众获得感"列为工作重点之一，并围绕这个核心提出了红河谷园区"123"发展思路。增强农牧民群众的获得感成为红河谷现代农业科技示范区建设的最高使命，贯穿园区建设的始终。但是，让人民过上好日子不再仅仅是政府和群众参与的简单机制，新时代的产业帮扶需要更多企业的参与。援藏江孜小组在强化产业规模化、集约化和特色化发展的同时，还探索形成了政府、企业和农户三方利益联动机制，集中体现为"1 + 19 + X"的辐射模式，即以发挥红河谷现代农业科技示范区的示范辐射作用为出发点，让农业园区通过种苗、技术培训和蔬菜销售三种方式覆盖到19个乡镇若干个辐射点上，在空间上形成产业利益联动。如在藏红花辐射点上，由村来提供温室或者土地，利用援藏资金建设温室大棚，红河谷园区和藏红花公司负责提供免费种苗，并派专业技术员指导农牧民种植，最后负责产品回收。最终实现把藏红花、蔬菜等产业向乡村延伸的目标，实现点对点精准扶贫。

推动产业帮扶，既要依托园区模式，也要注重品牌打造。在产业扶贫中，园区、基地等模式越来越得到广泛应用，相对于传统的分散生产与销售模式，园区具有明显的示范辐射作用。红河谷现代农业科技示范区实行的"1 + 19 + X"模式凸显了园区示范辐射效应。从农牧民角度看，农牧民可以从农牧技术培训中心的运行中获益，通过积极参与到联结机制中，实现脱贫致富；从品牌产业来讲，品牌产业通过不断地辐射推广形成了规模效应，扩大了品牌的影响力；从区域来讲，作为上海援藏推动乡村振兴的富民项目，红河谷园区不但带动当地群众收入提升、产业升级，更辐射周边群众，带动区域农业整体转型升级，让高技术的农业生产成为乡村振兴的新引擎。在各地都在推动产业发展，各地特色产品大量涌向市场时，品牌产品的优势自然显现。作为贫困县的江孜，需要一种具有高附加值，同时又可以轮番作业、适合藏民传统生活方式的经济作物，而藏红花正好满足了这种需要。园区引进藏红花，依托技术进行攻坚，成功以"帕拉庄园"品牌上市，让藏红花从此真正"姓藏"。之后，扩大藏红花基地，扩展藏红花产业链，让种植藏红花成为一个附加值比较高的产业，成为让农牧民脱贫致富的产业。

　　推动产业帮扶，不但要依靠科技支撑，还可以发挥文化因素的重要作用。红河谷园区充分利用好上海对口支援的智力支撑，立足浦东新区的农业科技基础，使之与西藏的实践相结合。作为"上海与西藏现代农业对接的桥梁和窗口"，园区依托上海浦东农发集团、上海农科院等技术支撑，引进农业"五新"（新产品、新技术、新材料、新装备、新模式），将先进的农业科技与江孜当地农业资源相结合，成为西藏农业科技集成创新示范高地。技术不但走进来，还在西藏的土地上落地生根，枝繁叶茂。2020年园区成立植物组培实验室，实验室旨在建设西藏地区"优质蔬菜、苗木组培生产基地"，依托上海孙桥国家农业园区植物组培中心技术力量，利用现代生物技术研究脱毒草莓、土豆、高原玫瑰、江孜沙棘等品种的植物组织培养技术体系。充分利用高新技术的同时，文化因素也成为红河谷园区规划和发展过程中的重要财富——依托江孜丰富的红色资源、独特的民族文化内涵和壮美的自然风光景象，援藏江孜小组在红河谷园区的发展中充分运用现代旅游产业发展理念，让文化和旅游联姻，让原生态的景观和现代化旅游模式牵手。园区借助地域资源优势，将"现代农业、美丽乡村"相结合，按照"互联网＋农业＋旅游"主题，在园区内建成了全市首个集科技示范推广、产业融合发展、产品信息交流、观光旅游为一体的场馆内农业基地，对园区基础设施和功能进行了改造升级，形成了拓展互动、采摘体验、科普观光、食宿配套旅游功能区，优化了精品花卉展示区、玫瑰游园、赛马场、儿童游园、林卡帐篷和房车露营基地等多个观光农业景点，带动了休闲旅游观光发展，形成了一产带动三产的立体发展格局，成为经济增长新亮点。[1]

案例二 "保险＋期货"：为普洱市天然橡胶保驾护航

（一）基本情况

云南省普洱市是云南省天然橡胶重要产地之一，种植面积约占云南省的 1/4，是云南第二大橡胶种植区域。天然橡胶是普洱市当地的主导产业，更是当地贫困户的核心收入来源。普洱市 2016 年橡胶种植面积为 157.54 万亩，投产面积 76.46 万亩，产量 6.71 万吨，产值 6.84 亿，从业人员 10.4 万人，产业覆盖人数达到 21.2 万人。橡胶产业的发展不仅带来了经济效益的增长，还吸纳了农村剩余劳动力，实现了农村剩余劳动力的有效转移，缓解了就业压力。然而，天然橡胶市场价格受国内外市场行情影响较大，其价格波动较大，当地胶农的稳定产业收入难以保障。2012 年后天然橡胶价格一直处于下行区间，天然橡胶现货价格下跌严重，胶农生产积极性明显下降，在部分橡胶产地，甚至已经出现"弃割"现象。这极大影响当地橡胶产业发展和农户的增收。如何在橡胶价格波动的情况下，保证农户收入成为影响脱贫攻坚工作的一道难题。

2014 年中央一号文件《关于全面深化农村改革加快推进农业现代化的若干意见》提出，完善粮食等重要农产品价格形成机制。继续坚持市场定价原则，探索推进农产品目标价格形成机制与政府补贴脱钩的改革，逐步建立农产品目标价格制度，在市场价格过高时补贴低收入消费者，在市场价格低于目标价格时按差价补贴生产者，切实保证农民利

① 中共上海市委党校：《上海力量——对口援建的精神品格和实践创新》，上海人民出版社 2020 年版，第 79—86 页；刘承功、潘晓岗、邱大昌主编：《精准扶贫上海实践案例集》，复旦大学出版社 2019 年版，第 46—52 页；《江孜红河谷：以产业为依托 打造乡村振兴"新引擎"》，《人民日报》客户端西藏频道 2021 年 12 月 28 日。

益。2014 年，国家开始启动东北和内蒙古大豆、新疆棉花目标价格补贴试点，探索粮食、生猪等农产品目标价格保险试点。2016、2017年和 2018 年中央一号文件连续三年明确提出"稳步扩大'保险＋期货'试点，探索开展重要农产品目标价格保险"。"保险＋期货"模式作为一个重大的金融创新，不仅有助于分散农业生产者的市场风险，同时还有助于保险公司实现风险转移。

为响应党中央、国务院关于打赢脱贫攻坚战的号召，贯彻落实产业扶贫、金融扶贫的战略，上海市合作交流办、上海市政府驻昆办及上海期货交易所决定针对普洱市当地主导产业——橡胶产业的特色，发挥上海金融中心优势，整合保险和期货资源，以农产品市场风险防控为抓手，将上海市的先进金融服务技术和经验，引进到对口扶贫区域，为贫困地区农业风险的防控、分散提供保障，组织安信农业保险股份有限公司（以下简称"安信农保"）、太保产险云南分公司、五矿经易期货、金瑞期货、大有期货等金融机构开展普洱市天然橡胶"保险＋期货"精准扶贫试点项目（以下简称"天然橡胶'保险＋期货'项目"），打造"保险＋期货"的精准扶贫新模式。

2017 年 3 月，项目各个参与方组成的扶贫小组对江城、墨江、西盟等六个贫困县扶贫一线进行了为期一周的调研，在深入了解当地橡胶产业发展和农户脱贫增收的情况下，合理制定帮扶方案。2017 年 5 月，天然橡胶"保险＋期货"项目在普洱市西盟县、宁洱县、江城县、孟连县四县进行试点推进。

该项目优先选取从事天然橡胶种植贫困户较多的村庄作为试点村，在每个试点村中，项目覆盖村中从事橡胶种植的所有贫困户。其中，江城县、宁洱县的试点项目分 3 期进行，每期为 1 个月，起始日期分别是 2017 年 9、10、11 月的第一天，每期的截止日期分别是当月的最后一天；西盟县、孟连县的试点项目保险期限起始日期分别是 2017 年

9月1日，截止日期是2017年11月30日。从时间上，保险期间涵盖了天然橡胶割季9、10、11三个月份。以上海期货交易所公布的天然橡胶期货主力合约的价格作为依据，充分利用期货价格发现的功能，一旦天然橡胶价格下跌低于保险的目标价格，保险公司即进行赔付。按照扶贫特惠的原则，若保险期间未发生理赔，则保险公司按照约定返还农户部分自缴保费。同时为分散风险，保险公司与期货公司签订场外期权合作协议，在期货市场上进行风险对冲。

该项目由上海期货交易所立项批准并提供资金支持，保险公司、期货公司与当地政府协同推进完成。其中，安信农保作为保险人，结合当地产业和扶贫需求开发保险产品，并利用自身基层服务网络体系，做好承保、理赔服务工作。项目总体运营模式：第一，当地农户在项目立项资金全额补贴保费的支持下，通过购买保险公司的价格保险，保障其橡胶生产收益；第二，保险公司购买期货风险管理子公司提供的场外看跌期权产品进行再保险，对冲橡胶价格下跌可能带来的保险赔付风险，弥补保险公司风险管理方面的不足；第三，期货风险管理子公司在期货市场进行相应的风险对冲，最终将橡胶价格风险转移到期货市场；第四，当地政府提供政策及少部分资金支持，并为项目试点推进提供组织保障。

2017年12月，普洱市天然橡胶"保险＋期货"扶贫项目（试点）总结大会召开。会上，中国太平洋财产保险股份有限公司及安信农业保险股份有限公司对试点的西盟、孟连、江城、宁洱4个县进行了保险现场理赔，并分别与4个县签订了2018年天然橡胶"保险＋期货"扶贫项目意向书。该项目共承保橡胶4.4万亩（折合3533吨），覆盖西盟、宁洱、江城、孟连四县建档立卡贫困户1600余户，为试点地区胶农提供16545元／吨的价格托底保障。项目首年共赔付501.4万元，户均赔款达3133元，有效保障了当地胶农的利益，基本助推和帮扶投保户实现脱贫目标，促进当地橡胶生产健康发展。

（二）主要启示

多方合力是试点工作取得成功的重要保证。天然橡胶"保险＋期货"项目的参与主体主要包括上海期货交易所、政府部门、投保贫困户、保险公司和期货公司。在资金方面，引入上海对口协作资金（上海期货交易所立项资金支持），地方政府给予10%的财政配套资金支持，从而调动并提高了政府参与金融扶贫和金融创新的积极性，为将来财政投入资金支持金融扶贫奠定了基础。各方参与主体建立了良好互动协作机制，各司其职，各负其责，通过发挥协同优势形成合力，共同推动了项目试点工作取得成功。

在项目中形成的对农户收入保护机制促进了橡胶产业的发展。农民往往看"天"吃饭，橡胶现货价格、期货价格的剧烈波动造成了天然橡胶农户的收入难以得到保证。天然橡胶"保险＋期货"项目在实施过程中聚焦精准扶贫，与当地政府进行深度合作，锁定建档立卡贫困户，保证投保户信息的完整性和真实性。该项目通过农业保险转移了因价格剧烈波动导致农民收入骤降的风险；又通过期货市场的方式锁定了天然橡胶的价格。通过"保险＋期货"模式将"保险"和"期货"两种市场机制有机结合，分散了天然橡胶生产者的价格风险，起到了稳定农户基本收益的作用。另外，一旦实际价格触达赔付值，期货公司将差价补给保险公司，保险公司发生赔付时，赔款不经过第三方，直接到投保农户及建档立卡贫困户账户，真正实现了当地的精准脱贫。通过试点工作，"保险＋期货"这种模式让胶农看到了实实在在的甜处，重燃了信心。2018年，"保险＋期货"项目又在普洱市江城县、西双版纳勐腊县等地试点成功，激发了当地群众利用期货市场参与价格风险管理的热情。随着"保险＋期货"项目的深入开展、范围的扩大，促进了云南天然橡胶产业的发展。

　　"保险＋期货"的金融扶贫模式让各方实现"共赢"。随着精准扶贫的深入推进，不断创新产业扶贫方式方法，有效助力对口地区脱贫攻坚成为一种客观需要。上海作为国内金融行业最为发达的地区，拥有成熟的金融实践工作经验，而贫困人口较多的普洱市又以天然橡胶为主导产业。天然橡胶"保险＋期货"项目是上海以金融支持对口地区实体经济的创新实践，更是变传统财政资金直接补贴农户的"输血式扶贫"为市场化手段的"造血式扶贫"的一种创新。这种扶贫模式，不但达到了精准扶贫的根本目的，而且带动贫困户和当地农户积极利用金融工具化解农产品市场风险，对培育当地贫困户和非贫困户充分利用金融市场服务的能力具有重要意义。同时，项目的成功，对保险行业来说，也是对价格保险探索风控手段的一次成功尝试，保险公司可以运用"保险＋期货"降低市场风险的冲击，为进一步拓展和做深价格保险守住风险底线；对期货行业来说，为开拓保险公司价格保险对冲业务提供了成功的范例。①

---

① 刘承功、潘晓岗、邱大昌主编：《精准扶贫上海实践案例集》，复旦大学出版社 2019 年版，第 163—173 页；张胜利：《云南普洱"保险＋期货"：助力边远少数民族胶农脱贫》，《中国保险报·中保网》2017 年 12 月 18 日。

第六章

上海教育医疗卫生帮扶的历程与案例分析

教育医卫帮扶是事关东西部扶贫协作和对口支援地区长远发展的基础性工程，是一项具有深远意义的民心工程。新中国成立以来，在党中央领导下，上海逐步开展对边疆和少数民族地区的教育医卫帮扶工作。特别是 1994 年中央确定对口支援实行"分片负责、对口支援、定期轮换"的工作方式以来，上海切实担起中央交予的东西部扶贫协作和对口支援这一重大政治任务，充分发挥自身优势，举全市之力开展教育医卫帮扶工作，为帮扶地区在 2020 年实现全面脱贫、决胜全面建成小康社会作出了突出贡献，得到了中央、帮扶地区和社会各界的好评。

第一节　上海开展教育医疗卫生帮扶的历程

1979 年全国边防工作会议后，上海通过对口协作的形式，先后支援云南、宁夏、西藏、新疆等地区的教育卫生事业发展。1992 年，中央开始部署对口支援三峡工程移民工作，并要求上海对口支援四川万县地区和湖北宜昌市。由此，上海拉开了东西部教育医疗卫生扶贫协作和对口支援的序幕。

一、以中央对口支援战略为引领，启动教育卫生帮扶工作

上海认真贯彻落实党中央、国务院的一系列指示精神，积极帮扶对口地区教育卫生事业，在推进对口地区改变贫穷面貌方面发挥了积极的作用。

在加强教育扶贫方面，上海针对对口帮扶地区的教育发展状况和需求状况，树立"扶贫先扶智"思路，助力对口地区改变教育贫穷面貌。针对帮扶地区基础教育设施不到位情况，大力加强"希望工程"建设。在西藏，确定将抓好"希望工程"作为三年工作重点之一。1995

年至 2001 年共募集建设款 1400 多万元，共新建、改建、扩建希望工程 33 项，涉及日喀则地区 9 个县市。1996 年沪滇确定对口帮扶关系之后，上海积极帮扶实施"一村一校"工程（一村一所希望小学），进一步加快希望小学建设。截至 2000 年，共捐建"一村一校"404 所希望小学。"一村一校"建成后可同时挂青年之家、妇女之家、科技夜校等牌。在新疆阿克苏地区，1997 年至 2002 年，共援建 9 所希望学校，其中由浦东新区援建的启明学校，解决了阿克苏及周边地区残疾青少年入学难问题。上海对口援助三峡库区的教育事业也始于希望工程。"九五"期间，上海在对口库区援建希望小学 28 所。此外，上海还非常注重夯实基础，加大其他教育设施帮扶力度，帮助这些地区的教育硬件设施在短期内得到较大改善。

针对帮扶地区教育薄弱、人才匮乏的实际，上海还加大了软件方面的帮扶。1997 年 3 月，上海市教委与万县市五桥区人民政府签订了《援建三峡库区万县市第五中学教学楼的协议》，确定把第五中学建设成三峡库区发展教育事业的一项标志性工程。4 月，万县市第五中学教学楼奠基开工（后改名为"重庆市上海中学"）。1998 年，重庆市上海中学建成并投入使用，可容纳学生 1800 人，是五桥区唯一的完全中学。1999 年，该校高考升学率达 49%，在万州区同类学校中创应届生上线人数、高考升学率两个第一。2001 年，上海市教委在对口地区援建"中学计算机网络校校通"工程，确定重庆市上海中学为试点学校。为此，上海为该中学配备计算机教室、语音教室，添置了卫星接收装置，使之成为白玉兰远程教育网接收点。上海援建的万州新田中学，属于三峡工程移民搬迁建设学校。该校在上海大力帮扶下，成为万州区农村第一所市级重点中学，此外，上海市还加快湖北宜昌三峡高中建设等，着力为库区学生提供优质的中学教育资源。积极发挥名师讲学作用，注重加强特殊教育建设。1998 年，由上海市教育工会组织的上海普教系统讲学志愿者协会在阿克苏进行义务讲学。由全国劳模担任讲学团团长，3 位享受国务院特殊津贴的特级教师参加讲学活动，听众逾 2500 人次。为加强特殊教育建设，上海决定帮扶阿克苏启明学校（原名中山聋哑人学校，是阿克苏地区唯一的特殊教育学校，年久失修已成危房）新建一座综合教学楼。2001 年移址扩建后的启明学校竣工并投入使用，启明学校由此成为南疆地区设施最好的一所特殊教育学校。

在加强医卫扶贫方面，上海集中资金，重点帮助对口地区改善医疗卫生条件。以援藏为例，1995 年至 2001 年，上海共投入援助资金 2500 多万元，用于发展日喀则地区和对口县的卫生事业，建成地区卫生局和防疫站，亚东、拉孜和定日三县人民医院都得到不同程度的改造。此外，为加快重庆市万州区上海医院（原本是一所乡镇卫生院）发展，上海累计投入资金 1230 万元，用于该院住院楼、医技楼及层流手术室、ICU 病房的改扩建，帮扶该院成为一所集医疗、教学、科研、预防保健、社区卫生服务为一体的国家二级甲等综合医院。为帮助改变云南贫困地区缺医少药、看病难的状况，从 1997 年开始，上海在文山、红河、思茅三地州选择部分贫困乡（村）援建白玉兰示范卫生所。温饱试点村建设启动后，村卫生室成为"五个一工程"建设的内容之一，得到进一步帮扶支持。上海还援建了阿克苏地区医疗急救中心，思茅、红河、文山三地州妇幼保健中心等。

在帮助对口地区加强医疗卫生硬件建设的同时，上海也积极努力帮扶提升技术水平。为改变西藏自治区无传染病专科医院的历史，上海除在援建硬件建设上大力支持外，还挑选了一批优秀的医务人员支援自治区传染病医院规范管理，并组织多批上海专家赴该院培训人才，同时资助该院医卫人员来沪学习进修。在上海的帮扶下，该院科室力量加强，医疗水平得到很大提升，后被改称西藏自治区第二人民医院，并发展成为一家综合性医院。在阿克苏地区，上海的华山医院、复旦大学附属肿瘤医院、市肺科医院、市第一人民医院等，或向阿克苏地区第一人民医院捐赠医疗器械和设备等，或支持该院医师和技术骨干来沪进修。2000年，上海中医药大学附属曙光医院、龙华医院向阿克苏地区第一人民医院捐赠"上海—阿克苏远程会诊医疗系统"，建立远程会诊医疗中心。上海市卫生局还积极协调，把宜昌县人民医院纳入上海卫生系统远程医疗教育网，帮助提高当地医务人员医疗水平。

二、以中央开发式扶贫为指引，探索深化教育医卫帮扶工作

进入21世纪，中央在八七扶贫攻坚计划取得明显成绩，在农村贫困人口温饱问题基本解决的基础上，从全面建设小康社会的全局需要出发，进一步推进开发式扶贫工作，不断增强贫困地区自我发展的能力。在这一重大决策的指导下，上海以高度的责任感和使命感，不断丰富教育医卫对口帮扶工作的内容和形式，不断开创上海教育医卫对口帮扶工作新局面。

（一）提高对口帮扶地区教育教学质量

通过持续加大教育设施、人才帮扶力度，加强教育软件方面的帮扶，着力打造优质教育品牌，不断提高对口地区教育教学质量。

1. 进一步加大教育援建资金和设施帮扶力度

2002年至2011年，上海市对阿克苏地区教育基础设施的建设投资达11400多万元。包括援建9所希望学校，援建地区幼儿园、地区第一中学扩建工程、地区二中分校、地区二中图书馆，建设地区职业技术学校，援建阿克苏市第五中学综合楼实验楼，援建温宿高级中学教学综合楼，援建阿瓦提县第二中学教学楼和阿瓦提县第一中学学生宿舍楼，以及在乌什县兴建"静安教师培训中心"，等等。其中上海参与援建的阿克苏职业技术学院已发展成为南疆地区唯一的集农牧、理工、财经、医学、

人文、体育、艺术、教育为一体的综合性普通高职学院，并拥有阿克苏地区第六国家职业技能鉴定所等多项培训资质。上海投资1500万元援建的阿克苏地区教师培训中心，是一个集教学、办公、食宿于一体，设施完备、功能齐全的综合性教师培训基地，每年有1.5万余名老师和中小学校长在这里参加各类继续教育培训。该培训中心对阿克苏地区实现少数民族教育"双语"教学目标，提升阿克苏地区教育整体水平，发挥了重要作用。2004年至2010年，上海在日喀则地区教育事业上投入资金12500多万元，占援藏资金总额的16%以上。援建了日喀则地区上海实验学校，日喀则地区职业技术学校，江孜县教师培训、职业技术培训、党校"三个中心"，拉孜县幼儿园，以及定日县完小等30多个项目。

从2005年起，上海在云南对口四州市113个贫困自然村实施整村推进（即白玉兰扶贫开发重点村）项目。在项目内容上，除解决温饱、安居之外，进一步加强学校、卫生室和村民活动室等配套项目。2008年以后，按照国家扶贫开发从实现温饱向巩固温饱与建设小康转型的要求，上海在云南对口四州市15个县18个乡镇启动整乡规划、集中连片开发试点。在基础教育建设方面，依据当地教育卫生发展总体布局，上海把援助重点转向规范化中心学校建设上。此外，上海对口帮扶云南教育的一个重要内容是积极帮扶迪庆州教育发展。自2004年中央明确上海对口帮扶迪庆州后，上海认真落实中央藏区工作会议精神，投入大量帮扶资金援建了香格里拉高级中学、德钦县霞若乡中心完小、维西县塔城镇中心小学等30个教育项目。其中在香格里拉县投资2000万元援建的香格里拉高级中学参照国家示范高中建设标准，按照1800至2000名在校学生规模设计，是全国藏区一流的完全中学。为加强三峡库区小学基础教育设施建设，上海援建百安移民小学综合教学楼、五桥小学教学楼等，援助资金都超过100多万元。万州市的五桥飞士幼儿园从无到有，发展成为重庆市级示范幼儿园，与上海援建的三航希望小学同为万州区教学设施好、师资力量强、教学质量高、社会影响大的学校。

2. 积极开展教育人才帮扶

为加大对新疆教育人才的帮扶力度，上海第四批51名援建干部中，有13人被分配到阿克苏地区教育系统工作，或在教育行政部门担任领导，或在学校担任领导、教学一线执教等。在各自的工作岗位上，他们充分发挥自己的特长，传递新信息，传授新方法，促进了阿克苏地区教育改革的深入开展和教学质量的快速提升。第五批援疆干部主持的"以教学反思促进教师专业化发展的研究"课题于2007年被新疆维吾尔自治区确定为"十一五"规划课题，成为南疆地区唯一的立项课题。根据教育部要求，为帮助阿克苏地区提高九年义务教育水平，上海教育系统自2009年起向阿克苏地区选派支教教师。当年上海首批25名教师，分别到阿克苏市、阿瓦提县、柯坪县和温宿县的8所中学支教1年。同时，不断扩大在沪举办新疆班的规模。2000年，上海市在七宝中学首次为新疆开设2个少数民族高中班，74名新疆学生在沪开始为期4年（含1年预科）的高中学习生涯。2002年，上海交大附中增设新疆班，每届45人。2005年，上海开设新疆班的学校增加嘉定一中、朱家角中学、宝山中学和上大附中4所。2006年，又增加川沙中学、南汇中学、奉贤中学和金山中学4所。至此，上海每年招收新疆学生数扩大到六七百人。此外，根据教育部的部署，上海还在新疆着力开展"双语"教育教学。2005年，上海市教委组织实施了200名新疆少数民族中学"双语"教师培训工作，由此"双语"教师培训和学前教育合作成为上海教育援疆的重点工作。2010年，首期新疆少数民族"双语"骨干教师培训项目第一学期工作结束，接受培训的118位教师参加了国家汉语水平考试（HSK），全部达到中等水平。

3. 帮扶实现"普九"教育和"两基"教育 [1]

2000 年起，上海每年选派 100 名支教老师到云南省贫困地区中小学支教。为进一步提高支教帮扶水平，上海市教育部门还将到对口贫困县的部分教师安排为由校长、教务长、骨干班主任、骨干英语老师等组成的教学小组，对受援学校进行整体扶持，使受援学校较快提高了教学水准，升学率大大提高，成为当地的示范。2005 年 2 月，上海市教委、市政府合作交流办等联合发布了《关于贯彻实施中办、国办转发教育部等 10 部门〈关于开展对西部地区"两基"攻坚县教育对口支援工作的意见〉的意见》。据此，上海每年从市对口支援经费中拨出不低于 500 万元，专门用于对日喀则对口地区"两基"攻坚工作的支持，主要投入于改善当地九年义务教育办学条件和改善中小学教师培训条件。各区县每年安排一定的资金用于日喀则地区"两基"攻坚结对县的教育对口支援项目。通过上海市的积极帮扶，2010 年上海对口支援云南省的 19 个贫困县 100 所学校和全省同步通过了教育部"两基"验收。

4. 积极开展白玉兰远程（教育）网建设

白玉兰远程网建设旨在为西部大开发提供人力和智力资源的支援，由上海市政府协作办发起并牵头，联合市教委、市希望工程办和上海广电集团等共同创建，于 2000 年 12 月 26 日在昆明开通。远程网首先开发的是教育网功能，在开通仪式当天，对思茅、红河、文山三地州26 个教学点及三峡地区的五桥区、宜昌市等教学点的 600 多名中小学教师进行首次远程教育培训。2003 年，由上海市政府协作办、市希望办和市援滇干部联络组组织的远程网希望中小学教师培训，在云南、西藏、三峡等地同时举行。云南省有 16 个地州 109 个县的 3459 名希望小学教师在 141 个教学点接受培训。云南省希望办对这次活动予以

---

[1]　基本普及九年义务教育，基本扫除青壮年文盲。

高度评价:"这是我省第一次利用现代化远程教育卫星网络,开展大规模希望小学教师公益培训,是我省以至全国公益培训手段的飞跃和创新。"2005年,远程网教育频道正式开通,全天候播放面向中小学师生的教育节目,送去上海优质教育资源,进一步帮扶云南提升中小学师生的教育教学水平。此外,2004年至2007年,援藏干部争取上海市教委支持,通过白玉兰远程教育网,对日喀则地区500多名中小学校长和学校中层干部进行培训。

5. 进一步打造优质教育品牌

以上海对口帮扶的日喀则地区上海实验学校为例,该校的前身是日喀则地区南郊小学,是日喀则地区最薄弱的学校之一。作为上海援藏项目,2007年上海第五批援藏干部被任命担任校长,当时学校的小学部和初中部刚刚建成,基础薄弱。援藏校长把上海干部的工作作风带过去,注重抓领导方式、抓教学常规、抓教育教学方法,包括抓教学纪律、批改作业等,还把上海"养成教育"方法带到了当地(上海进行"养成教育",不管是学军学农,都是一周左右)。并结合当地学生农牧区学生比较多且全是藏族的特点,把养成教育的时间从初一延长到初二。通过全力帮扶,日喀则实验学校教育教学质量取得了飞跃发展。从2008年起,日喀则上海实验学校中考平均分连续数年稳居全自治区第一,取得了很好的帮扶效果。

为打造夷陵区优质教育资源,上海投资近1000万元对口援建夷陵区上海中学。改建后的学校可容纳36个班1800名学生上课。通过采用上海中学管理模式,成为夷陵办学条件最好的学校。为进一步提升重庆市上海中学教育教学水平,经过多年连续的硬件建设和软件支持,这所原本为乡镇级办学水平的学校,于2008年升格为重庆市级重点中学。2009年,上海市卢湾高级中学与重庆市上海中学签订了缔结友好学校协议书,不断加大对重庆市上海中学教学帮扶,进一步提升其办学水平。2007年至2010年，上海投入援助资金1500多万元，先后帮扶万州区职业教育中心实训实验综合楼、电子实训楼、机械实训楼以及其他配套设施建设。在两地政府和各方共同努力下，万州区职业教育中心由国家级重点中职学校，升格为国家级中职示范学校，对加强移民培训，促进移民就业发挥了重要作用。

（二）推进开发式医卫帮扶，提高对口地区医疗卫生水平

通过援建医卫设施、加强干部人才援助、培训当地医生，以及帮助当地处理突发公共卫生事件等，进一步提升开发式帮扶效果。

一是继续加强医疗卫生设施建设。"十五"期间（2001—2005年），上海各级政府共援助资金2787.75万元，在对口云南省文山、红河、思茅和迪庆四州市分别援建了疾病防治中心和264个乡、村卫生室。从2005年起，上海在四州市实施整村推进项目，首期项目内容包括：改造40所乡镇卫生院（每所50万元）、100所村级卫生室（每所6万元）。2008年后，根据国家扶贫开发从实现温饱向巩固温饱与建设小康转型的要求，上海在对口帮扶的四州市启动整乡规划、集中连片开发试点。在基础医卫建设方面，依据当地教育卫生发展总体布局，上海把援助重点转向标准化卫生院建设上。截至2010年12月，沪滇双方卫生部门共援建白玉兰乡村卫生室985个。此外，上海还购置和捐赠各类医疗器械和设备，帮助培训医务人员，为改善云南贫困地区基本医疗条件、实现农村人人享有初级卫生保健打下了坚实的基础。在帮扶迪庆州医疗卫生建设方面。上海投入2750万元，实施卫生援建项目52个，帮助迪庆州完善三级医疗卫生网络，推进乡镇卫生院标准化建设，合作建设远程医疗咨询网点。其中上海2005年开始援建的上海白玉兰香格里拉妇幼保健中心（院）是重点帮扶项目。该中心（院）的建成，使当地妇幼保健医疗环境大为改善。

为加强新疆医卫设施建设，2001 年至 2011 年，上海卫生援疆重要项目有十几项之多。主要包括援建阿克苏地区医疗急救中心、地区第一人民医院外科病房大楼、地区二院、地区妇幼保健院、地区一市二县妇幼保健设备援助等。其中上海投资 1300 万元援建的阿克苏地区妇幼保健院，结束了阿克苏地区长期无妇幼保健院的历史，受到了当地政府和群众极高的评价。此外，为推进医疗设施软件建设，上海有关部门和社会各界踊跃援助阿克苏地区卫生事业发展，向地区卫校、地区卫生局、地区计生委、地区疾控中心和部分基层医院捐赠各类医疗器械、办公设备、车辆和图书等，改善了阿克苏地区医疗条件相对落后的状况。

2002 年，中央明确将卫生援藏纳入对口支援工作。为此，上海进一步加大医卫建设帮扶力度。至 2010 年，上海向日喀则地区卫生事业援助资金近 6000 万元，援建（含继续援建）了地区人民医院、地区卫生监督所、地区妇幼保健医院、日喀则上海制氧厂和高压氧舱、拉萨市第一人民医院远程医疗诊断系统、亚东康布温泉康复理疗中心等重要的功能性医疗卫生设施。其中上海援建的地区制氧厂改变了日喀则地区无制氧厂，氧气的供应必须到拉萨购买的状况，是当时西藏地区最先进的大型氧舱。亚东康布康复医疗中心投入使用后，有力促进了亚东县旅游经济发展。此外，上海还援建了一批中心乡卫生院和乡卫生服务中心等，使地区、县、乡三级医疗卫生服务网络体系基本形成。此外，上海还持续提升对日喀则地区医疗软件设备的帮扶力度。上海市卫生局联合上海市口腔病防治院及有关区县向地区卫生局、地区人民医院、地区妇保院和有关县乡医院捐赠了价值 192.9 万元的医疗器械设备。另外，上海市援藏联谊会、上海交通大学医学院、上海莱茵医院、上海市第九人民医院和新华医院等单位也向地区人民医院捐赠医疗设备及物资，并资助地区人民医院开展白内障复明手术等。

同时，继续加大三峡库区重要功能性医卫设施建设。从 2006 年起，上海开始对夷陵区妇幼保健院进行援助，连续4年保持大力度，单是2006年至2008年，上海就投资近550多万元用于该院综合楼改造、综合配套建设以及优生优育中心、生殖保健中心和更年期保健中心"三中心"建设，增加业务用房总面积达1000多平方米，解决了当地50%的病人因床位少而转院的突出矛盾。尤其是在2008年遭遇冰雪灾害期间，该院利用上海援助的医疗救护设备，到下堡坪、雾渡河等山区乡镇成功抢救、转运102名即将分娩的孕产妇，得到社会的高度评价。2012年，该院跻身全国妇幼保健机构运营与发展状况综合指标排名县区级前100强。由上海援建的万州上海医院[①]也是一个重要功能性项目。2006年，上海开始援建该院，上海中医药大学附属曙光医院、上海市浦东新区公利医院与该院缔结为对口定点帮扶医院。在上海的援助支持下，万州上海医院从一个乡镇卫生院发展为承担万州江南辖区60多万人的急救医疗、防病治病、突发事件及对基层乡镇卫生院进行业务指导的二级综合医院。与此同时，上海市不断加大对基层卫生院（所）的援助。至2010年，上海对口帮扶库区20多家基层卫生院（所）进行综合改造和扩建，不断提升软硬件水平，从根本上解决库区移民"看病难"问题。

二是积极开展医卫知识培训和学术交流活动。上海在人才和技术上对口帮扶新疆，主要是加强医卫干部人才援助。医务工作者在上海援疆干部中占比很高，第一二两批43名援疆干部中就有14名来自卫生系统。第三批援疆干部中有负责肝胆外科、妇产科、眼科、检验科的4人被派到阿克苏市人民医院工作。第四批51名援疆干部中，有16位医务工作者，他们促成了地区第一人民医院外科病房大楼、阿克苏市托普

---

① 原名万州区第五人民医院，2002年由原五桥人民医院与五桥中医院合并组建而成，2007年改名为万州上海医院。

鲁克乡卫生院综合楼、温宿县上海创伤急救及普外诊治中心、阿瓦提县人民医院医技楼等援助项目。经第六批援疆干部积极牵线，在上海市卫生局支持下，上海市第六人民医院与地区一院、上海市第十人民医院与地区二院、上海市红房子妇产科医院与地区妇幼保健院结成对口帮扶关系。其中第六批援疆干部所完成的手术中，属于地区创新技术的有 7 项、自治区创新技术的有 2 项。

不断加强对西藏日喀则地区的医卫人才和技术帮扶力度。以帮扶日喀则地区人民医院为例，上海援藏干部在地区人民医院的建设上倾注全力，从首批援藏干部开始，历任援藏干部都担任过地区人民医院副院长，调动各方资源加强地区医院建设。2007 年至 2010 年，上海华山医院与日喀则地区人民医院签署结对帮扶协议，开展人才交流、培训科室带头人等工作。此外，上海瑞金集团闵行医院、上海中美儿童医学中心和上海市中西医结合医院等纷纷为地区人民医院培训人才，业务范围包括心脏介入、小儿科、五官科、中医骨科及 CT 操作技术等。经过沪藏两地 10 多年的共同建设，日喀则地区人民医院已成为集医疗、预防、保健、科研、教学为一体的大型综合性医院。此外，上海还开通了地区人民医院与上海公立医院的远程医疗诊断服务，并组织上海医疗队赴藏巡回医疗等，大大提升了当地的医疗水平，方便了农牧民就近就医看病，促进了日喀则医疗卫生事业的发展。

三是着力帮扶远程医学教育培训。在组织实施"双百工程"① 的基础上，2002 年 3 月，上海市卫生局与云南省卫生厅就沪滇合作开展远程医学教育培训签订协议。上海市卫生局信息中心与上海广电通信网络有限公司共同出资组建上海卫生远程医学网络有限公司，专门承担医学

① "九五"期间上海为云南省培养 100 名跨世纪的学科技术骨干，向云南省推广 100 项上海医疗卫生新技术。

信息平台建设。9 月，沪滇远程医学教育网开通，重点实施全科医生培训项目，并开展医疗咨询服务、学术交流等活动。首期参加培训的有红河、文山、思茅等地州的全科医生。上海市卫生局还通过远程网对云南省 500 名乡村医生实施了两期的专题培训。从 2006 年起，远程医学网在进一步加大对口支援力度。截至 2010 年 12 月，上海利用白玉兰远程教育网实施云南省乡镇卫生院在职卫生技术人员全科医学知识培训项目，培训各类医务工作者 16444 名。此外，沪滇双方利用上海市人力资源和医疗技术优势，开展学术交流活动，云南省 582 名医疗工作者赴沪接受培训。上海市 19 所三级综合医院与云南省 19 所医院签订对口支援合作协议，云南受援医院通过三年的努力，达到二级甲等医院水平。

此外，上海还积极开展三峡库区远程医学培训点建设。2001 年，上海市卫生局为重庆三峡中心医院、万州五桥移民医院援建了远程医疗会诊中心。在市三峡办的协调下，上海华山医院同重庆三峡中心医院结成帮扶对子。2007 年和 2008 年，上海先后将夷陵区远程医学培训点和万州区远程医学培训点列入对口支援项目，不断提升库坝区医疗技术水平。上海还每年为五桥区和夷陵区培训医务骨干，每年派出巡回医疗队到两地送医送药，为移民群众解除疾病痛苦。

四是积极帮扶处理突发疫情和地区疾病。2006 年 7 月 12 日，阿克苏市发生 H5N1 高致病性禽流感疫情。14 日，上海市政府合作交流办确定了紧急援助的物资清单。15 日，市政府合作交流办会同市农委等部门仅用 4 小时就组织了重达 1.5 吨的 118 件动物防疫物资，通过上航提供的绿色通道运往乌鲁木齐市，于 17 日全部运抵阿克苏市，为当地做好禽流感疫情防控工作起到重要作用。8 月 10 日，发生在阿克苏市的高致病性禽流感疫情被全部扑灭。此外，针对阿克苏地区白内障疾病高发的实际，积极开展"光明行动"。阿克苏地区大多数白内障患者生活在偏远的农村，85% 以上为贫困人口，因得不到及时医治，有相当一部分视残者失去了复明的机会，有的甚至丧失了劳动能力，严重制约了脱贫致富的步伐。为此，上海援疆干部把免费为白内障患者实施复明手术列为援疆项目。2004年完成手术1000例，手术成功率100%，全部实现了脱盲、脱残的目标。与此同时，上海的白衣天使还深入新疆伊犁州和博州的5个县市巡回医疗，免费实施白内障复明手术近千例。2007年的上海"光明行动"共无偿为阿克苏地区500余名贫困农牧民进行了白内障复明手术，基本消除了当地贫困农牧民因白内障致盲的现象。

三、以精准扶贫重要理念为战略牵引，进一步完善发展教育医卫帮扶事业

2013年，习近平总书记首次提出"精准扶贫"的重要理念，针对教育卫生扶贫，指出"抓好教育是扶贫开发的根本大计""东部地区要在基础教育、职业教育、高等教育等方面……给予西部地区更多帮助""患病是致贫返贫的重要原因""东部地区可以通过援建医院、培训医生、远程诊疗、健康快车等帮助西部地区""努力阻止因病致贫、因病返贫"。[①] 上海市委坚决贯彻习近平总书记的重要指示要求和中央决策部署，聚焦精准扶贫、精准脱贫，创新开展"组团式"教育卫生帮扶等新的方式方法，举全市之力助推对口帮扶地区打赢脱贫攻坚战。

（一）"组团式"、精准式教育帮扶，着力增强受援地"造血"功能

让贫困地区的孩子们接受良好教育，是扶贫开发的重要任务，也是阻断贫困代际传递的重要途径。党的十八大以来，根据对口支援"7省20地州101贫困县"实际需求，按照"中央要求、当地所需、上海所

---

① 中共中央党史和文献研究院编：《习近平扶贫论述摘编》，中央文献出版社2018年版，第133、137、73、138、133页。

能"的帮扶原则，上海教育扶贫攻坚累计实施项目近600个，着力将先进教育理念、思路、方法等整体输出和有机融入当地教育教学实际，实现由"输血式"扶贫向"造血式"帮扶转变，全面助力打赢脱贫攻坚战。

一是精心帮扶，开展"组团式"教育对口支援。在"组团式"、精准式帮扶西藏日喀则教育事业方面，从2016年开始，上海派出了首批由40名骨干教师和管理干部（4名教育干部和36位专任教师）组成的"组团式"教育援藏工作队，全面帮扶日喀则上海实验学校，开启了上海教师"组团式"教育援藏扶贫模式。工作队充分发扬"老西藏精神""两路精神"，发挥团队协作的优势，以三年援藏行动计划作为扶贫的行动指南，整体性、成体系输出上海规范化的校本课程、校本教研、师训体系、学习管理等教育教学模式，从学校管理、办学理念、师资培训、课程建设、教学法改进、改善办学条件和校园文化建设等方面对受援单位进行系统的援助；聚焦带教指导，集中力量推动受援单位得到快速、优质的发展，实现从"输血"到"造血"的转变。经过4年努力，日喀则上海实验学校已成为西藏的一流学校，上海派出的援藏校长因成绩突出荣获"2018年全国脱贫攻坚创新奖"。与此同时，"组团式"教育援藏还注重创造可示范的经验和联动辐射机制，带动本地区内更多学校一起发展。2018年8月，上海又选派了15名职教教师组团到日喀则第二职业技术学校支教。职教教师入藏后，迅速适应驻地环境，认真深入教学一线，立足当地教情学情，利用自身专业优势、经验优势，积极发挥好引领示范作用，把先进的教学理念、教学模式和方法渗透到课堂活动和教学常规中。

在"组团式"、精准式帮扶新疆教育事业方面，注重创建"大组团式"教育援疆模式。从2018起，上海将"组团式"教育援藏模式向新疆喀什推广，成立上海援疆教育集团，采取"1+4+N"组团模式，即

"一个核心校、四个县域集团、辐射全地区"。以喀什六中为核心，上海援疆对口四县分别成立县域"教育集团"，通过"两轮"建设（三年一轮），基本形成核心学校优势明显、成员学校办学质量大幅提升的良好格局。同时，利用集团学校的影响力，将办学经验成果推广、辐射至上海援疆对口莎车、叶城、泽普、巴楚四县及整个喀什地区，全面提升喀什地区基础教育的水平和质量。集中选派上海援疆支教教师到 4 县 2—3 所中小学组团支教，发挥上海教育管理优势，整体提高学校教育水平。上海教育"大组团"式援疆模式在提升喀什地区基础教育水平方面已取得初步成效，集团核心校喀什六中 2020 年本科上线率比 2019 年显著提高。

二是精心培育，锻造更多优秀教育人才。为帮扶日喀则地区（2014 年 6 月，国务院批复撤销日喀则地区，设立地级日喀则市）教育事业可持续发展，上海认真做好日喀则市教育管理干部和学科骨干教师影子跟岗培训项目，科学制定培训工作方案，协调落实培训基地学校，每年安排 30 名学员到上海市相关中小学进行为期 1 年的跟岗学习和挂职培养，为每位学员落实带教导师，在教学能力和管理水平等方面进行全方位指导。同时，认真做好日喀则市"影子校长"跟岗培训项目，为 15 名参训人员提供为期 3 个月的跟岗培训，派到实践基地学校担任"影子校长""影子中层"等职务，学习借鉴上海先进的学校管理经验。通过与对口地区共同搭建"培训 + 使用"相衔接的体制机制，为当地培养一支带不走的教师队伍，发挥骨干示范作用，整体提升教师队伍软实力。

自 2013 年上海市对口帮扶贵州省遵义市以来，上海着力推动内涵式、精准式帮扶，推动遵义地区教育质量稳步提升。一是积极实施"金种子"校长培养项目。通过分批选拔几百名校长前往上海挂职学习，进一步提升了遵义市校长、副校长及后备干部的管理能力和综合素质。二是开展"百名上海名师遵义行"项目。通过派出专家到遵义讲课指导，拓宽当地教师的视野，提升他们的教学理念。此外，上海以精准对接为遵循，每年为青海果洛开展中小学校长、幼儿园园长培训等项目，强化过程管理和绩效评估。通过集中办班和跟岗培训等提升校长、骨干教师的综合素质和业务水平，不断扩大上海优质教育资源的覆盖面和受益面。上海市崇明区对口帮扶云南省临沧市大文中学，通过实施"托管教育"模式、"金种子校长"培训等项目，着力为当地培养带不走的教师队伍。

三是精准施策，帮扶发展职业教育。自2014年沪喀职教联盟成立后，上海依托职教联盟，积极推进南疆职业教育全覆盖工作，实施"二对一"帮扶模式，上海市14所中高职院校多次与新疆喀什7所职业学校的十个品牌专业开展全面精准帮扶。先后派出15批次70余名专家赴喀指导、送教。通过长期努力，喀什地区7所受援学校毕业生的就业率由2013年的30%提高到2017年的80%。2018年沪喀职教联盟《聚联盟之力落援疆之实——沪喀协同培养南疆技术技能人才的探索与实践》荣获国家教学成果一等奖。自2015年成立上海·果洛职教联盟以来，上海·果洛职业教育联盟围绕当地主导、特色产业和新型产业的发展需求，配套设计课程和开发教材，积极培养应用型技术人才。2018年，上海市浦东外事服务学校2015级航空服务民族班19位学生全部取得中国行业运输协会颁发的《岗位资格证书》，果洛学生多人被航空公司录用，不仅帮助贫困地区实现了高质量就业，更是开创性地帮助"格桑花"孩子实现了儿时的飞天梦想。

此外，上海还根据教育部部署，针对滇西地区的产业发展需求，开展职业教育"兜底式"招生。2017年以来，上海重点推动滇西建档立卡的"两后生"（未升学的应往届初、高中毕业生）来沪接受优质中职教育。精心遴选29所中等职业学校的46个专业，面向云南的丽江、保山、楚雄、西双版纳等滇西4地州的"两后生",开展对口单独培养和分段培养兜底式招生,每年安排招生2000人,至2020年共招收7000余名来沪学习,提升他们的综合素质。首批兜底招生毕业生现已毕业,整体就业率(包括升入高职)达到94%,达到"职教一人、就业一人、脱贫一家"的实际效能。

四是精心指导,全力打造基础教育高地。为推进云南教育脱贫攻坚工作开展不断深入,2016年,教育部在上海召开"1+11"基础教育互助成长行动计划启动会,上海市教委与云南省厅教育部门共同签订了《基础教育互助成长行动计划合作备忘录》,正式启动互助成长行动计划。沪滇两地对口区县通过互助单位互访、交流、研讨,教材及教育教学方法引进吸收,改革项目合作研发与实施,师资培训及专家咨询指导,专业人员和干部挂职学习等方式,着力提升对口地区学校课程建设与实施、教育教学改革、教师专业发展等方面的水平。为推进青海果洛基础教育发展,上海先后投入对口支援资金重点援建西宁果洛中学。学校设21个班级,招收的学生全部来自果洛。2018年,上海市教委指导上海大同教育集团与西宁果洛中学签约,利用大同教育集团优质的教育资源,对果洛中学的发展规划、课程建设、师资队伍培养、教育教学开展等进行全方位的对口帮扶指导。2019年青海西宁果洛中学正式开学,首批招收学生396人,2020年招收学生280名。通过对口支援,上海全面帮扶果洛中学建设成为当地基础教育高地。

五是精心合作,推动教育资源交流交往交融。为鼓励沪滇两地各级各类学校教师开展跟岗学习和挂职锻炼,复旦大学、上海交通大学、同济大学、上海大学等上海高校,与云南大学、昆明理工大学等高校持续建立紧密的合作关系,在本科生交换培养、上海高校面向云南定向招录硕博研究生、兼职博导互聘、联合科研攻关等方面开展了全方位合作,实现优势互补共同发展。从2014年起,上海师范大学与云南昭通学院签订合作协议书，包括联合培养乌蒙山区研究生（教育专业硕士），以及开展本科生交换培养、教师培训、师资队伍建设、重点学科专业建设等，为对口援建地区培养更多优秀人才。沪遵两地之间着力推动学生之间的文化交流交往。以2018年为例，6月，上海、遵义两地师生在遵义市汇川区青少年活动中心上演2018年上海学生合唱团"种子计划"赴遵巡演活动，两地学生共同度过了一个具有特殊意义的六一儿童节。11月，上海市教委组织上海市学生艺术团29名师生赴遵义参加"2018沪遵学生艺术交流汇演活动"，并参观遵义市全国青少年红色教育基地。通过交流演出参观，两地学生建立深厚的友谊，共同接受爱国主义教育。

六是精心辐射，帮扶受援地高质量发展。上海市各高校发挥优势专业，运用"申智"助力云南提高发展质量。复旦大学成立生命科学院吕红专家工作站，启动云南永平生物酵素新产品产业化、产业链技术研发。同济大学依托职业教育领域和对德教育交流方面的资源优势，着力打造云南中德学院，探索建立云南省中高本贯通的职业教育和面向建档立卡户、失业者、退役军人等群体的终身教育培训体系。2020年，上海市奉贤区教育局与务川自治县教育局、凤冈县教育局和余庆县教育局签署协议，成立"一区三县"教育联盟。奉贤区教育局每年选派优秀骨干教师或学校管理干部赴联盟其他三县支教，将地区教育改革发展经验成果向联盟成员辐射，推动沪遵教育对口帮扶协作向纵深化、常态化、长效化发展。

（二）"组团式"、精准式医卫帮扶，打造对口地区医卫建设高地

党的十八大以来，党中央在全国范围内全面打响脱贫攻坚战。医卫健康扶贫，是大扶贫链条中必须啃下的"硬骨头"。上海贯彻党中央、国务院战略部署，以"组团式"、精准式帮扶对口地区医卫事业发展。

　　一是举上海医疗系统之力，开展"组团式"对口帮扶。从 2015 年开始，上海在西藏开创了由上海市卫健委牵头全市医疗系统支持日喀则的"上海模式"，帮扶日喀则人民医院创三甲医院。在创建过程中，上海提出"以院包科"工作思路，协调中山医院等 10 家高水平医院对口帮扶日喀则人民医院普外科等 10 个科室，打造上海—日喀则临床诊疗中心；建立西藏首家医学科学院士专家工作站，开通医院远程影像诊疗中心、参照瑞金医院标准建成医师培训中心等。经过两年多的努力，2017 年，日喀则市人民医院以优异成绩通过了三甲医院评审，成为日喀则市首家三级甲等综合性医院。在"组团式"援藏医疗队精心指导和带教下，截至 2018 年 6 月，日喀则市人民医院先后开展了 262 项新的技术项目，其中 100 多项新技术已被本地医务人员掌握，红细胞单采技术治疗高原红细胞增多症为世界首创。

　　在"组团式"、精准式助力南疆医学高地建设方面，上海着力推进喀什二院从"创三甲"转向"强三甲"。自 2010 年起，上海积极援助喀什二院创建三甲医院。通过推出"以院包科"的组团援助模式，采取"一对一"组团方式派出骨干人才对口帮助喀什二院一个相关科室或提升学科水平的方式，帮扶喀什二院从一所普通的二级甲等医院锻造为一个有实力、高水平的三级甲等综合性医院。2015 年年初，喀什二院正式挂牌三甲医院。在此基础上，上海提出从"创三甲"转向"强三甲"的任务，提出打造"8＋1"沪喀医学中心的目标，并帮扶喀什二院发展心血管疾病诊治中心、消化系统疾病诊治中心等优势学科，至 2019 年已形成 11 个自治区级临床重点专科，其中已有 10 个科室向亚学科拓展。临床治疗水平得到快速提升，从以前许多科室一半床位闲置的状态变为一床难求，成为当地患者认可的"好医院"。

　　二是打造新型医联体，不断提升受援地医疗卫生水平。以日喀则地区为例，上海整合协调全市卫生医疗优势资源，积极参与日喀则市及对口县乡卫生机构的帮扶建设，协调支持定日、萨迦、亚东和仲巴四县人民医院成功创二乙医院。在此基础上，建立"上海＋市医院＋县乡"三位一体新模式，成立西藏首家医学院士专家工作站，打造以日喀则市人民医院为龙头，带动各县区，辐射周边地区的新型医联体，全力解决优质医疗资源下沉问题，不断提升当地公共医疗卫生水平。广大农牧民群众"小病不出县、中病不出市"已经基本实现。为进一步快速精准提升上海对口帮扶喀什地区医疗水平，上海先后投入援疆资金近8000万元，构建起了联动上海市和自治区、地区、县、乡镇四级远程医疗网络。为让当地各族群众在家门口就能享受到优质医疗资源，积极推动建设以喀什二院为龙头的南疆（喀什）新型医疗联合体，带动辐射四县医疗机构，构建了"地—县—乡—村"分级服务体系。上海卫生援疆的成果，正在惠及越来越多的南疆农牧民群众。

三是选调优质医疗资源，帮扶重点特色专科建设。为帮扶云南打响"精准健康扶贫"之战，上海组织28家三甲医院调集优质医疗资源，每年选派240余名业务骨干，安排专项资金对口帮扶云南28家贫困县县级医院，并安排部分骨干医生担任对口医院的院长、专科主任等，更好地帮助建立特色专科。针对贫困县县级医院临床基础较差、医疗水平较低的情况，上海施援医院全部对受援医院开展"一对一"基线调查，根据自身学科优势，选择群众迫切需要而受援医院又有一定基础的科室作为重点扶植对象，推动当地医院逐渐形成以重点学科为龙头、特色专科为骨干、一般学科为基础的学科梯队，在多发病、常见病及疑难杂症诊治等方面都有显著成绩。在此基础上，上海为当地医院打造品牌，使之成为区域医疗中心，辐射周边。如祥云县人民医院在上海市第九人民医院帮扶下，成为全省首个通过二级甲等医院评审的县市级医院，并突破县级医院学科的发展瓶颈，5个优势学科已成为省级重点学科，10个学科成为县级重点学科，成为全省二级医院的标杆。

2013 年沪遵确立对口帮扶以来，上海推动市第一人民医院等 13 家三甲医院（其中 4 家中医医院）与遵义市医疗卫生机构结对帮扶，帮助遵义市建设新生儿重点专科、传染病、眼科、消化科、心血管科等重点专科，建成心脏病、眼科、老年病、神经内科、消化病等 13 个临床医学中心，开展多个"第一例"手术，填补了当地医院技术空白。普陀、杨浦、奉贤 3 个区与遵义对口 9 个县基层医疗卫生机构开展结对帮扶，遵义市的医疗服务、疾病防控、医疗急救、突发公共卫生事件应对等能力得到提升，公共卫生事业发展水平取得了明显进步。

四是开展"授人以渔"，提升人才"造血"能力。人才培养是医院发展中的一项重要工作，上海对口帮扶，不仅要让贫困群众在家门口享受优质医疗服务，更要为当地医院培养出一支带不走的高素质医疗队伍。为此，上海不遗余力地实施可持续发展的培养计划。以帮扶新疆为例，上海制定实施《喀什地区第二人民医院"援疆医疗队员传帮带导师带教制度"实施方案》，并建立目标考核制度。通过不断探索个性化、梯队化、持续化的带教方式，上海医疗队逐步实现了从"师傅做徒弟看"，到"师傅指导徒弟做"，再到"徒弟做师傅看"的升级。2017 年至 2020 年，35 位临床援疆医疗队员结对带教了 76 名科室骨干。此外，上海充分发挥喀什二院医疗联合龙头作用，实施以喀什二院为牵头单位的医联体专业人才分级培训项目，有效提升了当地医疗骨干和基层医务人员的能力和水平。许多以前不能开展的手术和疑难杂症的诊治，当地医生现在都能独立开展。甚至在各类学术讲座与业务学习上，也已经从师傅讲徒弟听，转变为徒弟讲师傅评，从大家不敢讲到争着讲，极大激发了当地医生的求新求上信心。

为加强西藏医疗卫生人才建设，上海通过援派专家带教、开展远程教学、接受当地专业技术骨干来沪进修等方法，帮助培训医务人员，努力为当地打造一支带不走的人才队伍。截至 2019 年 5 月，上海"组团式"援藏医疗队共在日喀则市人民医院开展新技术417项，"传帮带"医疗骨干229人次。同时大力发展智慧医疗、数字化医院建设和远程医疗服务，开展远程医疗咨询和远程病例讨论，节约群众就医成本，让老百姓在家门口就能享受到优质的医疗服务。

在帮扶云南医疗卫生人才培养工作方面，上海坚持纵横成网的原则，制定了一张"纵向到底、横向到边"的"人才培养之网"："纵"是从上至下层层推进，从医院管理到临床、医技、护理等人员全部接受培训；"横"则是配合学科建设计划，全面覆盖医院所有科室。"把专家派出去"的同时，也要"把医生接过来"。上海市三级医院每年免费接收云南省县级医院骨干医师到沪进修1年，累计有1000多名学员到沪受训。为加强人才培训效果，从卫生管理干部到医疗技术骨干，从住院医师规范化培训到适宜技术基层推广，上海都分门别类设置培训项目，并在沪滇两地同时举办培训班。同时，为解决云南基层地区医护人员缺乏的问题，上海卫生部门帮助云南开展乡镇卫生院全科医生培训，项目覆盖全省16个州市129个县1432个乡镇卫生院。上海还在对口地区先后援建一批疾病控制中心、妇幼保健中心等，并帮扶建成当地的骨干专科医院。过去当地许多产妇在家接生，现在附近的农户都到上海援建的妇幼保健中心就医，大大提高了贫困地区新生儿的成活率。此外，上海帮扶建立上海—遵义卫生人才培训学院，开通人才培养绿色通道，签订住院医师规范化培训帮扶协议，为遵义市培训住院医师。自开展对口帮扶以来，上海分批次为受援医院培养医学专业技术骨干1500余人次，接待来沪培训1000余人。

五是坚持因地制宜，开展特色医疗卫生服务行动。一是开展"光明行动"。青海果洛平均海拔超过4000米，高海拔所带来的强紫外线，导致当地居民眼疾眼病发病率始终居高不下。针对这一情况，上海医疗专家到青海果洛开展"光明行动"项目。以久治县为例。自2014年起，上海市嘉定区卫健委开始在该县实施"光明使者青海久治行"医疗精准扶贫项目。7年来，嘉定区共派出医务人员14批次，组织相关专家赴青海对久治居民开展疾病诊疗1520多人次，筛查白内障患者近2200人次，开展手术（眼科）209人次，为当地患者重见光明、摆脱贫困发挥了积极作用。二是开展"千里送医"活动。在"千里送医到遵义"活动中，上海市心脏疾病专家每年对当地贫困先心病患儿进行筛查，已对适合手术的100余名先心病患儿在上海进行免费手术治疗。

六是坚持软硬结合，加快帮扶医疗卫生设施建设。针对青海果洛地区医疗设施薄弱的情况，上海加大卫生基础设施对口帮扶力度，相继援建（修建）了果洛州人民医院、果洛州藏医院门诊（住院）综合楼、玛沁县拉加镇中心医院医技楼、甘德县人民医院医技楼、久治县人民医院住院综合大楼等一批重要医疗卫生设施。同时，积极推进软件建设。上海援青干部牵头完成果洛医疗健康服务集团的组建，推动果洛在心血管急症救治、危重新生儿救治、外科腔镜微创手术等方面实现能力提升。如上海援青干部2019年7月牵头建立果洛州人民医院胸痛中心，成立的当月就有四例心肌梗死病人被抢救成功。新生儿救治从以前出生体重1900克以上才可能存活，提高到出生体重1200克就能存活。此外，上海还积极帮扶建设制氧站、藏医药开发研究室、牧区传染病防治等项目，填补了很多医疗上的空白。同时，为了帮助解决牧区群众"看病难、看病贵"的问题，上海2014年至2018年在果洛投入900多万元，援建了白玉兰远程医疗系统建设项目。该系统与青海省、上海市的34家三甲医院联通，覆盖全州6个县45个乡镇。通过开展远程培训和远程诊疗，切实提升了州和县级医院的临床实践能力和诊疗水平。此外，上海还积极推动华山医院、瑞金医院、中山医院、胸科医院、儿童医院等三甲医院来果洛进行医疗帮扶，包括开展人工耳蜗植入术、人工晶体等多种带教手术，让农牧区群众享受到上海优质医疗服务。

第二节　案例分析

案例一　"组团式"教育援藏案例——日喀则市上海实验学校

（一）基本情况

西藏地处中国西南边陲，作为重要的边境民族地区，西藏的工作在党和国家的全部工作中始终居于十分重要的战略地位。同时，西藏也是中央明确的"三区三州"深度贫困地区中唯一一个省级集中连片特困地区，是中国发展不平衡不充分最突出的地区之一。西藏的教育、卫生等公共服务提供能力长期不足，这就使得西藏缺乏经济社会发展的人力资本积累。西藏的教育问题突出表现在学校办学条件差、教师数量少、文化素质低、课程结构设置不合理——不仅语文、数学等基础课程教育薄弱，音乐、体育、美术等培育学生社会情感技能的课程教学能力更显不足。[①]特别是边远山区教育水平更差，长期制约着西藏经济社会的可持续发展。

以日喀则市上海实验学校为例，该校建于1981年，前身为日喀则地区南郊小学，基础教育整体水平差，是日喀则地区最薄弱的学校之一。[②]要改变这种状况，只有不断加大人力资本投资，才能阻断贫困代际传递，促进可持续发展。为此，2004年上海市政府投资2500万元，在日喀则市兴建上海实验学校小学部、初中部，2009年又投资

[①] 刘承功、潘晓岗、邱大昌主编：《精准扶贫上海实践案例集》，张晓颖、傅欣、孙佳佳：《"组团式"教育援藏案例——日喀则市上海实验学校》，复旦大学出版社2019年版，第92—93页。

[②] 政协上海市委员会文史资料委员会、中共上海市委党史研究室编著：《口述上海　对口援藏》，上海教育出版社2014年版，第381页。

2500万元兴建了高中部，建成十二年一贯制学校。在历届上海援藏干部的接力援建下，该校形成了"上海特色、西藏特点、以德为先、以人为本、追求卓越"的办学理念。

2015年8月，习近平总书记在中央第六次西藏工作座谈会上对大力支持藏区教育作出重要指示，2016年上海市选派大规模教师队伍以"定点组团"的方式教育援藏。上海市"组团式"教育人才援藏工作队（以下简称工作队）由4名管理干部和36名专任教师组成，援藏教师通过自愿报名和组织选派相结合的方式产生。工作队40名成员全部归上海市第八批援藏干部联络组管理。2016年至2018年，工作队共有104人（其中，高级讲师15人，中级教师58人，二级教师31人），全部男性，党员共有60人，按进藏时间计算，平均年龄36.5岁，最大54岁，最小25岁。[①] 经过专任教师的两轮轮换，专任教师中先后有7位留任。2016年以来，上海市"组团式"教育援藏的目标可概括为三个方面：一是将对口支援的日喀则市上海实验学校建设成为具有上海特色、西藏特点的自治区示范性精品学校；二是发挥辐射带动作用，通过日喀则市上海实验学校这一平台，把上海市先进的教学理念向日喀则市全部区县教育系统的干部和教师传播；三是探索"线下＋线上"的现代化教育传播方法，实现沪藏不同学校之间教育资源共享。其主要做法是：

1. 以"组团式"帮扶打破西藏教育贫困恶性循环

上海市合作交流办公室以及教育部门，总结东西部扶贫协作的经验，根据"西藏所需""上海所能"，确立采取"组团式"教育帮扶这一先进理念，打破西藏教育贫困恶性循环。长期以来，西藏地区因经济基

---

① 刘承功、潘晓岗、邱大昌主编：《精准扶贫上海实践案例集》，张晓颖、傅欣、孙佳佳：《"组团式"教育援藏案例——日喀则市上海实验学校》，复旦大学出版社2019年版，第94页。

础薄弱，生活条件艰苦，教育水平落后，人力资本不足，这一状况在具体的学校中也同样显现。教师队伍整体薄弱，导致教育质量差，教育质量差又导致教师队伍整体薄弱。要打破这种教育贫困恶性循环，必须借助一种强大的外部力量，而上海市"组团式"教育援藏向日喀则市上海实验学校一次就派出多达40人的教学和管理团队。这种"全建制""一站式"的教育帮扶，为日喀则市上海实验学校注入一支强大的力量。

2. 以顶层设计提供教育扶贫的系统解决方案

教育工作有其自身的科学规律，不是派出一支教师队伍就能解决当地的教育问题。上海市"组团式"教育援藏工作队进藏后，经过四个月的调研、论证，认为融合是基础，发展是目的，提升学校教学质量是重中之重。在深入调查研究的基础上，开展顶层设计，让制度先行成为其基本做法。工作队在2016年10月先后为日喀则市上海实验学校制定《"组团式"教育援藏三年行动计划》《素质教育推进工作方案》《援藏工作队七彩之星争创方案》三项制度，奠定了"组团式"教育援藏的制度基础。《让制度为教育援藏保驾护航》一文作为成功案例被推荐到自治区教育厅，通过"教育援藏"微信公众号宣传推广。

3. 以"七彩课程"为核心，把上海素质教育经验融入西藏

在三年行动计划和素质教育推进工作方案确定之后，"七彩之星争创"就成为学校建设的日常抓手。首先，确立"七彩"概念，即办学理念出彩、硬件设施出彩、管理机制出彩、师资队伍出彩、课程体系出彩、文化环境出彩、保障条件出彩。其次，通过建设"七彩课程"，把上海市素质教育的先进经验融入日喀则市上海实验学校，并通过网络传播到整个西藏自治区。"七彩课程"融入了上海市素质教育的先进理念，从身心健康、习惯养成、情感体验、兴趣发展、认知提升、品德培养、理想规划等多方面全面提升学生的素质。最后，为达到激励师生持续参

与、改变的效果，援藏工作队又提出争做"七彩之星"，即管理之星、育德之星、教学之星、科研之星、才艺之星、服务之星、桥梁之星。

4. 以教科研师训整体提升师资队伍水平

（1）努力创建校本师训基地

针对西藏师资力量薄弱而师训资源缺少的现状，工作队提出了借助上海援藏资源、将学校打造成为师训基地、留下一支带不走的优秀师资队伍的思路，完善了师训领导机制，开设了新教师培训课程，形成了"青年教师—成熟教师—骨干教师—学科带头人—名教师"梯队培养机制，新成立了 1 个市级名师工作室和 2 个校级名师工作室，成功举办了日喀则市首届名师工作室建设现场推介会。

（2）建立校本研修制度规划

教研是学科教学发展力量的源泉，而受援单位原本的教研工作比较薄弱。工作队借鉴上海教研模式，开展"规范化教科研体系建设"，包括教研制度化、教研管理规范化、教师课堂教学规范化等一系列举措，搭建起一个规范、高效的教研体系，实行教研组长、中层岗位"一岗双任"制度，形成了"魅力教研 + 魅力课堂"的工作特色。2017 年，日喀则市上海实验学校获得"日喀则市特色教研创建模范单位"称号。

（3）丰富校本特色教育资源

针对受援单位校本教育资源缺乏的现状，工作队不断优化教学保障，丰富教育资源。74 名队员与本地教师一起，优化学校信息化工作环境，完成了 50 多种优质电子教案的编写，并将之应用于教学第一线；完成了 30 多种校本教材和校本作业的编印，有的已经推广到其他学校；完成了《美好教育》《新唐卡》《给藏区汉语文教师的建议》等专著的编写。

5. 以"1 + 5 + X"远程教育平台实现沪藏教育资源共享

由于受地理位置所限，内地丰富优秀的教育资源很难及时辐射到处于雪域高原的日喀则地区。但"互联网＋教育"技术的不断提升，为优化教育资源共享、促进教育服务均等化提供了新途径，教育资源的"远程共享"成为必然选择。日喀则市上海实验学校"1＋5＋X"远程平台，于2016年年底设计方案，2017年5月开始建设，2017年9月正式投入使用。项目总投入约为300万元。平台的构架为："1"是指上海实验学校，"5"是指上海对口援建5县的学校，"X"是指辐射到沪藏其他若干所学校。将沪上名校名师名课的资源拿出来与西藏学校共享。

通过开展"组团式"教育援藏，使日喀则市上海实验学校教育队伍优化，管理精进，质量提升，师生得到全面发展。2017年至2019年，该校高考上线率连续达到100%，重点本科率和本科上线率稳居全区前列。①

（二）经验启示

上海市"组团式"教育援藏以"既然来过就要留下一路青稞"的责任感，积极与本地干部师生一起，共同促进了学生发展，提升了教学质量，并在增进民族融合等方面产生了积极影响。

1. 以开展素质教育为根本

上海市"组团式"教育援藏工作队通过"七彩课程"建设，全面提升了学生的"身心健康""习惯养成""情感体验""兴趣发展""认知提升""品德培养""理想规划"能力。工作队编写了"上实行雅"行为规范读本，构建学校德育课程体系，新建学生社团26个，配备标准化教室，并由社团指导老师专门指导。学生社团活跃了校园气氛，培育了学生在自然科学、社会科学等方面的能力，使学生能够规划自己的美好未

①　中共上海市委党史研究室、上海市人民政府合作交流办公室、政协上海市委员会文史资料委员会编：《上海的责任——对口帮扶亲历者说》（上卷），上海人民出版社2020年版，第222页。

来，提升对学习的兴趣和对社会的责任。

除此之外，工作队把上海市的"个性化教育"理念也带入西藏，把对困难学生的帮扶行为作为教育扶贫的一项重要工作。上海援藏教师开展了福利院周末公益课堂项目，受助学生200多个，志愿服务2500多课时。工作队还筹集爱心物资80多万件，资助家庭经济困难的学生，受益学生多达1500多名，并针对20多名厌学、逃学的学生进行了专门的"特需课程"帮扶。

2. 以提升教学质量为核心

对于家长、学生、老师以及教育管理部门而言，学生成绩和升学率是检验"组团式"教育援藏成效的核心标准之一。优秀的成绩也会激励更多的西藏孩子走入学校，积极学习，在未来能够成为本地的建设人才。"组团式"教育援藏推动日喀则市上海实验学校教学质量得到大幅度提升。

小考成绩达到历史上最高水平。六年级的学业水平考试名次从2017年的全市第36名跃升至2018年的全市第5名，名次提升了31位；小考达到内地西藏班分数的人数，2017年有5名，2018年达到9名，特别是有3名来自福利院的孩子（孤儿）考上了内地西藏班。中考成绩稳居自治区第一，6门单科创造了历史上最好成绩。2019年中考平均分超过排名第二位的拉萨受援学校近50分。高考成绩取得新突破。2017年至2019年，高考的本科率和重本上线率分别创造了近94%和60%的历史新高，名列自治区前列。[1]

3. 以提升师资队伍能力为关键

上海市"组团式"教育援藏工作队共派出两批74名援藏教师作为

---

[1] 中共上海市委党史研究室、上海市人民政府合作交流办公室、政协上海市委员会文史资料委员会编：《上海的责任——对口帮扶亲历者说》（上卷），上海人民出版社2020年版，第302页。

带教师傅，与本地教师同岗协同合作。通过开展"整体提升课堂教学达标度的策略与方法"市级课题研究，援藏工作队开创了"课题研究＋实践创新＋培训指导"三合一师训模式，实现了"教研活动规范化""教学设计规范化""课堂教学规范化"。通过干部结对、师徒结对、备课组融合、规范化教研等系列举措，培养自治区和市级骨干教师、学科带头人10名，辅导本地教师获得自治区赛课一等奖7名、市级赛课一等奖10名，成立4个名师工作室，创建雪语诗社、高原女足队等45个学生社团，为把学校建设成为全自治区示范性精品学校作出贡献。工作队还组织日喀则市教育管理干部和一线教师共80多人次赴上海考察学习，组织上海市专家30人次来日喀则市指导、讲学，传帮带本地教师70多人次。

上海市"组团式"教育援藏工作队不仅促进了学校办学质量的提高，在沪藏师生朝夕相处的过程中，民族凝聚力也得到增强，取得了教育援藏与社会建设相结合的效果。学校获得"2016年日喀则市民族团结进步模范集体""2017年西藏自治区民族团结进步模范集体"称号。日喀则市委、市政府授予第一批36名专任教师"日喀则市优秀援藏教师"荣誉称号。

案例二 "互联网＋医疗"对口援疆（喀什）扶贫案例——促进优质医疗资源共享

（一）基本情况

新疆地处中国西北边陲，是闻名于世的沟通东西方的"丝绸之路"要冲，也是当今中国陆上向西对外交往的重要战略通道。[①] 新疆喀什地

---

① 政协上海市委员会文史资料委员会、中共上海市委党史研究室、上海市人民政府合作交流办公室编著：《对口援疆》，上海教育出版社2017年版，第362页。

处祖国西北边陲，与塔吉克斯坦、阿富汗、巴基斯坦三国接壤，边境线长 388 千米。喀什地区面积 139479.6 平方千米，辖有 11 个县、1 个市。喀什地区是中国重要少数民族聚居地，同时也是全国 14 个集中连片特殊困难地区之一，自然条件比较恶劣，贫困特征也比较突出：第一，贫困程度深、贫困面广、贫困人口多；第二，医疗卫生基础薄弱，传染病发病率、孕产妇死亡率、婴幼儿死亡率居高不下，因病致贫问题非常突出。[①]

上海与新疆情谊深厚。2010 年以来，根据党中央、国务院统一部署，上海新一轮对口支援新疆的地区由原来阿克苏地区的阿克苏市、温宿县和阿瓦提县调整到喀什地区四个县，即莎车县、泽普县、叶城县和巴楚县。喀什四县是维吾尔族文化发祥地，是中国向西开放的门户，在新疆发展和稳定工作全局中地位突出。为推动援疆工作有序开展，上海市对口支援新疆工作前方指挥部组织编制了《上海市对口支援新疆喀什四县综合规划（2011—2015 年）》，并于 2010 年 6 月启动新一轮援疆工作，把"医疗援疆"作为对口支援新疆的重要内容，开始对口援建喀什二院。[②] 上海援疆医疗队以喀什二院为依托，成功建立了白玉兰远程会诊系统，形成了新疆首个跨省五层医疗联动网络。从实践来看，这个过程分"两步走"。

1. 依托喀什二院，创"三甲"医院

根据中央精神，上海把"医疗援疆"作为对口支援新疆的重要内容。中央明确了一个硬性任务：要把喀什地区第二人民医院从"二甲"打造成"三甲"医院。

上海通过前期调研，摸清了喀什二院创"三甲"面临的问题：

---

① 中共上海市委党校：《上海力量——对口援建的精神品格和实践创新》，上海人民出版社 2020 年版，第 162—163 页。

② 《上海援疆，在喀什二院的十二年》，《新民晚报》2023 年 9 月 10 日。

（1）硬件设施有限，医疗器械、设备都比较缺乏。（2）资金不足，喀什的医疗资金一部分投入了喀什地区第一人民医院（即喀什一院），还有一部分投入了下面4个县，留给喀什二院的资金比较少，所以喀什二院的经费非常有限。（3）医护人员队伍参差不齐，年龄青黄不接，尤其是一些年富力强的医护人员流失掉了：新疆的医护人员往内地跑，南疆的医护人员往北疆跑，喀什二院的医护人员往喀什一院跑。（4）软件管理落后，具体包括：理念和管理落后，缺乏进取精神，工作效率不高，各项工作推进速度慢；与喀什地区和新疆维吾尔自治区卫计委等上级主管部门的关系不密切，做事情上下沟通少。（5）医院布局不完善，医院大门里面全是小商小贩，医院缺乏绿化，环境气氛不佳。

经过前期调研分析，上海市援疆医疗队制定了明确的目标：开展"组团式"对口医疗援助，以建设喀什二院为重点，建立南疆新型医疗联合体，推进"三降一提高"。具体措施是：（1）以推动喀什二院创"三甲"医院为抓手，开创"组团式"对口医疗援助模式，培养一支带不走的当地人才队伍；（2）构建"上海三甲医院—喀什二院—四县县医院—乡镇卫生院—村卫生室"的五层医疗联动网络，成立全疆首个医疗联合体；（3）医疗援助目标是"三降一提高"，即降低传染病发病率、孕产妇死亡率、婴幼儿死亡率，提高人均期望寿命。

通过两年极其艰苦的努力，2015年1月，喀什二院以自治区所有参评医院第一名的成绩顺利通过三级甲等医院评审。[1]12月，喀什二院创"三甲"成功，医院的硬件、软件和科研水平获得了极大提升。喀什二院的业务量翻了两倍，科研论文从刚开始的5篇增加到100篇，获得新疆维吾尔自治区的奖项翻了三倍。喀什二院的科研和专业水平迅速发展，成为新疆维吾尔自治区当之无愧的医学高地。

---

① 政协上海市委员会文史资料委员会、中共上海市委党史研究室、上海市人民政府合作交流办公室编著：《对口援疆》，上海教育出版社2017年版，第471页。

最为关键的是，在创"三甲"过程中，培养了一支带不走的队伍。上海援疆医疗队采取"师父带徒弟"的方式来提升当地医疗队伍的水平，刚开始的要求是"1＋1"，即一个师父带一个徒弟；后来是"1＋X"，即一个师父带几个徒弟。以2017年上海援助喀什二院的第九批医疗队为例，上海援疆队员共"传帮带"当地医生51人，其中有19人具有高级职称，占全院医生的37%。"师父带徒弟"的效果非常明显，许多以前在喀什二院不能开展的手术和疑难杂症，现在当地医生已经能够独立开展。另外，喀什二院还大规模开展业务培训，共计326次，其中院级培训35次，累计接受培训的医护人员达5510人次。

2. 依托白玉兰远程会诊系统，建立医疗联合体

上海援疆医疗队以喀什二院为依托，通过白玉兰远程会诊系统，构建了"上海三甲医院—喀什二院—四县县医院—乡镇卫生院—村卫生室"的五层医疗联动网络，成立了全疆首个医疗联合体。

创"三甲"之前，喀什二院的信息化基本为零。按照创"三甲"的规划，信息化应该引领医院的发展，而不能拖后腿。时间紧任务重，上海援疆医疗队专门安排一名援疆干部负责医院信息化建设。在信息化建设之初，上海援疆医疗队请了上海信息化方面的专家来指导，但更多工作要靠援疆干部自己去做。在上海援疆干部共同努力下，信息建设进行得很顺利。随着创"三甲"完成，喀什二院的远程会诊中心也建立起来，并和上海实现了信息共享。这套信息共享体系被称为"白玉兰远程会诊系统"。下面这个病例（先天心脏外置畸形远程会诊）可以说明白玉兰远程会诊系统的作用。

2017年7月，通过白玉兰远程会诊系统，泽普、喀什、上海三地医生同时在线会诊，为维吾尔族小男孩玉米提江确定治疗方案。

玉米提江被上海的医生称为"小玉米"，2010年出生时就患上了

心脏外置畸形的先心病。这种病极为罕见，受当地医疗条件所限，主治医生为小玉米发出了"目前条件下没有进一步治疗的办法"的通知单。[①]2017年，通过白玉兰远程会诊系统，泽普、喀什、上海三地医生远程会诊，上海儿童医学中心组织的专家团队最终拍板：用高分子材料专门给小玉米3D打印胸骨，将他的心脏重新保护起来。

这是一例极为罕见的心脏外置畸形的先心病，国内的报道不到10例。当时在全国都没有很好的治疗方法，更不用说在医疗资源缺乏的南疆了。像小玉米这样罕见而复杂的病例，一个医生是无法治疗的，需要有一个顶级的专家团队，共同来解决这个问题。通过白玉兰远程会诊系统会诊治疗，手术很成功。小玉米的母亲阿丽通古丽激动地说："即使我自己去了上海，也不知道去哪儿找这么好的专家。现在我们在家门口能得到顶尖专家的治疗了。"而小玉米后续几年的随访和临床指标追踪，完全可以在泽普县当地进行。

上海市"组团式"医疗援疆模式在纵向和横向上进一步扩展，在新疆与上海之间加强了省际医联体网格化。2017年，以喀什二院为依托，医联体向县、乡镇、村等基层医疗机构延伸，在纵向上形成了"上海一喀什地区一县一乡镇一村"五层医疗联动网络；在横向上，加强新疆与上海之间的联系。如泽普县的12家乡镇卫生院与上海闵行区社区卫生服务中心建立一对一的共建关系。"一纵一横"构成了覆盖面极广的医疗援疆新格局。

通过白玉兰远程会诊系统，上海后方团队给予新疆前方的医院最有力的支持。上海的医院对新疆的医院"以院包科"：以上海整个医院力量扶持新疆医院的一个科室。有上海大后方的整个医院的支持，遇到的问题再疑难、疾病再罕见，新疆前方的医生也会觉得有底气。

---

① 刘承功、潘晓岗、邱大昌主编：《精准扶贫上海实践案例集》，复旦大学出版社2019年版，第123页。

白玉兰远程会诊系统是一座连接前后方的桥梁，已经建立了一套完整的会诊制度，一旦前方有会诊要求，就会有专门的负责人沟通联系后方相关专家。

（二）经验启示

上海"医疗援疆"的创新做法成效显著，受到中组部、国家卫健委的肯定和重视，并向全国推广。上海援疆医疗队在喀什二院开创的"组团式"援建做法，被积极推广。"互联网＋医疗"助力脱贫攻坚，其成功经验主要包括以下几个方面。

1. 加强学科建设、全面培养人才

通过白玉兰远程会诊系统，实现东西部医疗资源共享，只对西部投入硬件设施是不够的，还必须全面加强质量管理，最重要的是培养一支高质量本地医疗队伍，来使用硬件设备。资金固然重要，而怎么把资金使用得更科学、更规范同样重要。要加强顶层设计和战略规划，来提升医院本身的管理能力，加强学科建设、全面培养人才，这是一个系统的工程。

2. 发挥团队作用，提升整体水平

上海开创了"组团式"医疗对口支援模式，对喀什二院每批一次性派出20多名医务人员，不但有专职医生，也有管理人员，将食堂、厕所等也纳入管理范围，全面提升喀什二院医务人员的整体水平。实践证明，这种大规模浸润式的"组团式"对口支援模式成效非常显著。

3. 分步重点突破，打造联动网络

上海援疆医疗队加强顶层设计，采取分步骤推进策略：首先，集中力量打造喀什二院，顺利完成创"三甲"目标；其次，在喀什二院和上海三甲医院之间建立远程会诊系统；第三，以喀什二院为根据地，进一步把远程会诊系统向喀什地区上海对口援助的 4 个贫困县医院推进；最

后，形成"上海三甲医院一喀什二院一四县县医院一乡镇卫生院一村卫生室"的五级医疗联动网络，成立全疆首个医疗联合体。

如今的喀什二院各项医疗指标稳步提高。2019年与2016年统计数据相比，门急诊就诊人次增长15.31%，手术例次增长45.61%，三四级手术占比从33.11% 上升至50.59%。临床治疗水平得到快速提升，喀什二院从以前许多科室一半床位闲置的状态变为一床难求，成为当地患者认可的好医院。此外，喀什二院通过电子病历应用等级六级评审，成为ISO15189国际标准认可单位。[①]

---

① 政协上海市委员会文史资料委员会、上海市人民政府合作交流办公室、中共上海市委党史研究室编：《上海的责任——对口帮扶亲历者说》(下卷)，上海人民出版社2020年版，第1447页。

第七章

上海助力就业扶贫的历程与案例分析

就业是民生之本、扶贫之要，对贫困劳动力来说，稳定的就业和收入是最直接、最有效的脱贫保障。为扩大受援地贫困人口就业，上海不断创新工作思路，多措并举，从就业技能培训、提高劳动技能入手，将创造当地就业岗位与劳务输出相结合，不断深化劳务协作，提高组织化水平。

第一节　上海助力就业扶贫的历程

1992 年上海承接国家交予的对口支援三峡库区的移民工作以来，上海就面临着如何帮助移民，以及帮助帮扶地区的贫困人口解决就业问题。上海除了帮扶当地发展产业带动就业，还在助力就业扶贫方面下了很大的功夫。

一、以单向输出为主的劳务合作阶段

按照移民家中"一人劳务输出、一户脱贫"的要求，上海市把接收三峡库区劳务输出作为对口支援的重要工作来抓。1992 年 5 月，上海市政府协作办和市民政局向市政府建议上海应尽可能照顾库区移民来沪劳务安排，每年要确定劳务输入指标；市劳动局在安排用工时要向库区倾斜，承担对口支援任务的区县也要尽力做好接收库区劳务输出的工作。到 2000 年年底，上海市共接收三峡对口地区劳务约 3400 人，同时还吸收库区本专科大学毕业生 59 人来沪工作。其后，上海市接收三峡对口地区劳务的增速加快。如 2004 年，仅重庆库区一地，上海就接收成建制劳务 1800 多人。

2005 年 3 月，国务院发文要求，各有关省市要与三峡库区开展多途径的劳务合作，尽可能多接收三峡库区移民劳动力就业。2007 年，

上海市计划接收库区劳务 2000 人次。到 10 月底，万州和夷陵两地有组织来沪就业的劳动力已达 2590 多人次，其中万州区 1590 多人次，夷陵区 1000 多人次。2008 年，《全国对口支援三峡库区移民工作五年（2008—2012 年）规划纲要》发布。《规划纲要》提出，把库区劳务输出作为对口支援工作的重点和重要考核指标。当年，上海市新增长江经济联合发展（集团）有限公司、上海市纺织控股（集团）有限公司、锦江国际（集团）有限公司和上海国际港务（集团）股份有限公司4 家国有大型企业对口支援万州区和夷陵区。上海各区也进一步加大劳务输入工作的力度。

除大批量有计划地组织吸纳三峡库区移民劳务输出，上海在对口帮扶的云南等地也开展了类似的工作。特别是在云南，《上海—云南对口帮扶与经济社会协作"九五"计划纲要》出台后，双方在继续执行云南省向上海市劳务输出计划的基础上，根据条件逐步扩大规模。上海方面每年为云南培训劳务人员 1000 人次以上，到 2000 年累计达到 5000 人次以上。为此，上海市劳动局成立了由局领导任组长、市外地劳动力就业管理中心具体负责的劳务扶贫工作小组，负责对口云南劳务扶贫的统筹、协调、指导和服务等工作。制定下发《关于落实市政府扶贫输入云南劳务人员任务的意见的通知》，对劳务扶贫的负责机构、招用工办法、优惠政策、劳务人员管理、劳务纠纷处理等作了详细规定。上海市劳动局还陆续出台扶持政策，扶持招用云南劳务工的单位，通过简化申请使用手续、招收工种不受限制、减免外劳力管理费、管理金等优惠，以激发用人单位招用云南劳务工的积极性。上海还对按计划招用云南贫困地区劳务人员的用工单位，及云南劳务人员来沪报到的交通费用、购置必需生活用品费用和培训费用等，按实际输入劳务人员的人数，给予每人 500 元的经济补贴。

不过这一阶段，上海与对口地区的劳务合作，还处于上海哪些岗位帮扶地区劳动力可以胜任，就组织劳动力去就业，甚至是人为的为帮扶地区愿意离乡打工的劳动力提供就业岗位，按照市场规律、市场需要开展劳务合作还不是主要的做法。

二、以提升劳动力就业能力为主的劳务合作阶段

随着上海帮助对口帮扶地区劳动力输出越来越多，帮扶地区劳动力受教育程度不高、劳动技能缺乏，不能很好适应劳动力需求地需要的矛盾凸显出来。"授人以鱼，不如授人以渔"，组织开展劳动技能培训，特别是有针对性地进行劳动技能培训是提高当地劳动力在就业市场竞争力的关键。上海加大对帮扶地区的劳动力就业能力的培训力度，更加根据市场和企业的发展需求对愿意离开家乡外出务工的富余劳动力进行有针对性的劳动技能培训。

在三峡库区，上海通过援建劳动技能培训中心，搭建起对农村富余劳动力开展技能培训的专门平台，成为帮助贫困地区富余劳动力提高自身的劳动竞争力的重要途径。在这些移民就业基地培训中心，上海拨出专项资金，用于基地建设、培训器材的购置以及农村富余劳动力的培训。在培训内容上，根据企业的需要制定务工人员的技能培训方案，按照企业"需要什么就学什么，学什么就做什么"的原则，开展定向培训。先后开设缝纫、针织、电焊、宾馆服务、电子、沙发包皮等专业技能培训，学员考试合格后安排上岗。按照现代化大生产的要求，从劳动纪律、安全生产常识、企业内部管理惯例以及上海风俗习惯等就业基本常识培训，增强学员的适应力。进行有关法律法规的培训，提高他们遵纪守法的自觉性和依法保护自身合法权益的能力。通过这样按照市场需求的技能培训，三峡库区劳务人员无论是专业技能还是综合素质，都能适应企业发展的要求，员工的劳务收入明显提高，企业对他们的满意度和信任感明显提高。

云南也是人口大省，上海为帮助更多的富余劳动力能够外出务工，也在对口支援的文山、红河、思茅三地州建设白玉兰技能培训中心，以建立起来的白玉兰技能培训中心为阵地，上海和当地通过开展丰富的技能培训课程，旨在加强农村劳动力务工技能培训，达到统筹全州劳动力技能培训和转移的目的。

在新疆阿克苏，上海启动了对口支援阿克苏地区人力资源开发扶贫培训工程，即阿克苏地区"白玉兰"实用人才培训工程。项目主要针对村干部、村技术员、有文化的青年、有外出务工意愿的贫困农民以及阿克苏地区扶贫系统干部进行培训。项目实施3年（2006—2008年），由上海市援助150万元。为搞好"白玉兰"培训工程，成立了由地区扶贫办主任任组长的工作领导小组，地区教育学院教师培训中心具体负责培训管理工作。在各种劳动力转移培训班开班前，地区扶贫办都请基层办、妇联、共青团、劳动局等部门一起在全地区范围内企事业单位和劳务中介公司调研，摸清企事业单位用人意向，按照用人单位缺什么人就培训什么人的原则，提前和用人单位签订用工合同，实行订单式培训，学员结业后，基本上都能走上工作岗位，有些还很受用人单位青睐。针对培训中缺乏实用教材的问题，援疆干部联络组和地区扶贫办组织编撰了《阿克苏地区农牧民进城务工读本》（维吾尔语），填补了新疆农村劳动力转移维语培训教材的空白，被自治区扶贫办确定为扶贫培训必读教材向全疆推广。"白玉兰"培训工程实施3年，培训内容涉及设施农业实用技术、沼气和庭院经济实用技术、林果业实用技术、畜牧业实用技术、青年妇女纺织女工技能、保安技能、餐饮和宾馆服务人员技能、烹调和手机维修技能。在2008—2011年的援疆计划中，上海市又安排了贫困农牧民劳动技能培训和扶贫重点村贫困劳动力转移培训两个项目，各援助资金100万元。

可见，这一阶段上海对帮扶地区的劳务扶贫工作已经发展为打造更多适应现代化市场经济发展需要的劳动力的新阶段。

三、脱贫攻坚战下的就地就近就业扶贫

新时代，习近平总书记高瞻远瞩地指出"一人就业，全家脱贫，增加就业是最有效最直接的脱贫方式"[1]"要加大就业扶贫力度"[2]，精辟地道出了就业扶贫在脱贫攻坚中的重要作用，为就业扶贫工作指明了方向。打赢脱贫攻坚战的过程中，随着上海在帮扶地区产业扶贫的力度不断加大，上海更加注重在推进产业扶贫的同时加大对当地贫困劳动力的吸纳，鼓励就地就近就业。上海帮助当地贫困劳动力就地就近就业主要有两大模式：一种是在当地发展扶贫车间、扶贫龙头企业，吸纳贫困劳动力参与其中务工；一种是培养创业致富带头人，带动一批贫困劳动力就业创业。

2018年以来，上海市人力资源社会保障部门每年深入对口支援地区，了解贫困劳动力的就业意愿，确定以就地就近就业为主、异地转移就业为补充，正规就业与灵活就业相结合的方法，重在提升贫困劳动力内生动力和就业技能。针对不能外出务工的家庭困难人员，在当地开设公益性岗位，比如2018年，在云南元阳县增设了1800多个公益性岗位，这些岗位主要围绕乡村建设和管理开发，例如负责村里的公共环境卫生工作、帮助护林护绿，他们的一部分工资由东西部扶贫协作资金支持；对于愿意出去务工的人员，对交通费进行补贴；此外，还开展多方面的劳动技能培训，支持他们养猪、养牛、养鸭，提升栽培、嫁接技能，以及从事足浴、美容、家政、电工、汽车维修、电梯维修、物业管

---

① 中共中央文献研究室编：《习近平关于社会主义社会建设论述摘编》，中央文献出版社2017年版，第75页。

② 中共中央党史和文献研究院编：《十九大以来重要文献选编》(中)，中央文献出版社2021年版，第463页。

理等劳动技能的培训。积极培育当地特色优势产业，努力促进形成"产业带来就业，就业带动增收，增收促进脱贫"的良性循环。在西藏日喀则，按照"公司＋合作社＋农户"模式，持续重点扶持了亚东鲑鱼、江孜青稞和沙棘、拉孜藏鸡、萨迦唐卡和藏香手工业、定日珠峰旅游配套等特色优势产业，通过引进龙头企业，推动农牧业产品深加工，提高产品附加值。在青海果洛，总投资 400 多万元的达日牧业示范区食品厂，上海也投入了帮扶资金。当地牧民可以在家门口上班，一个月最低能拿到 1500 元，一年生产期六至七个月，可有 1 万元收入。在玛多县，推动生态畜牧业产业化，扶持江旁村畜牧业合作社建设黄河乡江旁村白藏羊产业化养殖基地，由政府出钱购买白藏羊，分配给没有生产资料的牧户，并帮助他租赁草地，牧民用自己养羊放牧所得一部分缴纳草场租金，剩余则归自己所有。通过这种方式，有效地增加牧民收入。

第二节　案例分析

案例一　云嫂入沪

　　"云嫂入沪"是云南省商务厅与上海市商务委员会按照商务部"百城万村"家政扶贫工作要求，由云南本地家政企业在贫困地区组织富余劳动力，特别是对建档立卡贫困户开展短训，将有意愿从事家政服务的人员输送到上海家政企业就业。通过这一项目探索可复制、可推广的精准对接、按需培训、择优引进、就业扶贫沪滇合作新模式，实现"一人就业、全家脱贫"目标。2018 年，根据上海市商务委和云南省商务厅《商务领域劳务协作（"云嫂入沪"）项目试点方案》，"云嫂入沪"项目正式开展。

沪、滇两地对家政就业扶贫的承办主体要求严格，例如对云南招募的承办主体要求承办单位组织开展培训后，需达到 70% 以上的就业率；而上海就业承办主体则需要具备在沪安置"云嫂"的就业能力，承诺来沪从事家政的"云嫂"员工制用工，并签订不少于 1 年的劳动合同，同时还要具有沪、滇家政扶贫工作经验，且须为上海市政府实事项目家政持证上门服务企业，承诺对来沪就业"云嫂"办理"家政持证上门服务证"，实现持证上门。

为实现精准帮扶，发挥上海就业岗位优势，项目实施当年，"云嫂入沪"的资金预算达到 100 万元，首先用于家政就业扶贫，并逐步扩大试点支持定向输入上海的生活性服务企业。家政就业扶贫专项资金因涉及沪滇两地，分别由两地省级商务主管部门对云南招募主体、上海就业主体进行监管，资金"切块"使用，分阶段补给。其中，在上海的就业补贴中，在家政技能实训阶段，按每月 0.2 万元 / 人标准给予补贴，补贴 2 个月；在稳定就业阶段，按每月 0.1 万元 / 人标准给予社保补贴，补贴 6 个月，经费支持上限为 70 万元。

以文山州为例，2017 年年底，文山州争取到沪文劳务协作对口帮扶资金，用于"云嫂"培训项目，涵盖家政服务、母婴护理、养老护理三个工种的教学。上海发挥市场优势，采取"送教上门"方式，将上海的师资和云南文山州当地的卫校师资相结合，学习的是上海家政行业的培训教材，以"上海家政行业标准"进行统一培训。培训项目的趋势是专业化、职业化，让年轻的家政从业人员在上海能够"留得下、安得心、服务好"。文山州的家政人才通过培训后，不单单是来到上海就业，也鼓励"就近就业、区域就业"。自 2018 年 5 月 15 日首期"云嫂"培训项目开班以来，共组织 3 期 341 名学员进行培训，其中有建档立卡贫困劳动力 147 人。此外，通过上海家协（家政服务行业协会）提供了如养老照护，母婴护理，月子会所等就业岗位。在 2018 年 7 月

31 日，组织了一批"云嫂"学员到上海就业，总共有 21 名学员，三个月转正后，工资达到了 4500—8000 元左右。

实现引进"云嫂入沪"的同时，也帮助部分经过培训的合格"云嫂"实现当地就业、区域就业。鼓励和呼吁更多"云嫂"来到上海，最终，通过培训带动就业，通过就业带动创业。在试点"云嫂入沪"的同时，探索"云嫂"就业脱贫"快车道"的新模式。

案例二　凤冈县凤翔社区的"扶贫车间"

凤冈县位于贵州省东北部，属于武陵山区。因受地理环境、交通条件的制约，产业不发达，经济条件落后。因病、因学、交通条件、产业等致贫原因致使全县有建档立卡贫困户 10871 户 41754 人，其中劳动年龄段人口 2.7 万人，劳动力人口 1.9 万人，脱贫任务较为艰巨。在全国精准扶贫的大环境下，易地搬迁这一场重大的攻坚战役中，凤冈全县共易地扶贫搬迁 2023 户 8618 人，其中凤翔社区作为县城集中搬迁点，共安置 1505 户 6432 人，占全县易地扶贫搬迁人口总量的 75%，是凤冈县规模最大、人口最集中的易地扶贫搬迁安置点，搬迁人口中有劳动力 3114 人。

凤翔社区启动搬迁时，县人社部门通过开展就业情况、培训意愿等信息采集和登记，统计到搬迁前已就业创业、搬迁后将外出务工或到县内园区企业就业的人员共占搬迁劳动力的 2/3 约 2000 人，一直未就业、搬迁后因无法再从事农业生产或外出务工等原因新失业人员有 1000 余人，此类人员正是人社部门需重点关注解决就业的群体。通过对采集数据进行分析和研判，得出社区内未就业劳动力主要有五个原因：一是家庭有老、幼、弱、病、残等特殊人员需照顾而无法外出务工；二是自身有部分病患及残疾不宜从事重体力劳动；三是文化程度低、无技术占一定比例；四是失去赖以生存的土地进城成为市民，暂不适应新的生活方式无法就业；五是女性未就业劳动力占比较大。

如何让搬迁到社区安置的居民搬得来、住得好、稳得住、能增收，是摆在当地政府和上海援黔力量面前的大课题。为切实做好就业脱贫工作，解决好重点人群的就业问题，确保脱贫收入达标，在上海帮扶资金的支持下，一批"扶贫车间"进驻了社区，让贫困劳动力真正实现在"家门口"上班。凤翔社区"扶贫车间"项目由上海市奉贤区携手贵州省凤冈县共同打造。为切实解决好搬迁贫困劳动力就近就业问题，凤冈县利用上海市奉贤区帮扶机遇，在启动凤翔社区搬迁安置时，同步在该社区规划打造就业创业园，主要引进技术门槛低、劳动密集型小微企业进入搬迁安置点内，将"扶贫车间"建在搬迁户楼栋下。凤翔社区安置点共建有"扶贫车间"8家，共计可提供1200个以上就业岗位，将70%以上的岗位用于吸纳贫困劳动力就业。既可以让搬迁贫困劳动力到车间稳定就业，也可将车间产品带回家计件加工实现灵活就业，普工月工资基本在1500元至2500元之间，已实现有劳动力的搬迁家庭至少一人就业。

利用上海帮扶的250万元资金建设的550平方米的县就业培训中心和650平方米的县人力资源市场位于"扶贫车间"附近。利用上海市奉贤区人社局帮扶的50万元资金，对刚进入或有意向进入园区"扶贫车间"就业的搬迁户，开展"订单式"的培训，培训合格后到"扶贫车间"上班，实现培训与就业的无缝链接，促进其稳定就业。同时，通过召开上海奉贤—贵州凤冈劳务协作专场招聘会推荐就业、人社局组织贫困户到"扶贫车间"现场观摩择岗等方式，转移农村未就业贫困劳动力到"扶贫车间"就业，实现就近就业。对于吸纳贫困劳动力稳定就业3个月以上的企业，上海给予300元奖励性补助。由此，帮助贫困户解决最迫切最现实的困难，有效地促进搬迁贫困劳动力就近就地就业，既有就业收入，还能照顾家庭，提高家庭收入。

案例分析及启示

（一）就近就地就业巩固易地搬迁成果

易地搬迁是解决一方水土养不好一方人、实现贫困群众跨越式发展的根本途径，也是打赢脱贫攻坚战的重要途径。如何让脱贫群众搬得出，稳得住，能致富，解决劳动力的就业问题尤其是实现就近就地就业是关键。通过动员各类企业到安置区投资兴业、创办就业扶贫车间，将就业扶贫车间带贫成效与政策支持挂钩，建立正向激励机制，培育特色优势产业，吸纳搬迁群众就业。有了稳定的收入来源，搬迁的群众可以稳得住，逐步实现安居乐业。

（二）劳动力供需双方精准对接是关键

无论是组织劳动力通过劳务输出还是实现就地就业，都要根据搬迁群众意愿和能力，强化针对性信息服务，有序组织到县内、市内、省内、省外就业，提高劳务组织化程度。

组织劳动力异地就业，将安置区作为开展有组织劳务输出服务的重点地区，提前将企业的用工需求、用工条件和待遇等信息传递给劳动力，并有针对性地组织岗前培训，指定专人负责，加强跟踪服务，努力扩大输出规模。上海始终把接纳安置区搬迁群众就业作为劳务协作的重要内容，积极提供岗位信息，加强输出后的跟踪管理服务、劳动权益保障，促进稳定就业。聚焦"一人一策"，联合多部门开展"点对点""一站式"协作服务，加强贫困劳动力与用工企业的联系，帮助贫困群众落实务工补贴、办理健康证明、调度外出车辆等，保障贫困户劳动力有序外出务工。

实现劳动力就地就业，也要提前摸排情况，了解劳动人口的基本技能、就业意愿等，更加精准地开展技能培训、发展特色产业、用好帮扶资金。同时强化兜底就业保障，加快扶贫项目、农田水利、乡村道路等项目建设，采用以工代赈方式，吸纳贫困户劳动力就业。

（三）利用市场机制，实现共赢发展

就业帮扶一方面是帮助当地贫困劳动力实现就业，另一方面对于上海来说，也可以根据就业市场的需要，有针对性地引进劳动力，从"当地所需，上海所能"到"上海所需，当地所能"。

"云嫂入沪"充分发挥家政服务业吸纳贫困地区富余劳动力就业作用和上海市家政服务业市场需求大的优势，引导建档立卡贫困人员赴上海等大城市就业，实现家庭整体脱贫的目的，按照部门协调、县乡组织、职校培训、定点安排、跟踪服务的劳务协作精准对接机制。

此外，上海改变过去以行政指令为主的单向支援模式，转变为利用市场机制的引导模式，把上海的一些产业梯次转移到对口支援地区，让企业在有利润可图的同时，带动当地经济的发展，解决贫困群众就业和持续增收问题，实现了双方的共赢。

第八章

上海消费帮扶的历程与案例分析

消费扶贫，简而言之，就是政府、企事业单位和社会各界通过线上线下载体、以购代捐等形式，通过采购贫困主体的产品与服务来增加其收入，促进其脱贫的扶贫方式。[①] 消费扶贫是社会各界通过消费来自贫困地区和贫困人口的产品与服务，帮助贫困人口增收脱贫的一种扶贫方式，是社会力量参与脱贫攻坚的重要途径。大力实施消费扶贫，有利于动员社会各界扩大对贫困地区产品和服务的消费，助力贫困地区打赢脱贫攻坚战。[②]

消费扶贫这一概念最早是在 2015 年被提出。2016 年，国务院扶贫办出台的指导意见明确提出要"动员社会各界开展消费扶贫活动"。2017 年以后，各类消费扶贫的模式开始得到广泛探索。2018 年 8 月《中共中央　国务院关于打赢脱贫攻坚战三年行动的指导意见》出台。2019 年 1 月，国务院办公厅发布了《关于深入开展消费扶贫助力打赢脱贫攻坚战的指导意见》，要求"大力实施消费扶贫"，并对消费扶贫进行了系统的部署，国家发展改革委印发的《消费扶贫助力决战决胜脱贫攻坚 2020 年行动方案》中也提出要联合各部门开展多项消费扶贫活动。2019 年 4 月，习近平总书记在解决"两不愁三保障"突出问题座谈会上指出："要探索建立稳定脱贫长效机制，强化产业扶贫，组织消费扶贫，加大培训力度，促进转移就业，让贫困群众有稳定的工作岗位。"明确将消费扶贫作为稳定脱贫的一项长效机制进行强调。2020 年 3 月，习近平总书记在决战决胜脱贫攻坚座谈会上的讲话中明确提出要"开展消费扶贫行动，利用互联网拓宽销售渠道，多渠道解决农产品卖难问题"。上海在对口帮扶东西部扶贫过程中，实际上已经比较早地使用了消费扶贫这一方式。在 2018 年国务院出台指导意见后，消费扶贫

---

① 魏延安：《消费扶贫：政策、理论与实践》，《陕西行政学院学报》2020 年第 1 期。

② 国务院办公厅：《关于深入开展消费扶贫助力打赢脱贫攻坚战的指导意见》，新华社 2019 年 1 月 14 日。

成为上海精准扶贫、助推对口支援地区脱贫攻坚、全面建成小康社会的重要手段。

第一节　上海开展消费扶贫的历程

在 2016 年以前，在对口支援的工作实践中，上海将自己巨大的消费市场和对口帮扶地区丰富的产品资源相结合，开始采取消费扶贫的方式帮助帮扶地区销售农产品，达到既增加对口地区人民收入、帮助对口地区发展经济的目的，又丰富了上海的市场。特别是 20 世纪 90 年代以来，上海充分发挥自身市场资源优势，帮助帮扶地区农产品走入上海市场，甚至通过上海市场走向全国、走向世界。以 2016 年国家提出消费扶贫概念为界，上海开展消费扶贫可以分为两个阶段。

一、2016 年以前的探索和实践

20 世纪七八十年代，在开展经济协作阶段，上海和云南等地确立对口帮扶后，意识到上海的发展离不开全国，像电力、资源、口岸、劳动力等都离不开其他省市的支持。在农产品，包括粮食、猪肉、家禽等方面，与其他省市开展了协作。上海联华超市、食品集团、药材公司等商业企业赴滇考察，依照政府协调、部门衔接、企业洽谈的原则，组织云南土特产品进沪销售。20 世纪 90 年代至 2016 年间，在消费扶贫这一概念被提出之前，上海已经开始积极探索发挥农产品优势和上海的市场优势进行帮扶，组织社会各方力量参与，搭建各种平台，推动对口帮扶地区农产品入沪，促进对口地区经济发展。

（一）充分利用市场优势，推动对口地区与上海企业、超市等市场主体建立合作关系，推动对口地区特色产品进入上海消费市场

对口支援地区有优质的农产品需要销售，上海有广阔的市场和巨大的消费需求。上海援建干部将"当地所需"和"上海所能"相结合，积极推动对口支援地区农产品进入上海市场，进入上海市民的餐桌。早在 20 世纪 90 年代末，云南许多鲜花、火龙果、芒果等有机水果就已运送过来进入上海市场，云南的红塔大酒店也开到了上海。[①] 为推动云南农产品入沪，1996 年年底，上海援建干部提交了《关于帮助云南农副产品进入上海市场的构想》，提出市场帮扶的理念，实施"两条腿"走路。[②]

上海在推进三峡库区经济发展过程中，创新对口支援思路，将对口支援上升为合作，并将合作理念落实到具体实践中。从农业产销上，重庆市万州区向上海市提供农副产品，上海市为万州区提供市场。在上海援建干部的推动下，万州区的农特产品展销中心在上海市农产品中心批发市场扎根落地，带动库区的诗仙太白酒、鱼泉榨菜、飞马味精、白羊柠檬、大红袍红橘、山胡椒油、橄榄油等万州特色产品多次参加上海举办的大型展销活动，打开了上海市场，沪万两地实现了可持续发展的经济合作。[③]2001 年至 2003 年，上海援三峡干部积极向上海推广万州

① 中共上海市委党史研究室、上海市人民政府合作交流办公室、政协上海市委员会文史资料委员会编：《上海的责任——对口帮扶亲历者说》（中卷），上海人民出版社 2020 年版，第 592—593 页。

② 中共上海市委党史研究室、上海市人民政府合作交流办公室、政协上海市委员会文史资料委员会编：《上海的责任——对口帮扶亲历者说》（中卷），上海人民出版社 2020 年版，第 629 页。

③ 中共上海市委党史研究室、上海市人民政府合作交流办公室、政协上海市委员会文史资料委员会编：《上海的责任——对口帮扶亲历者说》（下卷），上海人民出版社 2020 年版，第 1510 页。

区五桥开发区的商品。经过与上海市商委、上海联华超市、上海华联超市沟通、联系，成功推荐五桥鱼泉榨菜、诗仙太白酒等商品进入上海市场，让五桥的绿色农副产品进入上海的大型超市。

2008年至2010年，由援疆干部筹建的"阿克苏特色果品一条街"在位于松江区的上海国际食品城开张迎客，并逐步打入长三角及国际市场。2009年10月26至30日，以整体宣传推介阿克苏文化、旅游、民俗及丰富独特的资源，展示阿克苏对外开放形象为主的上海"阿克苏宣传周"活动隆重举行，通过政府引导、企业与社会参与、市场运作的方式，全方位、多层次、多角度宣传推介阿克苏。宣传周期间，阿克苏与上海、浙江、江苏等地的企业签订了20个合作项目，金额达61.58亿元，涉及农副产品深加工、果品购销等多个领域，进一步扩大了阿克苏农产品在上海及长三角地区的影响力，增强了阿克苏自身发展的能力。[①]

消费扶贫连着消费者和生产者两头，要让帮扶地区的农产品能够可持续地在上海市场站稳脚跟，上海没有简单地把农产品引进上海市场完事，而是根据上海市场需求主动帮助帮扶地区有针对性地提高农产品质量和包装。如在青海果洛，班玛县的特产野生藏雪茶，茶多酚含量高，能降"三高"，是当地藏族同胞的主要生活饮品，饮用历史悠久，但是由于种种原因知名度不高，2013年入青的上海第二批援青干部就开始深入挖掘，推广果洛特色产品。他们积极联系上海企业，为班玛县藏雪茶提供技术、包装和对外宣传等全方位的指导，使藏雪茶的品质、包装设计等方面有了全新的提升，让藏雪茶走出高原，走向全国。永治县的永治牦牛是青藏高原的特有牛种，牛肉营养成分高、口感好，被称为"贡牛"。但长期以来，价格不高，农牧民难以获利。上海援青干部援建

---

① 中共上海市委党史研究室、上海市人民政府合作交流办公室、政协上海市委员会文史资料委员会编：《上海的责任——对口帮扶亲历者说》（下卷），上海人民出版社2020年版，第1531、1229—1230页。

了 5369 生态牧业科技有限公司，选择牦牛精华部分，深加工成高端产品，使数千牧户获利。[①]

（二）充分发挥宣传优势，利用博览会、交易会、推介会等平台，在上海宣传、推广对口地区特色农产品

上海作为中国重要的经济中心和商贸中心，会展业发达，社会影响力大。其中的农产品博览会、交易会等，为农副产品的销售提供更大更全更专业的农展平台。上海援建干部充分利用这些平台推动特色产品的销售，并采用在上海开设对口地区产品专门的推介会、洽谈会、专柜等多种的方式进行集中销售，成为上海开展消费扶贫的一大亮点。

为了帮助更多新疆农产品入沪，1999 年至 2002 年，上海援疆干部遵循"优势互补、互惠互利、长期合作、共同发展"的原则，利用上海的"窗口"优势，在每年阿克苏党政代表团来上海时帮助召开阿克苏地区招商引资洽谈会、经济技术项目推介会等，使得一批种牛、种羊、种鸽和优良种子等农业、畜牧业和基本建设的援助项目得到落实，阿克苏的苹果、香梨、核桃、红枣、大米等优质农产品先后进入上海市场，获得上海人民的青睐，并取得了非常好的经济效益。[②]2002 年至 2005 年，上海援疆干部还利用上海绿色农副产品博览会、优质农副产品交易会等机会，多次在上海成功举办阿克苏农产品展示展销活动，社会反响很好。阿克苏的冰糖心苹果、大枣、甜瓜、葡萄、香梨等，成为上海家喻户晓的优质果品。上海对口帮扶喀什地区后，延续对口支援阿

[①] 中共上海市委党史研究室、上海市人民政府合作交流办公室、政协上海市委员会文史资料委员会编：《上海的责任——对口帮扶亲历者说》（上卷），上海人民出版社 2020 年版，第 398—399 页。

[②] 中共上海市委党史研究室、上海市人民政府合作交流办公室、政协上海市委员会文史资料委员会编：《上海的责任——对口帮扶亲历者说》（下卷），上海人民出版社 2020 年版，第 1202 页。

克苏消费扶贫的好做法，积极在上海组织新疆农产品展销会，开辟了喀什地区农产品规模化销售的新渠道，实现了展示展销、引资引智、交流合作的新途径。2015年6月14日至21日，"2015上海·喀什宣传周"在上海举行。宣传周期间，在上海市第八批援疆干部的推动下，喀什特色农产品展销会等一系列活动相继举行，在上海刮起了一股强劲持久的"喀什风"。[①]

上海还通过尝试建立相对固定的农产品展示馆常年推介帮扶地区的农产品。如上海在西郊国际农产品展示直销中心设云南馆，推介云南的蒙自石榴、昭通苹果、普洱茶、蒙自米线、墨江紫米等高原特色农产品。2015年还在月星环球港设立"云品中心"，推动包括"普洱三宝"在内的云南各州市的土特产进驻。帮助万州区建设上海西郊国际万州区农特产品展示展销中心，支持农特产品商贸流通渠道建设。

二、2016年以来发动全社会参与的消费扶贫

2016年以来，为了更好发挥消费扶贫在脱贫攻坚中的作用，国家不断出台政策，就如何做好消费扶贫提出要求，特别是2019年1月，国务院办公厅印发《关于深入开展消费扶贫助力打赢脱贫攻坚战的指导意见》，从多个方面对消费扶贫进行系统部署。上海立足自身大市场、大流通的优势，在消费扶贫上进行了许多新的探索和实践。这一阶段，上海消费扶贫除了继续做好已有的利用上海丰富的展销会、购物节、专柜、菜市场等平台推动特色农产品在上海畅销，更注重发动全社会力量、更注重全产业链推进、更注重运用新技术、新业态推动消费扶贫，推动消费扶贫成为上海推动对口地区经济发展的重要手段。

---

① 中共上海市委党史研究室、上海市人民政府合作交流办公室、政协上海市委员会文史资料委员会编：《上海的责任——对口帮扶亲历者说》（下卷），上海人民出版社2020年版，第1243页。

（一）通过多种手段打造全产业链，助推对口支援地区特色产品出
山、入沪

虽然消费扶贫是从销售端切入，但在做大后势必要回溯到生产端。
只有让贫困户产出好产品，才会有后面的卖出好价钱。这方面，上海在
对口帮扶遵义的过程中形成了一套有效的做法。上海自2016年起针
对遵义地区的农产品发展存在的不足，从拉长产业链入手，打造涉及生
产、加工、销售、流通等各个环节在内的全产业链，在打好发展遵义
"有、优、特"农业产业"三张牌"的同时，唱好了"产得出、运得出、
卖得出"的"三出戏"，既做好了产业扶贫，又推进了消费扶贫，在助
力遵义脱贫攻坚上取得实效。习水麻羊是遵义非常有名的特色产品。上
海援黔干部为帮助当地把习水麻羊发展为致富增收项目，进一步延伸产
业链条，帮助习水麻羊拓展销售市场。助推嘉荣牧业有限公司在上海等
地开设餐饮门店，推动其与食行生鲜、盒马鲜生等签订供销协议。为了
保证供应产品标准的统一、规范，通过企业主导、政府支持、社会扶
持相结合的方式，支持嘉荣牧业公司建成总投资7000万元、占地40
亩、建筑面积1.8万平方米、年可加工肉羊20只的中央厨房。由此，
形成了"生产基地+中央厨房+餐饮门店（销售终端）"的产供销全
产业链模式。2017年9月开始，上海市商务委针对"遵菜入沪"面临
的物流成本过高、市场竞争激烈等问题，积极探索一条"遵菜入沪"的
新路，协调本市批发市场、零售终端，采取"上海终端订单+批发市场
中转集配+合作社绑定建档立卡贫困户"模式，遵义市道真、务川等贫
困县组织来沪销售蔬菜的收购、包装和运输，并提供建档立卡贫困户姓
名及蔬菜的各类信息；本市食行生鲜、家乐宝、强丰、康品汇等零售终
端开展订单认购，确保贫困户和合作社多得利；上海蔬菜集团（西郊国
际）、上海农产品中心批发市场给予"三免一快"的优惠政策，免除进

场交易卡申办费、市场进场交易费和市场交易场地费，开辟绿色通道，加快进场交易。上海市帮扶企业对基地或农民合作社提供的建档立卡贫困户清单进行认真核对，确保信息精准到人，并为贫困人口开设专门账户。援黔干部则在当地大力引导生产走向市场化、标准化，进一步提高遵义农产品的市场竞争力。

（二）通过与市区各类企业、电商等合作，采用"龙头企业＋合作社"等多种方式，将对口地区农产品纳入上海销售市场

习近平总书记指出："扶贫开发是全党全社会的共同责任，要动员和凝聚全社会力量广泛参与。"[1]作为市场的主体，党中央非常重视发挥企业在脱贫攻坚中的作用，要求加大企业带动扶贫工作力度，并出台了一系列关于企业参与脱贫攻坚的支持政策。在市委、市政府的领导下，上海的各类企业在消费扶贫中发挥了重要作用。在遵义，上海援黔干部牵线搭桥，引入上海农业龙头企业——上海圣华副食品有限公司打造了"龙头公司＋合作社＋贫困户"模式，推动林下鸡养殖形成规模；牵线上海亿熙专业合作社、凤冈县农投公司和贵州美丽茶园公司合伙成立了山亩田公司，推出沪遵扶贫订制茶园项目，通过山亩田公司集约化流转当地茶农的茶园，茶农获得流转费、生态农资并就近就业，实现增收致富，上海的茶园主则获得所认购茶园产出的茶青、生态茶旅体验、茶园管理服务等权益。在云南，上海联合投资公司、衡山集团、市供销社、联合产权交易所等10家国企"组团式"帮扶，与云南大理州云龙县12个贫困村结对，发挥企业优势推动产销对接。全国工商联启动"万企帮万村"精准扶贫行动后，至2020年6月底，上海488家民营企业通过产业扶贫、消费扶贫、就业扶贫、村企结对等多种途径，帮扶全国1334

① 中共中央党史和文献研究院编：《习近平扶贫论述摘编》，中央文献出版社2018年版，第99页。

个村，受帮扶人数 37.86 万，其中消费扶贫采购销售 1.3 亿元。[①]

随着互联网的普及和农村基础设施的逐步完善，电商扶贫逐渐成为扶贫的一个重要的工作机制。2020 年，上海市最大的互联网企业拼多多推出了"多多农园"电商扶贫项目，形成了"新农人 + 新合作社 + 新电商平台"的机制，把实现消费端"最后一公里"和原产地"最初一公里"直连，探索农业产业新模式，让农户成为全产业链的利益主体，有效地帮助了农户增产增收。在上海市有关部门的指导下，作为中国最大的农产品上行平台之一，拼多多持续投入资源助力云南地区特色农产品上行，探索以建档立卡户为受益主体的长效产销与品牌一体化机制。叮咚买菜则建立起一个贯穿全链条的帮扶助农体系，实现"互联网 + 农业"的融合发展。其中，2019 年年底，叮咚买菜与遵义多家种植基地签订直供协议，尤其与赤水冬笋合作社的深入合作，短短一个月完成近 150 吨冬笋的采购，成功走通"生鲜电商 + 合作社 + 农户"的消费扶贫模式。

（三）形成"双线九进"模式，通过线上、线下多种形式推进消费扶贫

"双线九进"消费扶贫模式实际上是在多年东西部扶贫协作和对口支援实践中，上海按照中央要求，不断探索对口帮扶的新举措新方法。"双线"即线上销售和线下推广 + 宣传 + 销售。"九进"即进商圈、进社区、进菜场、进机关、进学校、进企业、进地铁、进宾馆、进银行。这种消费扶贫模式，在对口帮扶的新疆地区最有代表性，运用手段更为丰富，成效更为明显。上海援疆干部融合"大仓东移"和"十城百店"的经验，采取政府搭台、企业对接、自负盈亏的市场化方式创造性地开展"双线九进"活动。通过在上海城郊接合部设立 10 个农产品仓库，缩短了末端配送距离；通过在上海支持 8 个区设立 20 个沪喀农产品专卖

[①]　张骏、龚尚廉：《上海民企消费扶贫展示展销启幕，150 多种特色产品同步上线》，上观新闻 2020 年 7 月 10 日。

店、直销店和体验店，以及 18 个电商销售平台和 2702 个实体销售网点和商超专柜，在各区菜场、社区、机关等场所举办系列推介活动，为"喀什美味香飘上海"活动提供平台。为把传统库克拜热甜瓜（留香瓜）推广好销售好，上海援疆巴楚分指挥部与阿里巴巴农村淘宝和喀什维吉达尼电子商务有限公司等企业合作，开创"线上销售"模式，同时深入上海社区、园区进行宣传，把留香瓜打造成网红。经过这三年的线上线下宣传，留香瓜在上海已经颇有名气。2018 年，援疆干部提出"网络带货"（即后来的"直播带货"），推动巴楚县切糕、红枣、核桃等农产品和特产的销售。

在"双线九进"模式中，上海工会系统发挥了重要作用。2020 年 7 月，上海市总工会通知各级工会助力推进消费扶贫工作后，上海援疆前方指挥部迅速行动，积极对接上海市总工会，将喀什地区近百种农副产品列入消费扶贫产品名录。新疆喀什地区农副产品进驻市总工会微信公众号"申工社"的"扶贫商城"栏目，个人直购、单位订购全部实现线上办理，从而进一步拓宽了喀什地区农副产品销售渠道，促进喀什地区特色农产品优质优价顺畅销售。2020 年上半年，在各个大口党委和各个区的大力支持下，在市总工会的大力帮助下，喀什地区的农产品中仅干果销售就获利 6000 万元。[①]

上海其他对口支援地区的援建干部也结合各自的实际情况，运用"双线九进"模式推动消费扶贫工作。在 2020 年上海举办的"申情购、沪爱帮"消费扶贫专项行动中，通过新电商、新零售和网络平台等，运用线上线下多种渠道，帮助当地群众实现就业增收。"双线九进"已发展成为上海打造消费扶贫、助力脱贫攻坚的一个品牌化项目。

---

① 中共上海市委党史研究室、上海市人民政府合作交流办公室、政协上海市委员会文史资料委员会编：《上海的责任——对口帮扶亲历者说》（下卷），上海人民出版社 2020 年版，第 1457—1458 页。

（四）利用综艺、直播带货、公益活动等多种形式，推动消费扶贫

在脱贫攻坚中，媒体发挥其特有的传播优势，日益成为参与消费扶贫的重要力量。"媒体 + 直播"成为上海推动消费扶贫的新尝试。

2018 年，东方卫视推出了中国首档精准扶贫公益纪实节目《我们在行动》。在 3 年时间里，节目携手 103 位嘉宾，走过 40 万千米行程，跨越 15 个省、自治区，深入 30 多个贫困县、百余个村落，推出 32 个县域品牌，创造超 14 亿扶贫产品销售额。《极限挑战》是由东方卫视精心打造的开放式大型户外挑战运动节目，因为知名嘉宾的参与，具有很高的收视率。2019 年，重庆市万州区的第十四批援三峡干部积极联系，利用它促进受援地区农产品销售。万州燕山有机红茶受邀参加东方卫视的《极限挑战》节目录制，受帮扶的对象与影视明星同台推荐扶贫产品，并在"拼多多"平台上进行销售，成为三峡特色农产品利用"综艺 + 扶贫"走向全国的新模式，为万州农产品打开长三角市场进行了积极有益探索。[①]

阿基米德是一个移动社交音频平台，专注于广播音频的新媒体互动，带有主流媒体的社会责任感和广播特有的情感连接价值。2017 年，阿基米德联合 7 家省级广播电视台启动"自然的馈赠"大型精准扶贫行动，帮助贫困县的扶贫产品进行宣传，帮助建档立卡户生产的农副产品"走出来"。2018 年，为攻克贫困群众农产品上行难题，在上海市政府大力倡导"消费 + 公益"扶贫行动带动下，阿基米德上海传媒公司与上海西郊国际农产品公司、安信农保等强强联手、精心组织，通过套装定制、高端社区公益推广、线上订货和线下配送结合，开展"云品进社区、万家帮万户"精准扶贫行动。该活动倡导"购买即扶贫、转发亦公

---

① 中共上海市委党史研究室、上海市人民政府合作交流办公室、政协上海市委员会文史资料委员会编：《上海的责任——对口帮扶亲历者说》（下卷），上海人民出版社 2020 年版，第 1560 页。

益"，通过专业化组织、配送和推介，精准对接田头和餐桌，为广大市民提供了在家门口助力脱贫的便捷渠道。

2020 年起受新冠疫情的影响，直播带货逐渐成为一种促进消费扶贫的方式。更多的上海援建干部化身主播，为遵义的茶叶、优质稻、桃子等，夷陵的柑橘、茶叶等，西藏的鸡蛋、青稞等做直播，进行网络带货，促进农产品销售。

总之，上海通过举办对口帮扶地区特色商品展销会、上海消费扶贫专项行动，开设标准化菜场"精准扶贫平价菜专柜"、批发市场扶贫产品专销渠道、组织开展"万家帮万户"社区精准扶贫行动，推动对口帮扶地区特色商品进社区、进企业、进机关、进市场、进学校、进企业，成立上海市消费扶贫工作平台、打造"百县百品"工程，推动国资企业"百企结百村"、总工会设立"申工社·贵州扶贫商城"，建立长效的农特产品供应体制和销售机制等，探索构建出一条"人人皆可为、人人皆愿为"的消费扶贫创新模式，让对口帮扶地区贫困群众鼓起"钱袋子"的同时，进一步丰富上海市民的"菜篮子"，扩大"上海购物"品牌影响力，做实上海对口帮扶工作。在对口援建地区，上海援建干部在提高特色产品质量、改善包装的同时，积极利用电商、设立直销店、直播带货等多种方式，推动援建地区特色农产品进入上海市场。

第二节　案例分析

案例一　"双线九进"：多手段打造消费扶贫模式

（一）基本情况

为了将新疆喀什地区巴楚县的"土瓜"销售出去，帮助当地贫困户脱贫，2015 年，上海援疆巴楚分指挥部与阿里巴巴农村淘宝和喀什维吉达尼电子商务有限公司等企业合作，将当地的"土瓜"策划命名为"留香瓜"。依托"互联网＋消费扶贫"，通过线上——阿里巴巴，与线下——静安区街道社区、机关食堂等，进行推广宣传，拓展流通渠道，成功打造了巴楚留香瓜品牌。2018 年 8 月 25 日，上海市委书记李强率领上海市代表团到新疆喀什地区学习考察，提出要进一步做好上海企业项目"走出去"和新疆名优特商品"带出来"的文章。

上海援疆工作团队为实现"带出来"，从商贸、营销、流通、市场等环节，为新疆喀什各类优质农副产品进入上海大市场动脑筋、下功夫。借鉴巴楚留香瓜的成功经验，上海市援疆工作前方指挥部融合"大仓东移"和"十城百店"的经验，采取政府搭台、企业对接、自负盈亏的市场化方式，创造性地形成了"双线九进"电商消费扶贫模式，"双线"是指线上销售和线下推广＋宣传＋销售；"九进"是指进商圈、进社区、进菜场、进机关、进学校、进企业、进地铁、进宾馆、进银行。

在这个模式中，巴楚分指挥部注重保障供应链，来确保有优质产品可卖。上海对口支援地区物产丰富，农产品均是品质较好的有机产品，但是"酒香也怕巷子深"，很多优质产品并不为人所知，加上贫困户产品组织化程度低，市场竞争处于价值链低端。而上海市民追求品质生活，消费需求不断升级。为此，上海按照"上海所需、当地所能"的要求，将对口支援地区优质产品和上海市场、市民需求相结合，畅通产品流通渠道，在对口支援地区积极实施贫困地区特色产业提升工程，因地制宜加快发展对贫困户增收带动作用明显的种植养殖业、农产品加工业等，建设有规模、有品牌、有效益的现代农业示范基地，帮助打造"一县一品""一村一特"，建设扶贫产业园、绿色食品和有机产品原料基地等，确保生产出优质商品。同时，为了保证优质产品供给，满足上海多元化、个性化的消费需求，2019 年起，上海在市级层面实施"百县百品"工程，按照"政府扶持、市场主导"的原则，从提升供给质量和水平、完善带贫机制的源头入手，从对口帮扶地区分批筛选 100 种左右特色鲜明、品质稳定、竞争力强的区域品牌农产品，从数量和质量上来保障供给服务体系。

在这个模式中，巴楚分指挥部注重打造流通链，以让特色产品"走出来"。按照传统模式，农产品从田间地头到消费者手中，要经历诸多流通环节，成本高、损耗高、效率低，成为产品滞销、农户收益低的重要原因。打通流通渠道、销售网络，让贫困地区的特色产品顺利走向市场，成为做好消费扶贫的关键。为此，上海在消费扶贫工作中，打出"线上＋线下"组合拳，打造流通链。一是注重适应市场经济的特点，在政府政策引导下，让企业参与并成为真正主体；二是适应网络经济发展趋势，在改进商贸体制机制、拓展商贸空间，搞好线下流通的同时，充分利用电商技术、挖掘电商平台、拓展电商网络，搞好线上流通。在线下，借助传统商贸渠道，协助对口地区农特产品进驻上海市菜场、社区店，参加上海旅游购物节，市区两级农产品展示平台及国资流通企业拿出优质资源，开辟"百店百柜"，为"百县百品"进驻推广提供便利；标准菜场、社区店认定 250 多个消费扶贫专柜，方便居民就近选择；"百县百品"已经逐步成为上海市党政机关、企事业单位和社会组织优先采购的扶贫产品。入围产品越来越多地进入上海主流商品圈、对口地区特色产品体验馆、标准化菜市场等渠道销售。在线上，上海注重依托电商平台优势，畅通流动渠道，为"百县百品"品牌推广、线上销售、数据评估等提供有力支持，以购代捐、以买代帮，成为上海引领消费扶贫的新时尚。如上海本土电商企业拼多多在政府的引导下，积极参与消费扶贫。为了把利益更多留给农户，让更多贫困地区的农产品对接上海乃至全国的消费市场，拼多多以市场为导向，不断推动所覆盖的农产区改造升级，创新了"山村直连小区"农货上行模式，重构农产品上行体系。至 2019 年 10 月，拼多多平台上的农产品绝大部分通过"产地直发"的方式，将贫困地区的农户和全国的写字楼、小区连在一起，建立起一套"以拼助捐"的可持续扶贫助农机制，让农户增收，让消费者得到实惠。2019 年年底，叮咚买菜与遵义多家种植基地签订直供协议，尤其与赤水冬笋合作社的深入合作，短短一个月完成近 150 吨冬笋的采购，成功走通"生鲜电商 + 合作社 + 农户"的消费扶贫模式。

巴楚分指挥部还注重培育消费链，以保证特色产品有销路。只有特色产品有人消费、有人购买，才能确保农户真正受益。为推进消费，市委、市政府出台《上海市人民政府办公厅关于深入推进开展消费扶贫助力打赢脱贫攻坚战的实施意见》，召开全市消费扶贫推进大会，压实相关部门、各区、前方工作机构和各类市场主体的职能责任；举办"10·17"对口地区特色商品展销会系列活动，市主要领导亲自参加。市商务委出台专门文件，进一步加快推进本市消费扶贫。各区创造性地开展各类消费扶贫活动，帮扶对口地区特色产品的销售，推动对口消费扶贫工作。徐汇区实行线上、线下"双线"消费扶贫，实现消费扶贫的全覆盖，和政府、社会、市场力量全联动。2019 年，徐汇区以消费扶贫为主题的爱心接力在全区各系统、社区、行业单位陆续开启，全年总计开展消费扶贫活动近百场，实现销售额 1500 万元左右。上海还借助东方卫视、阿基米德等各类媒体进行广泛宣传，营造良好购物体验、消费环境。2018 年 9 月，上海广播电视台与多家单位参加了上海市政府合作交流办和夷陵区政府牵头组织的新型对口支援公益活动——"奔跑吧！柑桔"，为带动夷陵柑桔在沪热销发挥了重要作用。阿基米德联合上海光明食品集团、西郊国际、安信农保等，发起"云品进社区、万家帮万户"大型精准扶贫活动，倡导购买即扶贫、转发亦公益，打造了以宣传带动消费、以消费带动扶贫的扶贫路径。

通过"双线九进"模式，上海消费扶贫取得了明显的扶贫成效。在入选"百县百品"的首批产品中，云南泸西高原梨覆盖建档立卡户 2360 户，大理剑川马铃薯覆盖建档立卡户 3725 户，红河哈尼梯田鸭覆盖建档立卡户 15100 户，广南八宝贡米覆盖建档立卡户 5829 户等。为云南、贵州遵义销售各类农产品近 1.8 亿元，惠及建档立卡户 1 万多人，在云南、贵州遵义建设的 30 多个外延蔬菜基地，总面积达 3 万亩。到 2018 年年底，巴楚留香瓜项目参与农户 1254 人，其中建档立卡贫困户 572 人，户均增收 2500 元以上，460 余人达到脱贫标准，脱贫率超过 80%。以订单农业方式合作的本地种植农户 517 户，其中 225 户建档立卡贫困户已全部脱贫。2019 年 6 月，云南昆明东川区以合作社为销售的载体与支撑，通过向"茶花土鸡"养殖户收购帮养养殖户代销，养鸡项目带动 6 个乡镇 8237 户农户进行 5 万多只茶花土鸡的滚动养殖。

（二）主要启示

"双线九进"模式的创意和党中央提出的相关要求有关。在东西部扶贫协作中，发展产业是帮扶对口地区摆脱贫困的根本之策。2018 年，中央在《关于打赢脱贫攻坚战三年行动的指导意见》中指出，加大产业扶贫力度，要"深入实施贫困地区特色提升工程，因地制宜加快发展对贫困户增收带动作用明显的种植养殖业、林草业、农产品加工业、特色手工业、休闲农业和乡村旅游，积极培育和推广有市场、有品牌、有效益的特色产品。"然而，产业发展的关键是产品要能够运到市场进行销售，让特色农产品变为贫困户手中的现金，产业发展才算有了效益，才算成功。这就需要有消费市场，同时还需要形成产品从田间地头到消费市场的运输环节。对此，党中央也提出过"多渠道拓宽农产品营销渠道"的要求。随着电商的兴起，国务院在 2016 年专门出台了《关于促进电商精准扶贫的指导意见》，要求政府引导和鼓励第三方电商企业积极参加到消费扶贫中去。党中央和国务院的这些要求，对政府积极引导电商、电商积极主动参与消费扶贫都起了主要的推动作用。

巴楚留香瓜的成功做法为打造"双线九进"模式提供了重要参考。巴楚分指挥部和巴楚县政府通过多种类型线上和线下的宣传活动，把当地的"土瓜"打造成了朗朗上口"留香瓜"品牌；在品牌打响后，供应量需求变大，对于瓜的质量要求提高后，巴楚留香瓜改进了种植管理方式，制定了产品标准，从而保证了瓜的质量；为了确保客户拿到的瓜是正宗巴楚留香瓜，建立了电子溯源和防伪体系；通过农村淘宝开通了兴农扶贫频道，以"电商下乡"扩展了销售渠道；发挥上海在金融方面的优势，引入农产品保险，化解了市场风险，确保了瓜贱不伤农；通过培养当地核心技术人员、百姓中的技术人员及事实普及性培训和供应链培训，增强自我发展能力。巴楚留香瓜成功探索了"互联网＋扶贫"或"消费＋互联网"模式，"双线九进"模式借鉴了它的成功经验，并进行拓展升级。

"双线九进"模式形成了上海和对口地区的双赢、共赢局面。这个消费扶贫模式形成了全链条、全过程的扶贫模式，包括供给侧和需求侧，生产、流通和消费等不同环节，其中，供应链是前提，流动链是关键，消费链是基础。作为一种适应网络时代的消费扶贫开发品牌化活动，这个模式通过用好用足网络电商流通消费平台，构建以电商平台驱动的产销对接长效机制，保障供应链、打造流通链、培育消费链，初步形成了电商消费扶贫的供给关系、流通体系、消费体系，以及相应的营销体系、展销体系和两地对接平台、工作网络。它连接起来西部贫困户与东部消费市场和社会帮扶力量，帮助贫困群众依靠劳动技能实现了稳定增收，带动了贫困地区产业发展，实现了自身的"造血"功能。同时，丰富了上海正在推进打造的"上海购物"品牌，形成了一种双赢、共赢的局面，在上海和对口地区都产生了很大影响，取得丰硕成果。不断发展，成为上海打造消费扶贫、助力脱贫攻坚的一个品牌化项目。[①]

案例二 "遵品入沪"：遵义优质农产品进入上海市场

（一）基本情况

2016 年 10 月，全国农商互联启动大会召开后，遵义市委、市政府开始探索推动农产品进入上海市场销售。2017 年以来，遵义市按照贵州省委、省政府关于绿色农产品促销工作的统一部署，坚持"强龙头、创品牌、带农户"，全力推进黔货出山助推产业扶贫，打造农产品流通新渠道，推进农产品流通体系升级，拓展优质安全农产品有效供给的新路径，积极开展"遵品入沪"工作，带动了大批农户增收。

为了打通"遵品入沪"的渠道，上海市以贵州省委、省政府推动绿色农产品"泉涌"发展为契机，将"遵品入沪"作为对口帮扶遵义市的重点工作，充分发挥上海市国际大都市的优势，带动遵义特色农产品进入上海市场，推动遵义农业产业发展，助力脱贫攻坚，探索出东西扶贫协作的新模式，农商联动助力精准扶贫的作用进一步凸显。2017 年 8 月 20 至 21 日，上海市委书记韩正，上海市委副书记、市长应勇率上海市党政代表团到遵义考察，并在遵义举行沪遵扶贫协作第六次联席会议，沪遵双方就精准扶贫达成一致共识。2017 年 10 月，遵义市政府组成联合调研组在上海市的配合支持下，对上海市农产品市场需求，销售渠道、检验检疫和追溯要求、产品包装等进行了深入调研，通过精准分析形成了《推动遵义农产品入沪研究》的报告。联合调研组还对遵义主要农产品生产规模、品牌建设等优势进行了精准分析，拟定了遵品入

---

① 中共上海市委党校：《上海力量——对口援建的精神品格和实践创新》，上海人民出版社 2020 年版，第 135—150 页；刘承功、潘晓岗、邱大昌主编：《精准扶贫上海实践案例集》，复旦大学出版社 2019 年版，第 68—80 页。

沪供货单。同时，对遵义农业生产产业集中度、标准化程度、市场化组织程度、产品转化率、农产品品牌占有率、农业科技含量、农业配套建设水平、农业综合效益、农业副产品利用率、农产品品牌竞争力"十低"问题进行了精准分析。

2017年8月，上海市商务委三次率队到遵义实地调研和考察，确定了遵义市务川、道真两个贫困县为沪遵蔬菜产销对接扶贫试点县，签订了沪遵蔬菜产销对接扶贫合作协议，西郊国际和上农批两家上海农产品流通骨干企业分别对口开展务川、道真沪遵蔬菜产销对接扶贫协作。2017年11月，遵义市习水、赤水、桐梓、正安4县与上海市商务委签订了《上海—遵义农产品产销对接暨精准扶贫项目合作协议》，沪遵蔬菜产销对接扶贫协作试点范围扩大到6个县（市），并在2018年3月前将试点覆盖至遵义10个贫困县。同时，在道真、正安、桐梓、绥阳、习水、播州等地落实了"遵菜入沪"基地建设12万亩，将"遵菜入沪"生产计划落实到了67家企业、143家专业合作社。2017年9月5日，遵义的蔬菜运到上海，直接分散到上海的5家零售终端进行销售，标志着上海"终端订单＋批发市场中转集配＋合作社绑定建档立卡贫困户"扶贫运作模式正式落地生效。自2017年9月份启动"遵菜入沪"到2018年1月，道真、务川两县共11批160吨蔬菜已通过上海零售终端试销售，为当地建立利益联结机制的80户贫困户平均每户增收2000元。赤水、习水、桐梓三县组织3批次蔬菜入沪试销。至2017年12月20日，6个试点县先后向上海组织运输14批次共计182吨蔬菜入沪试销，为遵义绿色农产品进入上海市场作了积极有益尝试。

遵义盛产茶叶，其中湄潭县是中国古老的茶区之一。为了推动"遵茶入沪"，2018年1月，上海市商务委、上海市政府合作交流办和遵义市人民政府共同行文印发了《关于"遵茶入沪"拓渠道扩销售的工作方案》，确定由琦福苑和阳春白雪茶叶公司提供的"遵义红"和"湄潭翠芽"为机关单位公务用茶和上海国际性会议用茶并开展推介和联系；支持遵义市在上海建设遵义茶叶旗舰店，上海方面负责场地；支持琦福苑和阳春白雪茶叶公司在上海开设遵茶专卖店，由上海市商务委联系上海市茶叶行业协会提出选址建议；支持利用春、秋两季茶博会对遵义茶叶进行宣传推荐。同时，全力支持在上海举办茶叶专题推介招商会。很快，琦福苑公司提供茶叶 605 斤，依托东方购物宣传平台开展了宣传推介活动，琦福苑和阳春白雪茶叶公司已向上海市政府机关提供茶叶661.7 斤，礼品用茶 100 斤，"遵茶入沪"开局良好。

为了搭建更多的"遵品入沪"新平台，遵义市商务局在上海市设立了贵州绿色农产品展示展销中心并试营业、打造了 500 平方米的"遵义馆"旗舰店、设立"黔货出山·遵义直营店"、在上海相关零售终端设立专区（柜）。上海 O2O 电商平台"淘菜猫"以道真县为试点，在上海静安、普陀、长宁 3 个区的 5 个菜市场设立了"精准扶贫平价菜专柜"，并很快扩大到 3 个区的 39 家菜市场。同时，遵义市组织 76家企业在上海举办了"遵义绿色农产品上海行展示展销会"，现场销售收入实现 397 万元，现场达成采购协议 21 份，金额 1290 万元，并与上海贵商实业有限公司等 10 多家企业达成意向合作协议，金额约1.68 亿元。2020 年 12 月 26 日，首家遵义特色食品体验馆正式落户城市超市（上海影城店），成为"沪遵扶贫产销对接新窗口"。随着扶贫开发步伐加快，为促进遵义的优质农产品进入上海市场，在沪遵两地协作下，2019 年 7 月，遵义上海结对帮扶官方消费扶贫平台——"遵品入沪"开始运用；2020 年 4 月，已完成建设。借助东西部扶贫协作政策，开通援黔线上线下通道，帮助遵义企业与合作社实现畅达的线上销售。自 2019 年 7 月平台开始运营到建成短短 9 个月，该平台线上销售农产品达 61352 单，实现销售额 260 万元。

在上海的帮助下，"遵品入沪"让遵义高标准、高品质、高附加值的特色品牌产品依托上海的大市场、大平台、大流通，走进千家万户、走向更大市场，让遵义实现了脱贫致富、实现更高质量更可持续发展。到 2020 年 12 月，昔日藏在深山中的遵义优质农产品，成了上海市民餐桌上的一道道美味。沪遵联手推动"遵品入沪"销售额从 2017 年 1.05 亿元增加到 2019 年 5.62 亿元。仅 2020 年 1 至 10 月，就实现 8.5 亿元销售额。遵义产品市场占有率不断提高，贫困农户收入增加。

（二）主要启示

"遵品入沪"能够成功在于双方政府、有关部门、企业、公司、电商、市民等各方形成了合力。遵义市委、市政府反应灵敏，在 2016 年 10 月全国农商互联启动大会召开不久，遵义市就在 2017 年启动了"遵品入沪"相关工作。上海市委、市政府及市合作交流办、商务委，各区区委、区政府等全力支持，并将调研、制定相关方案等各项工作做实做细，精细精致的工作对接，为"遵品入沪"的落地创造了条件。沪遵两地公司、企业、合作社等在此过程中，积极参与消费扶贫，构建产销机制，充分发挥了市场主体的不可替代作用。随着脱贫攻坚战的打响，帮助贫困地区人民群众脱贫深入上海普通市民理念中，加之上海有支援全国发展的优良历史传统，在"遵品入沪"过程中，上海市民将自己的情怀转化为购买遵品的巨大热情，为遵义打赢脱贫攻坚战贡献力量。

"遵品入沪"能够成功在于将遵品的优良品质和上海国际大都市的优势相结合。虽然遵义对口县是贫困地区，但青山绿水孕育出了很多品质优良的农产品，如习水麻羊就肉质香嫩鲜美、无膻味、皮张品质独具一格；赤水方竹笋则是不发于春而茂于秋，主要生长在海拔

1200—2500 米的大娄山深处，因笋肉丰腴，肉质鲜嫩而被誉为"笋中之冠"。但是，因为路途遥远、交通不便，以前大山里很多好货都没有机会走出"深闺"，受困于物流及渠道，销售一直局限于西南，价格也卖不上去，导致农民积极性不高。优良的品质是市场能够接受遵品的重要基础。同时，上海作为现代化国际大都市，具备行政组织力量强大的政府部门、数量庞大的市场、管理理念和科技发达的各类型企业、经济条件不错且热情的消费者群体等，不但能够满足推动农产品消费所需要的一切条件，也能够承载、消化数量多、品种丰富的各类农产品。

"遵品入沪"能够成功在于打造了一条产销对接齐发力的全产业链。在这条由供货端、运输端、销售端组成的产业链，只有配合发力，建立产销对接机制，才能推动消费的最终成功。在供货端，在上海援黔政策的推动下，上海援黔干部和当地干部共同努力，更新观念，引进龙头企业，采用先进技术，建立"龙头企业 + 合作社 + 农户"等多种模式，帮助当地发展特色优势产业，改造生产链、提升价值链，提高了遵义农产品产业化生产能力，实现了由"输血式"扶贫向"造血式"扶贫转变，助推着遵义农产品市场化、标准化和规模化发展。在运输端，帮助畅通流通链，遵义生鲜蔬菜冷库库容由 2016 年 14.68 万立方米，增加到 2020 年年底的 140.5 万立方米，冷链运输车辆由 2016 年 26 辆，增加到 371 辆。在消费端，手段更丰富，宣传推广、品牌注册、"遵义优品·直上云销"直播带货活动、全市工会系统支持；加入上海对口帮扶城市"百县百品"品牌名录、参加上海"五五购物节"、在国家扶贫日开展对口帮扶地区特色商品展销会；上海蔬菜集团江桥批发市场、叮咚买菜等企业以及高校后勤通过自身渠道优势，帮助遵义竹乡鸡等滞销产品进入上海；建立"黔货出山直营店"、遵义特色食品体验馆等线下实体店，成立遵义上海结对帮扶官方消费扶贫平台——"遵品入沪"、沪

遵消费扶贫联盟，采用"遵义基地＋上海屠宰＋市场销售""联盟＋遵
义基地＋上海渠道"等多种模式。如此种种销售方式方法，无不助推上
海援遵消费扶贫的蓬勃发展，更为该模式在其他地方推广、复制提供了
借鉴。①

---

① 中共上海市委党校：《上海力量——对口援建的精神品格和实践创新》，上海人民出版社
2020 年版，第 102—113 页。刘承功、潘晓岗、邱大昌主编：《精准扶贫上海实践案例集》，
复旦大学出版社 2019 年版，第 56—66 页。周丽：《"遵品入沪" 9 个月实现销售额 260 万
元》，《贵州日报》2020 年 4 月 30 日。

第九章

上海干部人才帮扶的历程与特点

干部人才帮扶是东西部扶贫协作中非常重要的内容，选派高素质的援建干部人才是做好对口支援工作的决定性因素。改革开放以来，上海市委、市政府坚决贯彻中央精神，结合上海实际，认真做好东西部扶贫协作的干部人才帮扶工作，新时代更是按照习近平总书记作出的"打好脱贫攻坚战，关键在人"①，"向对口帮扶地区选派扶贫干部和专业人才，也要突出精准，缺什么补什么""增加教育、医疗、科技、文化等方面干部和人才比例，优化扶贫干部和人才结构②"的重要指示要求，努力在新形势下把东西部扶贫协作和对口支援工作做得更加有效率、更加可持续，帮助对口帮扶地区如期高质量完成脱贫攻坚战任务。

第一节　上海选派援建干部人才工作历程

新中国成立后，上海在党中央的领导下，初步开展了一系列干部人才支援工作。早在 20 世纪 50 年代西藏民主改革后，上海派了大量的教师、卫生人员和科研技术干部支援西藏。西藏八一人民医院在上海援藏医务人员的精心指导下，首次在西藏高原成功进行了风湿性心脏病手术，填补了西藏高原心血管手术的空白。③ 同时，上海一批工厂迁往新疆，特别是 10 万上海知青赴疆屯垦，促进了当地的经济社会事业发展。在 20 世纪 60 年代的"三线建设"中，高峰时有近 5 万上海人在遵义投身建设，帮助遵义建立起了比较系统的、完整的工业体系。

改革开放以来，上海贯彻中央"两个大局"战略构想，积极开展东

---

① 《习近平谈治国理政》第 3 卷，外文出版社 2020 年版，第 157 页。

② 中共中央党史和文献研究院编：《习近平扶贫论述摘编》，中央文献出版社 2018 年版，第 43 页。

③ 政协上海市委员会文史资料委员会、中共上海市委党史研究室编著：《口述上海　对口援藏》，上海教育出版社 2014 年版，第 37 页。

西部扶贫协作。1992 年，中央部署对口支援三峡工程移民工作。8 月，中央要求上海对口支援四川省万县地区和湖北省宜昌市。由此，上海对口支援三峡工作拉开序幕，上海开展干部人才的对口帮扶工作也正式启动了。

一、落实中央部署，做好援建干部人才的"好中选优"工作

1992 年 8 月，国务院召开三峡工程库区移民对口支援工作会议，明确由上海对口支援四川省万县地区（现重庆市万州区五桥开发区）和湖北省宜昌市宜昌县（后更名为夷陵区）。3 月国务院办公厅印发的《关于开展对三峡工程库区移民工作对口支援的通知》明确各地区各部门的对口支援要从实际出发，在技术改造和其他投资开放项目以及在横向经济合作等方面，对三峡工程库区各县（市）移民工作给予重点支援，其中特别点到干部交流问题，其实就是希望援助地能够选派干部到三峡库区开展工作。年底，上海成立市对口支援三峡工程移民领导小组，负责全市层面对口支援三峡工程工作的统筹与协调，同时，着手谋划援建三峡库区的干部人才工作。1993 年 12 月，三峡工程移民工作会议提出，从 1994 年起，各省市分别确定一个库区县（市、区）为支援重点，派出得力干部到支援重点县挂职。上海于 1994 年 2 月召开对口支援三峡工程移民领导小组第三次会议，本着选拔思想过硬、业务拔尖干部人才的原则，确定由宝山、嘉定、静安、闵行 4 区分别派出 1 名干部到五桥区和宜昌县挂职工作，挂职年限为 1 年，实行轮换制。9 月初，上海 4 名干部赴宜昌县和五桥区挂职。至 2001 年，上海共选派 6 批 18 名干部到三峡库区挂职工作。他们把援建三峡库区当作义不容辞的政治责任，把库区的发展当作自己的事来办。

1994 年 7 月，中央第三次西藏工作会议召开，要求从人才、资金、技术、物资等多方面进行支援。1995 年 2 月，中央组织部和人事

部召开为西藏选派干部工作会议，提出实施"分片负责、对口支援、定期轮换"的办法为西藏选派干部。由经济发达地区有组织地选派大批干部到对口支援地区开展帮扶工作的大幕就此拉开。上海快速反应，于中央第三次西藏工作会议召开不久后就成立上海市援藏工作领导小组，在1994年9月派出考察团赴西藏考察落实上海援藏项目和选派援藏干部事宜。中组部相关会议召开后的3月，上海市委召开为西藏选派干部工作动员会议。

从选派第一批援藏干部工作启动开始，上海就明确提出要克服单纯的任务观念，坚持"好中选优"的方针，把援藏干部的选派与后备干部的培养有机结合起来，坚持援藏干部一般从局、处级后备干部中挑选，并要求把政治素质放在第一位，把到西藏工作作为锻炼、考验干部，提高干部素质的机会。通过加大宣传力度，最后报名的有3000多人。当时注重三个条件，一是思想上确实有援藏愿望和决心；二是身体要健康；三是要看经历和实际能力。1995年5月，上海市第一批49名援藏干部离沪赴日喀则工作，这对他们而言是和平时期的考验。第一批援藏干部平均年龄36.2岁，大专以上学历占77.6%，中共党员占96%。他们政治素质好，大局意识强，符合市委"好中选优"的干部人才选派原则。

1996年，中央确定上海市对口帮扶云南省，上海参照对口支援三峡库区的做法，在1997年5月召开的市对口云南帮扶协作领导小组第二次会议上，确定从12个区县选派12名挂职联络员，赴思茅、红河、文山三地州任职工作。6月的市对口云南帮扶协作领导小组第三次会议明确12名挂职联络员工作时间为18个月，会议还决定成立由市政府驻昆明办事处负责干部为组长的联络组，联络组接受市对口云南帮扶协作领导小组领导。1997年7月，首批13位上海援滇干部赴云南省及三地州挂职。同时，根据云南的实际需求，共青团上海市委、上海青年志愿者协会联合共青团云南省委在 1998 年 7 月，启动上海青年志愿者赴滇扶贫接力计划，首批 27 名上海青年志愿者到云南开展志愿工作。该计划以社会招募、组织选定、对口支援、定期轮换的方式组织青年志愿者到上海对口帮扶的贫困县从事医疗卫生、农业科技、市场营销、企业管理、基础教育、技术支持等方面的工作，每年轮换一批。2000 年，上海又根据中共中央办公厅、国务院办公厅《关于推动东西部地区学校对口支援工作的通知》和教育部等六部委有关通知的精神，组织 60 名中学教师赴文山、红河、思茅三地州的 15 所中学开展为期 1 年的支教工作。上海在云南派出了一批包括援助干部在内的较为庞大的干部人才队伍，为当地发展提供各类智力人才支持。

同样是在 1997 年，上海根据中央关于维护新疆稳定的精神要求，和中央组织部、国家人事部下达的为新疆选派干部的任务，坚持"选优挑强"原则，通过"自愿报名和组织挑选相结合"的方法，向对口支援的阿克苏地区派出第一批援疆干部。从 1997 年 2 月到 1999 年 6 月，上海共向阿克苏地区选派 3 批 83 名干部，每批援疆干部在疆工作时间均为 3 年。

这些作为开拓者的早期援藏援疆援滇援三峡干部，克服种种困难完成各项援助任务，也在艰苦的工作环境中锤炼了自己，为回沪后的工作打下了基础，形成了良好的干部培养和使用导向。

二、践行开发式扶贫方针，形成日趋成熟的援外干部人才选派机制

进入 21 世纪，中央从全面建设小康社会的全局需要出发，进一步推进扶贫开发工作。2001 年 5 月，中央召开扶贫开发工作会议，强调要继续搞好东西部地区的扶贫协作。会议指出，坚持开发式扶贫的方针，努力改善贫困地区的生产条件、生活条件和生态条件，促进生产的

发展，促进群众生活的改善。在这一思想指导下，上海以高度的责任感和使命感，在20世纪90年代工作经验的基础上，适当调整不同地区选派援建干部周期，使得选派援建干部工作更加规范、制度化，要求援建干部人才"动真情、办实事、求实效"，在帮扶工作中历练人生、建功立业。

为加强对三峡库区的干部人才帮扶力度，2001年至2011年年底，上海先后选派第7期至第11期共5期援建干部，并从第8期开始把挂职干部在三峡库区的工作时间均改为2年。从第9期开始恢复向三峡库区选派4名干部。同时为加强对口支援和经济合作工作的组织协调，两个对口地区各选派一名副处和科级干部，与上海的援建干部一并成立4人工作组，以更好提高工作的效率和质量。

在援藏援疆干部选派方面，上海根据中央的要求不断加大力度。2001年至2013年共选派4批209名援藏干部参与对口帮扶西藏日喀则工作，这些干部学历层次比较高，专业技术能力比较强，总体上都是年富力强的同志，为进一步做好对口帮扶日喀则工作提供了坚实的干部人才支撑。2001年至2011年，上海共派出4批援疆干部到新疆阿克苏地区工作。所选派的援疆干部，从学历来说，一般都是大学本科学历以上，博士、硕士也不少；从专业技术能力来说，中级以上职称占多数；年龄平均在40岁左右。同时选派的援疆干部，还遵循一条原则，就是对方需要什么人才，上海就选派什么样的干部人才。对此，上海在2003年启动以上海市退休高级知识分子为服务主体，以服务新疆各族居民群众、提升新疆科技水平、促进新疆民族团结为目的的志愿服务项目——"银龄行动"，以抓基础为主，突出"传、帮、带"，把退休高级知识分子最宝贵的东西留给受援地和受援单位，涉及医疗、职业教育、心理咨询、农业、基础教育、畜牧、城市文化、文广、园林、花卉、新闻采编、文化产业、考古、旅游规划等十几个领域。

在加大援滇干部人才选派方面，从 2001 年到 2011 年，上海共派出 5 批 73 名援滇干部赴云南挂职。上海教育、卫生、组织人事、团市委等 30 多个单位部门发挥各自优势，与云南对口部门通力合作，积极参与对口帮扶。2004 年起，上海教育系统根据教育部《国家西部地区"两基"攻坚计划（2004—2007 年）》，组织支教教师在红河、思茅、文山、迪庆、临沧、丽江和西双版纳七地州的 19 个"两基"攻坚县的 19 所中学支教。截至 2010 年，上海市教育系统共向云南省选派了 10 批 961 名支教教师。

三、践行精准扶贫战略，加强一流援外干部人才选派工作

2012 年党的十八大发出确保到 2020 年实现全面建成小康社会宏伟目标的动员令后，以习近平同志为核心的党中央把脱贫攻坚作为全面建成小康社会的底线任务和标志性指标，以前所未有的力度推进。上海对口帮扶的地区发展为云南、贵州遵义、西藏日喀则、新疆喀什、青海果洛、三峡库区等。助力这些帮扶地区的贫困县按期脱贫摘帽是上海义不容辞的政治责任。上海坚持"平级择优""优中挑强"，把选派一流干部到对口帮扶地区挂职作为开展好东西部扶贫协作和对口支援的重要保障性工作，抓紧抓好。

云南是上海对口帮扶脱贫攻坚任务最重的地区，为全面帮扶云南如期实现全面脱贫的目标，上海加大了援滇干部人才的选派力度。2013 年 6 月，上海第九批援滇干部启程奔赴云南，2020 年上海第十一批援滇干部奋战在云岭大地上。帮扶干部人数从最初的 15 名增加到 2017 年的 45 名，2018 年年初、年中增加到 75 名、103 名，2019 年新一批干部轮换时派出 122 名，后来考虑到 2020 年是脱贫攻坚最后关头，又增派到 167 名。援滇干部挂职的范围也不断扩大，特别是第十一批 167 名援滇干部在省级层面挂职的从原来省扶贫办，拓展到省

商务厅、人社厅、审计厅，县级层面基本做到每个县一位常委副县长、一位扶贫办副主任。而且上海全市各区都自我加压，在每个对口县都加派了人手，有的在州里再增派一位副秘书长配合工作，形成了在省、州、县，纵向一贯到底、横向辐射到边的干部网络。

援藏援疆干部选派力度也逐年加大。2016年，上海市派出第八批援藏干部，其中有三年期干部54人，一年期医生和老师180人，总计234人。占到了前八批共687位援藏干部的三分之一。2019年，上海又派出第九批援藏干部共80余人。2014年选派的第八批援疆干部共有179人，分布在喀什的上海市对口支援新疆工作前方指挥部（简称"上海援疆前方指挥部"）和下面的四个县，以及2015年新增加的克拉玛依市。2017年至2020年，第九批援疆干部共193人到新疆工作。其中，到市对口支援新疆工作前方指挥部、喀什地区第二人民医院、喀什师范学院、喀什地区第六中学和对口支援的莎车、叶城、泽普和巴楚四县工作的170人，到克拉玛依市工作的23人。

青海果洛是2010年中央交予上海的新的对口支援任务。为帮扶青海果洛早日脱贫，上海按照中央组织部、国家人力资源和社会保障部《关于做好第六批援藏干部和第一批援青干部选派工作有关问题的通知》要求，在2010年8月向果洛选派首批干部7名后，至2020年先后选派了4批78名援青干部重点支援玛沁、玛多、甘德、达日、班玛、久治6县经济社会发展，挂职工作时间为3年。

2013年，中央明确上海对口帮扶贵州省遵义市脱贫攻坚，7月上海第一批10名援黔干部启程奔赴贵州遵义，到遵义市直单位和开发区、重点贫困县挂职工作，重点帮扶习水、正安、道真、务川4个国家级贫困县。至2020年，上海市先后选派58名援黔干部到遵义挂职帮扶，同时安排96名遵义干部赴沪挂职。

援建干部努力当好脱贫攻坚的"突击队"，跑好持续对口支援帮扶的"接力赛",走好人生宝贵的"历练路",在助力对口地区打赢脱贫攻坚战中为上海增光、为人生添彩。

第二节　上海开展干部人才帮扶的主要特点

选拔出合适的干部人才到距离上海千里之外的地方开展帮扶工作只是做好干部帮扶工作的第一步,管理和培养好这些干部不仅是保证干部人才帮扶工作长期、持续、健康开展的必要,也是上海打造让年轻干部到艰苦复杂环境培养锻炼平台的需要。经过近 20 年的探索,上海基本形成了严字当头、严管和厚爱相结合的援建干部队伍建设体制机制。

一、严字当头的管理体制

对口援建是上海承担的重大政治任务。上海派出的援助干部代表着上海的形象、援建干部的工作折射的是上海城市的作为。因此,即使他们奔赴远离上海的地方,上海市委也一直非常重视对援派干部的管理工作,对援建干部提出严要求。2007 年,习近平同志在担任上海市委书记时,对上海援外干部提出"建功立业、历练人生"的要求。韩正同志任市委书记时总结了援外干部的"四最",即最深刻的党性教育、最直接的国情教育、最生动的民族团结教育、最严峻的反分裂斗争教育。2019 年,市委书记李强对援外干部人才提出四方面要求。贯彻市委要求,上海对援外干部建立了从严管理的相关机制。相关的机制从选派援藏干部工作开始逐渐建立起来并推广到其他地区的援派干部工作。

根据中组部的有关规定,援藏干部在藏工作期间实行双重管理,以西藏当地党组织管理为主。上海市委没有就此放手不管,从对口援藏人多、时间长、任务重的实际出发,明确提出把援藏干部的选派与后备干部的培养有机结合起来，应当加强派出单位对干部的管理，坚持用好的制度、好的作风、好的工作方法建设一支凝聚力和战斗力强的援藏干部队伍。第一批援藏干部开展对口支援工作后，根据上海市委领导提议，建立了自己的联络组——上海援藏干部联络组，以加强援藏干部的内部管理。当然，联络组不代替当地的党组织，不代替行政，仅联系、帮助上海援藏干部，协助地委做好对援藏干部的日常管理，配合地委组织好援藏干部的学习，加强援藏干部的思想、作风建设，加强援藏干部之间的工作联系。

上海首批援藏干部联络组把队伍建设摆在首要位置，在认真执行上海市委组织部关于援边干部的各项规定和日喀则地委组织部关于地区干部管理的各项制度的基础上，制定了《上海援藏干部守则》《联络组工作要求》《联络组制度》，以及会议制度、民主生活会制度、个别谈心制度、请示汇报制度、请销假制度、会议文件及报送制度等一系列规章制度，明确规定了援藏干部在藏期间的工作和行为准则——"三条铁的纪律"：援藏期间禁止学车驾车、禁止出入营业性娱乐场所、禁止酗酒。联络组还结合中央要求和援藏工作实际，定期在援藏干部中开展主题教育活动。坚持每半年召开一次民主生活会，以联络小组为单位在交流工作、学习等情况的基础上，认真开展批评与自我批评，不断增进内部团结。此后，每批援藏干部进藏之初，联络组都会就队伍建设进行专门研究，根据情况的变化和形势的发展，增订一些新的队伍管理制度，提出更高的标准、更严格的要求。第八批援藏干部联络组修订完善了16项内部管理制度，通过制度管人管事管钱；在工作中严格执行财务、用车、请销假等纪律要求，开展审计自查，每年签订守纪承诺书。为了管好援藏项目，两次修订援藏五年规划，始终关注项目过程监管，保障上海援藏项目审批手续程序合规、资金规范高效使用、进度质量安全总体受控。第九批援藏干部联络组把纪律和规矩挺在前面，严明援藏纪律要求，制定出台干部行为规范十条禁令、安全工作日报告制度、请销假管理规定等，不断加强内部管理和制度建设，把党风廉政建设融入援藏队伍建设全过程，以严的制度和实的作风保障决战决胜脱贫攻坚。联络组每2个月定期召开一次联络组会议，对援藏工作进行研究、讲评和部署；每年举行一次全体援藏干部会议，总结、交流工作经验，提出新的工作目标；开展结对子和谈心制度，定期召开组织生活会、民主生活会基本固定下来成为严格管理干部人才的规范内容。

1997年上海派出第一批援疆干部的同时，学习援藏干部管理体制，也成立了上海援疆干部联络组，集体讨论并制定了"上海援疆干部八项制度和八项守则"，建立了《学习制度》《重大事项汇报制度》《请假制度》等6项制度。注重党性教育，通过开展学习教育，不断增强援疆干部的党性意识，把思想工作做到每个人的心里。2010年上海对口帮扶新疆喀什后，考虑援疆干部人才人数更多、地域分散较广，上海专门成立对口支援新疆工作前方指挥部（简称"前方指挥部"），前方指挥部分别在叶城县、泽普县、巴楚县、莎车县设分指挥部，由本市派出的四县援疆县委副书记任分指挥部指挥长，援疆副县长任分指挥部副指挥长。前方指挥部进入喀什伊始，就着手制定干部管理各项工作制度，包括：《上海市对口支援新疆工作前方指挥部内部管理暂行办法》《上海市对口支援新疆工作前方指挥部学习制度》《上海市对口支援新疆工作前方指挥部临时党委会议制度》《上海市对口支援新疆工作前方指挥部公文办理制度》《上海市对口支援新疆工作前方指挥部会议制度》《上海市对口支援新疆工作前方指挥部简报制度》《上海市对口支援新疆工作前方指挥部公务经费使用审批制度》《上海市对口支援新疆工作前方指挥部安全防范制度》《上海市对口支援新疆工作前方指挥部接待管理工作制度》《上海市对口支援新疆工作前方指挥部公务用车制度》《上海市对口支援新疆工作前方指挥部值班制度》《上海市对口支援新疆工作前方指挥部作息制度》，以加强对援疆干部的严格管理。以上海市对口支援新疆工作前方指挥部（第八批）为例，指挥部制定了严格的"晚点名"和"请销假"制度。每天晚上11点，每一位援疆干部向本支部负责同志报告自己的位置，然后由负责人上报到纪委设立的"晚点名"报告微信群，由专人负责汇总，然后集中报告给指挥部总指挥。上海市对口支援新疆工作前方指挥部（第九批）制定了"八严格""八不准"等行为规范，提醒援疆干部遵守援疆的一系列规章制度，把纪律和规矩挺在前面。

从1998年第二批援滇干部起，上海对口援滇参照援藏援疆的做法，正式建立援滇干部联络组，由挂职云南省政府副秘书长的领导干部任联络组组长，担任三个地州专员（州长）助理的援滇干部任联络组成员兼三个地州联络小组组长。援滇干部联络组适应新形势和新要求，进一步规范内部管理，在调整和梳理原有规章制度的基础上，形成了《上海市援滇干部联络组工作制度和规范汇编》，明确了上海援滇干部联络组的职责和各联络小组岗位职责，对援滇干部的学习、信息工作、休假与请销假、党风廉政建设、工作经费使用等各个方面都确立了比较明确的规范，让各方面工作都有据可依。在此基础上，坚持从严执行抓纪律。各联络小组坚持过好双重组织生活，把党风廉政建设与加强干部队伍自身建设紧密结合起来，与保障沪滇对口帮扶工作稳步推进紧密结合起来，在认真参加挂职部门党的群众路线教育实践活动的同时，按照有关管理制度，认真抓好年度项目的实施监管、检查验收，确保项目进度和资金规范使用，确保帮扶工作做到干部优秀、项目优质。同时，时刻关注干部思想动态。援滇干部联络组组长定期与援滇干部谈心沟通，做到每季度一次，专题分析研判援滇干部思想动态和工作状态。此外，还定期召开联络组工作交流会，请四个联络小组交流工作情况，相互学习借鉴、取长补短，营造一种边学边干、比学赶帮的氛围。

上海援青干部联络组通过学习中央援青工作要求，落实沪青两地党委、政府指示和上海市委组织部援派干部管理规定，形成了一个比较详尽具体的干部管理办法和制度，包括学习制度、会议制度、请示报告制度、请销假制度等。到第四批援青干部时，已经制定了 19 项管理制度。在此基础上，通过抓学习、抓管理、抓纪律，推动援青干部始终保持了政治上清醒坚定、工作上用心投入、作风上严谨求实、生活上融入当地，日常管理工作规范有序。上海援青干部联络组注重加强政治理论学习，不仅学习中央精神，还学习沪青两地领导讲话和专题会议精神。通过组织开展"砥砺品格、快乐援青、服务为民、建功雪域"主题实践活动，引导大家把当标杆、做示范、走前列的要求，内化于心，外化于行，做到"始终保持精气神不松劲"。

2013 年中央明确上海对口帮扶贵州省遵义市后，援黔干部联络组严格按照上海市委组织部对援外干部的规定和要求，制定实施援黔干部联络组 11 项内部管理制度。通过坚持党建引领、加强目标导向、营造团队氛围三个方面进行团队管理。通过安排每月召开一次援黔干部学习交流会，每季度召开一次援黔干部联络组工作会议，推动援黔干部把纪律制度规定牢牢执行好。此外，上海援黔干部联络组将学习和考察讨论结合在一起，在基本走遍遵义红色遗址遗迹的同时，及时传达学习中央和两地的重要会议文件、讲话精神，交流思想和体会，切实提高政治站位。

通过加强政治理论学习，提高政治站位，同时执行严格的纪律来规避各种风险，进一步提升了上海援建干部的整体素质。应该说，上海选派的援建干部在遵守规章制度方面交出了一份满意的答卷。

二、"四季如春"的关爱服务体制

援外干部到受援地工作后，上海市各级组织非常重视对援外干部及家属的关心。上海市委组织部则通过联络组，及时了解援外干部的思想、生活、工作、身体和家庭等状况，及时了解援外工作中出现的新情况和新问题，同时也及时传达上海市委、市政府对援外工作的指示和要求。对选派的援外干部力求做到"四季如春"，坚持"六个必访"，即援外干部因伤因病回沪治疗必访、家庭发生意外必访、家属生病住院必访、直系亲属丧事必访、遇有突出困难必访、逢年过节必访。此外，对援外干部遇到家属就医就业、子女升学就读等困难，在政策范围内尽力给予关心照顾。此外，上海有关方面则把家属组织起来，每隔一段时间组织联谊活动，与援外干部进行沟通。通过联谊活动把各种信息及时传给大家。逢年过节，还组织慰问活动。这些工作做到位后，使得援派干部更安心了。由于援外干部的管理、服务制度等制定得比较符合实际，各区县和各单位干部都是真情做事，工作做得到位；援外干部家属都很关心理解，真心支持；从而形成良性循环，推动对外援建工作持久进行下去。

以对援藏干部人才的关心服务为例。上海市总工会、团市委和市妇联轮流牵头组织活动，一年两次慰问援藏干部家属，通过卫星网络系统同援藏干部现场对接通话。每逢开展这样的慰问联谊活动，上海市四套班子的领导都会出席。援藏干部春节集体回沪休假时，有关部门会为他们安排一次体检。市委组织部出面组织与援藏干部联谊交流，并邀请市委领导参加。在援藏干部重返西藏前，市委组织部安排集中培训，到市委党校"充电"，学习新形势、新知识、新科技，了解上海经济社会发展情况，交流援藏工作经验体会，明确开展新一年援藏工作的任务和要求等。上海市委组织部还按照"统筹协调、归口安置、注重实绩、人岗相适"的要求，认真做好援藏干部安置工作。对援藏干部中的骨干和表现突出的干部，市委组织部向市委进行汇报，向有关单位重点推荐，提出安置建议。

同时，积极发挥援外干部联络组的管理和服务作用。联络组的设置十分必要，它成了援外干部的"娘家"，援外干部有苦恼、有问题、有困难都通过联络组反映，联络组及时和上海市委组织部联系，市委组织部帮助他们协调、处理。

援藏干部联络组重视对援藏干部的管理和服务。以第八批援藏干部联络组为例，联络组关心援藏干部人才在工作、生活中遇到的困难，定期和援藏干部谈心谈话，强调保障大家在高原身体健康的钱一分都不要省。通过各方努力，陆续安排了修缮援藏公寓，添置制氧设备。此外，日喀则对口帮扶五县联络小组和医疗、教育组团援藏队都自办了公寓。第九批援藏干部联络组在进藏的第一个中秋节组织开展了一个"两地书"的活动。孩子们在家里准备各种各样的表演内容，有的写信、朗诵、弹琴、唱歌……中秋节晚上，援藏干部一起坐下来，通过屏幕一段一段地播放。很多队员们都流泪了，同时也很高兴。为了克服艰险恶劣的自然环境，实施搭建就医求诊"快通道"，全力保障上海援藏同志健康安全。联络组也非常重视援藏干部的轮换交接工作，对前后两批援藏干部联络组的"交班"，要求做到四个"交清"，即上海对口支援总的任务交清，具体项目、资金和工作资料交清，当地风土民情和工作关系交清，同一地区兄弟省市援建情况交清。这也成为上海对口支援工作的一个明显特点。

援滇干部联络组注重当好干部的"知心人"。当援滇干部遇到地震、泥石流、暴雨洪涝等自然灾害时，联络组第一时间打电话关心问候。为了让干部能集中精力从事对口支援工作，联络组明确昆明办事处业务处专门服务保障对口支援工作，实际上承担了上海援滇干部联络组办公室的职责，并配齐配强业务处工作人员，提高服务保障能力，做好日常沟通联系协调等相关工作。上海援青联络组启用了钉钉平台，借助科学工作方式来管理日常工作。特别是新冠疫情暴发以来，要求援青干部每天在平台上填写健康状况，每周量血压、测心率、测血氧浓度等，随时关注他们的身体状况。

"上海援疆前方指挥部"针对喀什地区地处天山山脉和昆仑山脉之间，位于两条地震活跃带的中心部位和结合点的情况，组织援疆干部进行逃生演练，每个人的房间里都配备一个逃生安全包，床头放一瓶矿泉水，以应对可能到来的地震。针对很多援疆干部经历的老人离世、妻子或孩子生病等让人夜不能寐的揪心事，"上海援疆前方指挥部"注重关心关怀，凝聚人心，制定出台了《上海前方指挥部党委关于进一步加强干部人才队伍关心爱护的意见》等政策，让"送温暖"形成制度化保障。通过举办集体生日、球类比赛等活动丰富大家的生活。通过建立"茶室谈心制度"，让大家没有拘束，敞开心扉，畅所欲言，取得了很好的效果。此外，针对援疆干部只身在外，家庭是他们最大牵挂的实际情况，"上海援疆前方指挥部"党委，给全体援疆干部的妻子所在单位的党委主要负责人，以及子女就读学校的校长各写一封信：一是表达感谢，二是因为援疆干部在家庭某些方面的缺位，希望组织能够继续给予更多的关心。不少单位的主要领导、工会或所在部门的负责人还走访干部的家庭了解情况，力所能及解决困难；有的干部妻子所在单位积极组织员工参加上海援疆旅游包机活动。这样的工作让援疆干部充分感受到组织的关心。

此外，受援地的党委和政府也都非常关心上海援建干部的对口帮扶工作，并给予大力支持。以新疆喀什地区为例。喀什地委、行署给援疆干部创造各种条件，提供工作上的大力支持。如"上海援疆前方指挥部"（第九批）总指挥兼任地委副书记（原来是行署专员），其他同志也都在当地任重要职务，包括担任地区纪委副书记、地区组织部副部长、喀什二院院长等。这体现了当地党委对援疆干部政治上的充分信任。此外，每年碰到各种节日，比如维吾尔族传统的古尔邦节、肉孜节，以及汉族传统的端午节，当地党委都会安排、组织慰问。有时候还会请援疆干部到民族地区干部的家里面做客，加深了他们与民族地区干部之间的感情。正是当地党委、政府的充分信任，让上海的援疆工作更加顺畅、更有成效地展开。

上海对选派到三峡库区、都江堰、贵州遵义等地的援建干部也是如此。总之，通过对援外干部人才的切实关心和严格管理，有力调动了他们的工作积极性，推动他们在从事对口帮扶的崇高事业中比作为比成效。

第三节　上海对口帮扶的精神品格

参与对口帮扶这样的伟大事业，尤其是对西藏、青海果洛等自然条件极为艰苦地区的帮扶，如果离开精神力量，缺乏家国情怀、初心使命、宗旨观念等，上海要取得突出的成就，是无法想象的。2021年2月25日，习近平总书记在全国脱贫攻坚总结表彰大会上发表重要讲话，指出："脱贫攻坚伟大斗争，锻造形成了'上下同心、尽锐出战、精准务实、开拓创新、攻坚克难、不负人民'的脱贫攻坚精神"，"全党全国全社会都要大力弘扬脱贫攻坚精神，团结一心、英勇奋斗，坚决战胜前进道路上的一切困难和风险，不断夺取坚持和发展中国特色社会主义新的更大的胜利！"在参与东西部扶贫协作和脱贫攻坚的伟大事业中，上海援外干部提高政治站位，坚定理想信念，在生动的帮扶实践中着力践行伟大的"脱贫攻坚"精神，形成了"使命至上、精准务实、开拓创新、攻坚克难、上下同心"的精神品格，这种援建精神品格，具有重要的理论和实践意义。

一、勇担使命

服务大局、勇担使命，是一个地方、一级组织、一名干部在干事创业、人生选择中体现出来的情怀、责任、风范、品格。党中央和国务院总揽全国脱贫攻坚、对口援建的大局，作出了上海对口帮扶西部地区的战略安排。对此，上海市委、市政府和干部群众始终认为，这是大局，要坚决服从，这是使命，要坚决执行，服务全国发展就是上海的责任使命。2007年习近平同志在担任上海市委书记期间曾提出了上海发展的"四个放在"定位，即放在中央对上海发展的战略定位上、放在经济全球化的大趋势下、放在全国发展的大格局中、放在国家对长江三角洲区域发展的总体部署中来思考和谋划。[1]这是一种格局，也是一种责任，特别是"放在全国发展的大格局中"，体现了一种服务大局、使命至上的情怀。在新的发展阶段上，上海实现高质量发展也需要拓展空间，要在全国大空间、大格局中来实现。

上海不仅是这么"说"的，更是这么"做"的，一心一意地完成中央赋予的使命。2010年新一轮的对口援疆工作中，上海市委、市政府坚决贯彻中央的决策部署，把喀什所属的四个县当作上海自己的县来建设，把四个县的老百姓当作上海自己的老百姓来关怀；援疆干部则真正把喀什的事情当作自己的事情来办，把喀什当作自己的家乡来建设，把喀什人民当作自己的兄弟姐妹来关心，把实现个人的理想价值融入喀什的社会稳定和长治久安中。西藏日喀则的党员干部回忆，上海当时有19个区县，而他们到上海时，上海的同志对他们说："你们日喀则是我们上海的第20个区县，你们日喀则的工作就是我们上海的工作"，关心之情溢于言表，让人感动不已。这些精神、理念和追求、要求，概括为一点就是上海的责任担当和家国情怀。

党的十八大以来为打赢脱贫攻坚战，上海对口帮扶力度增大、任务增多、压力增加。2012年至2019年，上海共投入东西部扶贫协作和

---

[1]　习近平：《坚定走科学发展之路　加快推进"四个率先"　努力开创"四个中心"和社会主义现代化国际大都市建设的新局面——在中国共产党上海市第九次代表大会上的报告》，《解放日报》2007年5月30日。

对口支援资金 323.42 亿元。面对 2020 年脱贫攻坚决胜任务，上海市安排对口帮扶资金 75.84 亿元，援建项目 1203 个。新冠疫情发生后，面对疫情防控和脱贫攻坚两大战役，上海分析把握疫情和经济社会发展形势，与对口帮扶地区一起商议明确年度目标任务，切实加大资金、项目和干部人才的援助力度，确保打赢疫情防控阻击战和脱贫攻坚战。考虑到对脱贫攻坚的不利影响，上海市在部门支出压减 10% 的情况下，在市"两会"审议通过的近 70 亿元预算安排的基础上，又紧急追加资金 7.33 亿元，重点投向云南、贵州遵义的贫困县乡和贫困人口，特别是对未摘帽贫困县的帮扶资金数超过其他帮扶县的 50%，确保剩余贫困县、贫困人口全部摘帽出列。这种真情付出、守望相助的背后，就是讲大局、重担当的使命情怀。

事实也说明，一批批的上海干部人才外派到对口地区，参与到东西部扶贫协作和对口支援的实践中，积极主动地担当了任务使命。第一批援藏干部中，有一名干部为了能够有机会援藏，给区委写了一封信，陈述了组织应派他参与援藏的四条理由。有些同志为了能够加入援疆行列，还找到市委组织部部长那里去了。1999 年 6 月第三批援疆干部出发前，分管援外干部工作的市委副书记说："40 位援疆干部听从党的号召，接受党组织的挑选，告别亲人、离开家乡，积极参加稳定新疆、建设新疆、繁荣新疆的伟大事业，表现出党的干部、当代青年知识分子对党、对祖国、对人民的无限忠诚，体现了上海广大干部和党员的精神面貌。"当时，援疆干部联络组组长代表 40 名干部讲了三个"请放心"——请市委、市政府的领导放心，请各选派单位的领导放心，请各位援疆干部的家属放心。他说，我们深感责任重大，会牢固树立政治意识、全局意识，坚决执行党的民族政策，虚心向新疆各族干部群众学习。为新疆的经济和社会发展，为维护政治和社会稳定，为促进民族团结作出贡献。

其他对口帮扶地区也是如此，很多干部人才参与热情高、积极性大。特别是在上海助力对口地区脱贫攻坚一线，还出现了不少干部人才多次援外、连续援外的情况，甚至还有一家两代人、父子齐上阵的情况。除了父子兵，在云南还出现了"一家两代三口沪滇情"的感人故事。有干部总结了援疆人心中的"四个大"，即稳定是最大的大局、民心是最大的政治、担当是最大的责任、团队是最大的资源。"在新疆、担当就是最大的责任。""从我所认识的新疆干部来看，他们都用实际行动选择了担当，选择了承担责任、直面矛盾、解决问题，用汗水抑或鲜血创造了经得起实践、人民、历史检验的实绩。"可以说，正是心怀大局、敢于担当，上海干部人才才会作出援外的选择，这正是大局意识、使命情怀的体现。

二、精准务实

精诚精准精细、务实低调，是上海干部人才和市民的行事风格，也是一种精神风貌。上海的对口援建历来也都秉持着精准务实的作风品格。有干部结合 20 年援藏工作的经历总结出几个特点：第一，坚定不移按照中央的指示办；第二，选拔优秀年轻干部；第三，实事求是选项目；第四，项目要见实效、见成效；第五，帮扶到底，要到村、到人。第三批援藏干部领队曾就当时援藏工作表示：西藏的情况和上海有很多不同，比如搞建筑，那里地皮不像上海这样稀缺，就不要比谁的楼盖得高，不然，没电梯上上下下都会透不过气来。用钱、搞项目一定要符合当地的实际。这些思考和做法得到当地领导的认可，也给群众以实惠。可以说，求实、务实是上海对口援建的最大特点。

这种精神品格得到了对口地区干部群众的高度肯定。青海省果洛州委书记表示："上海的援青干部在脱贫攻坚、民族团结进步、创建和落实上海援建项目中、走村、串巷、入户，深深地扎根在果洛大地。"有对口地区干部总结上海援滇工作，认为特色是重心向下、进村入户，重点解决贫困人口的四个基本，即基本生产、基本生活、基本医疗和基本教育。当时还提出"三个同步推进"的思路：即解决温饱和巩固温饱同步推进、农民增收和农村生活事业建设同步推进、自然资源的开发和人力资源的开发同步推进。这些思路和做法都很好地诠释了精准扶贫的精髓要义。对口援疆也是如此，坚持群众第一、民生优先，将资金70%以上用于民生建设，95%以上用到基层，各族群众普遍得到实惠。新疆喀什有干部用"精心、精准、精致"来概括上海的真情援喀："上海援疆干部总是选择喀什地区最需要的项目来实施对口援建，想喀什老百姓的所思所想。将民生建设放在突出位置。精细准备，成果精致，达到精准的支援效果。"这得益于上海"民生为本、产业为重、规划为先、人才为要"的工作方针，和"精准扶贫、突出民生、促进发展、注重长效"的工作要求。

还有人总结上海对口支援重庆万州工作，认为上海人做事历来以认真、细致、创新著称。体现在工作上，就形成了精益求精、踏实勤奋、力争上游的工作作风。回顾那些年，在20个省市对口支援工作中，上海创造了"五个之最"，即领导最重视、支援任务最重、资金最有保障、工作机构最稳定、挂职交流干部人数最多。上海能够按时保质保量完成移民安置任务并使移民尽快融入当地社会，主要得益于"四个精准到位"，即思想认识精准到位、工作精准到位、安置政策精准到位、后期扶持措施精准到位。这些正是对上海对口帮扶中精诚精细务实作风的高度评价。

当上海的这种精准务实作风，与国家精准扶贫、精准脱贫的战略行动对接起来后，就取得了很好的脱贫攻坚成就，进而孕育、铸就了上海援建工作的精准精细务实作风。汶川地震后，上海援建的医院造好后，还给当地留下了一笔日常运行经费，考虑非常周到。也不在援建项目工程上刻名。这正如时任上海市委书记俞正声到阿克苏时所说,上海援建务实低调、不留名、不图名。时任上海市委书记李强也在多个会议、多个场合提出,要聚焦精准,做到资金项目投向更精准、社会事业帮扶更精准、产业增收更精准;资金要向深度贫困地区基层和特殊困难群体倾斜;要注重实效,立足中央要求、当地所需、上海所能,创新扶贫协作方式方法等。

党的十八大以来,围绕脱贫攻坚这个重中之重,深入贯彻精准扶贫精准脱贫基本方略,上海援外干部人才不断提升政治站位,不断加大帮扶力度。特别是在增加投入的同时,更加注重帮扶质量、投向和效果的精准。坚持向深度贫困地区倾斜,着力解决"两不愁三保障"突出问题,积极帮扶特殊困难群体。2019年,援疆、援藏、援青、援三峡资金80%以上,援滇、援黔资金90%以上安排在县及以下。在新疆喀什,安排4.3亿元建设安居富民房4.2万套。在西藏日喀则,安排1.1亿元建设边境小康示范村。在云南和贵州遵义,安排财政援助资金1.27亿元,建设乡镇、村学校、幼儿园18所;安排财政援助资金8210万元,建设乡镇、村卫生院、卫生室95个。在饮水安全方面,安排财政援助资金7700万元并撬动当地水利投资,借助上海科技力量的注入、在喀斯特地貌和工程性缺水地区实施32个自然能提水项目(借助动势能转换原理,不用油、不用电,维护成本低),帮助解决82万人生活用水(其中建档立卡户1.2万余人)、6.4万亩农田灌溉用水,以及1.5万头大牲畜、10万只土鸡生产用水,为解决当地结构性缺水难题提供"上海方案"。在妇女儿童帮扶方面,依托"绣娘大联盟""女企业家联盟"等社会组织,推广绣娘合作社,在云南红河州直接吸收600名贫困家庭绣娘就近就地就业,在楚雄州间接带动6万名绣娘参与彝绣产业发展,在实现增收的同时,有效缓解留守老人、留守儿童问题。

正是这种精准精细和务实作风的支撑，为对口地区打赢精准脱贫攻坚战贡献了更多的上海力量、上海智慧，让贫困群众切实感受到"上海温度"。曾有一位日喀则地委书记回忆说："上海是全力贯彻中央援藏部署的典范。""我对上海援藏干部有一个突出印象，就是做事很敬业、很细致、很严谨，非常扎实。他们在日常工作中时时处处都考虑周到细致，很注意细节，比如援藏项目从论证选题到立项审批，从建设管理到竣工验收和交付使用，都有一套严密的制度规定和管理办法。"这种工作方法背后彰显的正是精准精细精诚作风。

三、开拓创新

创新是一个民族进步的灵魂，是一个国家兴旺发达的不竭动力。创新，意味着求新、求变，要敢为人先、突破陈规，不要因循守旧、盲目跟从。上海在东西部扶贫协作和对口支援工作中承担着重要使命。上海干部在对口地区面临的是新环境、新工作、新任务。在对口帮扶工作中，创新是上海干部展现出来的显著特征。

以对口支援的新疆为例。新疆资源禀赋很好，是中国重要的能源战略基地，现在上海使用的天然气有很大一部分是由阿克苏地区提供的；新疆在发展特色产业方面也具有巨大潜力，而上海具有资金、市场、信息、技术等优势。那么，如何做好两地间的资源互补？这需要创造性开展工作。援疆干部遵循"优势互补、互惠互利、长期合作、共同发展"的原则，结合市场机制，创新了援助方式，拓宽了合作渠道，做了大量工作。如第四批援疆干部帮助阿克苏地区在沪举办了多次经济技术推介会，包括石油化工、矿产资源开发、农产品深加工等项目，他们还利用举办上海绿色农副产品博览会、优质农副产品交易会等机会，多次在上海成功举办了阿克苏农产品展示展销活动，社会反响很好。第二批援藏工作围绕"三农"问题展开，计划实施"万亩青稞高产示范实验项目"。

援藏干部考察了日喀则地区的 18 个县，走访了约 4 万千米，了解当地的科技工作基础，最后放弃了研发新品种的设想，而是创造性地选择了"东技西移"方法，就是把东边技术往西边转移。在拉孜县，援藏干部与县科委工作人员制定了项目实施规划和技术路径、技术手段，实行从种子、肥料、耕作方式的统一布置、统一管理，按照东部的耕作方式进行田间管理，通过实施形成一套可行的经验，使"东技"在西部农牧业生产上扎下根，大幅度提高了西部地区的青稞单产。以往拉孜当地青稞亩产量一直在 300 斤左右，经过"东技西移"，项目实施当年亩产量就达到了 831 斤。

另外，第二批援滇干部，在红河州开展对口帮扶工作，基于当地很多村寨没有通电的问题，开展了一项创造性工程——"光明工程"。之所以说是创造性工程，是因为这是首次将扶贫工程与国家工程计划结合起来，在一定程度上丰富了"光明工程"的适用场景和范围，为此工程的机制创新提供了一条新思路。这项工程让成千上万人从一片漆黑进入了"电器时代"。还有，在云南有援外干部提出，上海扶贫协作的思路是"中央要求、当地需求、上海所能"，但要借助上海大市场，为当地农产品拓展市场，就必须按照"上海所需、当地所能"的思路开展工作。在此新思路的基础上，采取了一系列新举措，取得了良好扶贫成效。类似这样的创新性做法，在对口帮扶工作中很常见，是上海援外干部因应新环境新条件新任务，为有效开展帮扶而采取的新政策新举措新方法，努力"把不可能做成可能"，"把不容易做成不简单"，是上海创新文化基因在对口地区的体现。

进入新时代，随着脱贫攻坚力度增加、要求提高，上海的援外干部人才在对口帮扶工作中，更是在产业扶贫、劳务协作、教育扶贫、健康扶贫、贫困村提升、携手奔小康、社会公益等方面，勇于开拓、不断创新，形成了一系列的好做法好举措，为助力对口地区全面建成小康社会贡献了上海力量、上海智慧。其中最突出的，就是在产业扶贫方面，已经探索形成了几种新模式：一是生产环节"组团式"扶贫模式，二是市场体系培育式扶贫模式，三是电商新零售爱心式扶贫模式，四是打通"最后一公里"消费型扶贫模式，五是农副产品价格保险式扶贫模式。[①] 特别值得一提的是，有援黔干部在某县工作期间，调研发现当地发展商品蔬菜产业存在三大困难：一是种植规模不大，二是技术标准不高，三是销售渠道不畅。为此，他先后奔走于上海、贵阳、重庆等地，为当地商品蔬菜寻销路、找市场，与永辉超市建立合作关系；同时选取阳溪镇阳溪社区开展与永辉超市"农超对接"的试点示范，引导该社区农民以土地、贫困户以"特惠贷"、村委会以基础设施入股，成立自治县利民专业合作社发展商品蔬菜。从第一年卖菜、第二年种菜，到第三年重点"建模"的扶贫故事，真切反映了援外干部的探索创新精神品格。

在其他方面，上海的对口帮扶也有很多创新。医疗、教育帮扶是最能打动人心，也是最具有持续性、生命力的，这最集中体现的就是"结对式"帮扶。推动学校医院结对共建，帮助改善办学、就医条件，以跟班带教、手术示范等形式，开展"金种子校长""影子院长"等培训，提升教学、医疗水平。在教育扶贫方面，2016年以来，上海通过"组团式"教育援藏，将对口支援的日喀则市上海实验学校建设成"具有上海特色、西藏特点的自治区示范性精品学校"。在"组团式"教育帮扶下，上海实验学校已经成为当地最好的学校，高考上线率达百分之百，中考的成绩位列自治区第一。同时，发挥辐射带动作用，通过日喀则市上海实验学校这一平台，把上海市先进的教学理念和方法向日喀则全部区县教育系统的干部和教师传播；探索"线上 + 线下"的现代化教育方法，

---

① 刘承功、潘晓岗、邱大昌主编：《精准扶贫上海实践案例集》，复旦大学出版社2019年版，第28—29页。

实现沪藏不同学校之间教育资源共享。[①] 医疗卫生的对口帮扶也是不断开拓、大胆创新。自 2010 年开始，上海对口支援喀什四县，以建设喀什第二人民医院为重点，建设南疆（喀什）新型医疗联合体，推进"三降一提高"公共卫生项目，帮助当地提升公共卫生与医疗服务能力，改善当地居民的健康状况。截至 2018 年上半年，上海累计投入近 10 亿元，派遣 300 多名半年期以上的医生到喀什地区和对口四县医疗机构开展对口支援[②]，帮助喀什二院成功升级为三甲综合医院。同时，创新探索并逐渐形成"人才组团 + 资源组团 + 项目组团 + 服务组团"的"组团式"对口医疗卫生援助模式。这一模式已成功运用于对口援助西藏、贵州遵义等地。大力发展智慧医疗、数字化医院建设和远程医疗服务，节约群众就医成本，让当地老百姓在家门口就能享受到上海优质的医疗服务。

这些项目的探索和成功，就形成了一个个创新故事、创新案例，集中体现了上海对口帮扶中的创新精神特质。

四、攻坚克难

美好生活是奋斗出来的。习近平总书记指出："中华民族伟大复兴，绝不是轻轻松松、敲锣打鼓就能实现的。全党必须准备付出更为艰巨、更为艰苦的努力。"[③] 特别是在新时代新环境下，"我们党要团结带领人民有效应对重大挑战、抵御重大风险、克服重大阻力、解决重大矛盾，必须进行具有许多新的历史特点的伟大斗争，任何贪图享受、消极懈怠、回避矛盾的思想和行为都是错误的。"

东西部扶贫协作和对口支援，是国家战略、国家行动，也是全面建

---

① 张晓颖、傅欣、孙佳佳：《"组团式"教育援藏案例—日喀则市上海实验学校》，《中国教育发展与减贫研究》2019 年第 1 期。

② 《助力脱贫攻坚 贡献上海力量》，《解放日报》2017 年 10 月 17 日。

③ 《习近平著作选读》第 2 卷，人民出版社 2023 年版，第 13 页。

成小康社会的重要保障。新时代"要坚决打好防范化解重大风险、精准脱贫、污染防治的攻坚战，使全面建成小康社会得到人民认可、经得起历史检验"。离开艰苦奋斗、攻坚克难，注定是无法完成的。上海参与对口援建 20 多年，派出了大量的援外干部人才，他们与对口地区的干部群众共同奋斗，破解遇到的各种难题，体现了上海干部一直以来的奋斗风范和品格。

从干部人才看，他们把援外看作一种历练机会。特别是对年轻干部来说，援外的历练、锻炼无疑是一笔财富，也是成长与成才的机遇。干部身处上海，家庭条件优越，工作条件也比较好，很多干部积极报名参与对口援建的目的是为了锻炼自己，促进自己成长，这是很正确的思想动机。比如，对口援藏、援青，干部在上海工作就只了解上海，到西藏、青海后确实能感到国家之大、地区差距之大，感受到邓小平同志提出的"两个大局"的深刻含义和正确性。同时，他们还能了解民族、宗教政策，包括参与反分裂斗争，尤其是在青藏高原的特殊环境里，更能得到意志磨炼和精神升华。可以说，东西部扶贫和对口支援的一线，就是上海干部真抓实干攻坚克难的前线，是干部经受严格思想淬炼、政治历练、实践锻炼的前沿阵地。归结起来，上海干部在援外工作中要克服的困难、付出的艰辛主要有三个方面：

一是家庭困难。援外干部大都成家立业了，家庭基本是上有老下有小。与以前相比，如今的东西部扶贫协作和对口支援已不再是单纯"给钱、给项目"，而是要"挂实职、担实责、干实事"。这样，上海就必须派出相应级别的干部，他们大多是家庭的中坚和顶梁柱。特别是一些年纪相对较轻的干部是独生子，他们的子女比较年幼，父母年纪比较大，配偶也正处于事业打拼阶段。于是，干部派出去之后，首先遇到的就是家庭困难。他们远离家庭，对孩子无法尽到做家长的责任，对父母无法尽到做儿女的责任。与家人分居两地，内心感到寂寞、无奈，无法对家庭尽责等，这些都成了对干部巨大的心理考验。在援外期间，有的干部孩子刚出生不久，或是援外期间孩子出生；不少干部家庭发生过种种困难，或是老人孩子生病甚至住院做手术，或是孩子学业遇到困难、面临初高中升学，或是父母去世。很多干部远在对口地区，得知家人出现情况后十分着急，但又无能为力，他们对家庭、家人由此产生了愧疚之心，非常伤感，忍不住流下眼泪。他们对家庭、家人割舍不下的情感，是最真挚的，也是援外干部必须面对的考验。即便如此，援外干部人才还是能够"舍小家为大家"，克服家庭重重困难，奋斗在对口支援一线，用实际行动展现上海干部形象。甚至有些干部多次参与援边援外，同当地干部群众一起，不辞辛劳、攻坚克难，付出了努力、献出了爱心、作出了奉献。

二是环境困难。援外干部人才奔赴对口支援地区，面临的是与上海有着极大不同的自然地理环境。最大的困难是，要克服西藏、青海和云南等高原缺氧困难，这样的环境确实是很艰苦的。西藏属于高寒缺氧地区。第一批援藏干部中，有人概括了援藏面临的三道关：缺氧、缺水、少电。刚进藏的时候很痛苦，干部都会不同程度地遇到头痛失眠、嘴唇干裂、呕吐腹泻、指甲发紫、呼吸困难、心跳过快等反应；而且，每次出藏后再进藏还会再出现一次高原反应；在日喀则县里由低海拔到高海拔也会产生高原反应。还有援藏干部说：援藏第一年是吃老本，因为干部都是经过体检挑选出来的；第二年是靠精神，靠精神支撑把各项工作做好；第三年是靠药物，白天有大量的工作，晚上想睡睡不着，安眠药是离不开的。正因如此，很多援藏干部人才身体上都不同程度地落下了病根，年轻比年老好些，年纪越大的对身体的损伤就越大。比如尿酸指标普遍不正常，还有高原性高血压、心脏肥大等都是不可逆的，需要长期服药，有的同志更是三年得了三场大病。虽然说困难重重，但援外干部人才还是充分发挥革命乐观主义精神，攻坚克难、不辱使命，坚守锻炼、不懈奋斗。

环境方面的困难，还表现在地理条件、生活饮食等方面，与上海有着很大差异。如果说援藏干部要经受高原反应的考验，那么对援疆干部来说在环境方面最难耐的可能要数沙尘天气了。2010年之前上海对口支援的阿克苏，位于塔克拉玛干沙漠西北边缘，降水稀少，蒸发量大，气候干燥，特别是春季干旱多大风，伴有浮尘扬沙天气，每年有长达几个月的沙尘天。每到春天，内地已是春暖花开，南疆却是连日持续的沙尘天。援疆干部最直接的感受是呼吸系统遭受伤害，此外再怎么收拾也是灰头土脸的。2010年之后，上海对口支援的喀什四县，也属于南疆地区，干部要面对的同样是严重的沙尘暴肆虐。有干部说PM10经常爆表，"一天二两土，白天不够夜里补"；而当地的公共卫生环境比较差，传染病比较多。有干部建议出门戴口罩，但戴口罩工作会显得格格不入，为了工作开展，大家决定不戴口罩，与当地人民保持一致。可以说，对口帮扶援建是一种选择、一种勇气，但背后更是一种人生态度，是一条充满艰难险阻的路。

三是工作困难。因为对口援建地区与上海的环境和条件不同，援外干部在工作中也会遇到重重困难。对口地区的经济条件较差，基本没有工业，也没有相对稳定的财政收入，教育、卫生等设施也较为落后，援外干部与当地群众在文化、信仰、交流上有一定的难度。

此外，援外干部还会遇到一些特殊情况，对他们提出了很高要求，造成了很大压力。更值得指出的是，既然是奋斗，就难免会有牺牲。1998年11月，第二批援藏干部邵海云同志在工作中因车祸不幸遇难殉职，被追认为优秀共产党员。① 赵坚是一名医生，积极响应组织号召主动报名参加对口支援工作。2019年5月，他参加上海市第九批援藏

---

① 《援藏干部邵海云被追认为优秀共产党员》，《解放日报》1998年11月15日。

医疗队。7月到日喀则后，他一边适应当地环境，一边投入紧张的工作中。入藏第四天，他就与其他援藏干部一起深入当地建档立卡贫困家庭，为3岁的先心病患儿诊治。7月30日晚，他突发疾病因公殉职，年仅38岁。正因此，相关部门又出台了一系列保障援外干部安全的举措。

　　总结起来，援外干部人才不畏艰辛，克服来自家庭、环境、工作等方面的重重困难，积极作为、攻坚克难，做了大量工作，使上海对口帮扶工作取得了很大的成就。如援藏干部，他们就真正发扬了"特别能吃苦、特别能忍耐、特别能战斗、特别能奉献"的西藏精神，还增加了一句"特别能团结"。有援藏干部总结，在老西藏精神的指引和感召下，他们努力将这样的精神付诸实践。开展教育援藏的干部说，他们在2017年得了重感冒，半个月没有爬起来，30个人到医院依次排开挂水，挂完水以后马上上讲台。这就是上海教师，每天到得比本地教师早，走得比他们晚。用真心接纳每个孩子，真心实意和他们一起在干，后来上海教师在当地获得的认同感是非常高的。

　　在新疆喀什，援疆干部创造了多个"第一"：上海市帮助编制的受援四县规划获自治区"创新奖"，巴楚县村庄规划被列为新疆唯一全国试点乡村规划；上海助推泽普县成功创建南疆首个5A级景区金湖杨景区；上海创造性地开展了对喀什二院的医疗"组团式"援疆，得到中组部在全国19个对口援疆省市的推广；莎车图文信息中心获国家"鲁班奖"，这是南疆地区第一个获此奖项的项目；上海电视台纪实频道承制的纪录片《喀什四章》，是第一份有价值的对外宣传喀什形象的名片；第一个职教联盟成立，推动喀什职业教育发展；第一个由上海全额代建的三莎高等级公路提前通车，并节省资金十几亿元……这样的"第一"还有很多。[1] 开展对口援黔的干部认为，参与东西部扶贫协作，承担的

---

[1]　孔令君：《申情无限　大爱兴疆》，《解放日报》2017年12月27日。

是大使命、大责任。他们开展"援黔三问"活动，即：援黔为什么？在黔干什么？离黔留什么？他们"把挂职当任职做，把分外事当分内事做"，在工作中体现出上海干部的精神和责任，对得起红色土地和红色群众。"感觉援黔工作了几年，使我的人生经历丰厚了，工作半径延长了。实地工作后的认识会变得更加立体。"

还有干部总结说，在艰苦复杂的环境中每位援疆干部都得到了磨炼、经受了考验、增长了才干，最终明白了一个基本道理：人活一世，就是做人和做事。做事要实，经得起检验；做人要严，抵得住诱惑。严和实内涵深刻，既是中华民族优良传统的提炼和概括，也是每一个人立身行事的根基和准则，更是确立正确的世界观、人生观、价值观的扎实基础。援疆是干部们人生旅途中一段难以忘怀的经历，更是让他们从中获得了一笔终身受用的精神财富。

五、上下同心

脱贫攻坚和对口支援是一项国家战略、国家行动，是全国上下共同的事情，需要社会各方面共同参与并作出贡献。上海参与东西部扶贫协作和对口支援也是如此，需要全市各单位各部门各方面协力同心，需要各参与者尽职尽责、合作协同，形成合力。时任上海市委书记李强多次强调，必须加强党的领导，凝聚全社会合力，确保脱贫攻坚各项工作扎实推进；要坚持"全市一盘棋"，强化统筹协调，进一步落实省市统筹、部门协作、区县落实、社会参与的扶贫协作工作机制，更好落实归口管理、分工负责、前后方协调、社会齐参与的工作机制，更好形成政府、市场、社会互动和行业扶贫、专项扶贫、社会扶贫联动的工作格局。[①]为此，上海更加强化了组织保障和统筹协调，进一步形成全市合力助推

---

① 谈燕：《真心实意付出　真金白银投入　真抓实干攻坚》，《解放日报》2018 年 7 月 13 日。

脱贫攻坚的局面，高质量完成中央的部署和要求。

首先，是党的领导和政府的总体安排参与，包括上海全市各级各类党政机关和其他相关部门。

从市级层面看，成立对口支援与合作交流工作领导小组，形成市委、市政府主要领导部署推进、亲力亲为，分管领导直接督促指导，合作交流办牵头协调，各区县、相关委办局及全市各方面共同参与的工作格局。对口支援还形成了前后方工作互动机制，在新疆设立前方指挥部，在其他对口地区设立援外干部联络组，建立前后方工作协调机制，明确各方互相支持配合的职责分工；建立对口帮扶联席会议机制，上海与对口地区两地领导定期互访交流，每年至少召开一次联席会议；建立对口帮扶工作例会机制，每季度召开一次领导小组成员单位工作例会，研究帮扶工作出现的新情况新问题。2019 年，上海市委书记、市长分别率队赴贵州遵义、云南学习考察，深入贫困地区看望建档立卡户，检查指导扶贫协作工作。市委召开 2 次常委会、市政府召开 1 次政府工作会议研究部署扶贫协作工作，上海市对口支援与合作交流工作领导小组召开 1 次全体会议、6 次专题会议，全市"一盘棋"、上下"一股劲"、前后"一根绳"的格局进一步形成，各方工作合力进一步加大。

党和政府助力脱贫攻坚和对口支援工作，还体现在顶层设计和制度安排上。2018 年研究制定《上海市助力对口地区打赢脱贫攻坚战三年行动计划》，部署产业扶贫、劳务协作、教育扶贫等七大政策举措。牵头制定《上海市东西部扶贫协作和对口支援工作管理办法》《上海市援外干部工作经费管理办法》等政策文件，形成了比较完备的制度体系，确保援外干部政治安全、资金安全、人身安全。同时，充分发挥市领导小组及其办公室牵头抓总、统筹协调的职能，细化目标，分解任务，逐项督导，狠抓落实；通过理顺机制，进一步强化各区的主体责任和部门的专项职责，确保中央下达的任务件件有落实事事有着落；通过督查督导，进一步强化前方机构、援外干部和后方机构、责任主体在具体任务和项目中的职责分工，确保资金投向精准、项目实施有序、帮扶成效明显；通过明确定位，进一步加大市政府驻外办事处对对口帮扶的服务保障力度，积极引导上海各类企业和社会组织参与对口帮扶。

上海市各委办局，是对口支援的积极参与者、合作者，承担着相应的职责任务。如上海统一战线系统，认真落实中央统战部关于定点帮扶任务要求的同时，大力支持、积极参与对口帮扶工作，工作富有成效，示范作用明显。再如，市工商联、市光彩事业促进会在全市广大民营企业支持下，将积极主动落实脱贫攻坚任务与执行落实全国工商联"万企帮万村"精准扶贫行动、上海市东西部扶贫协作和对口支援工作部署相结合。2018年全市参与"万企帮万村"精准扶贫行动的民营企业数新增248家，帮扶贫困村新增591家，以实际行动践行了社会责任。

全市各区是对口帮扶最重要参与者、执行者，不仅要派出干部人才，还要根据中央和上海市委、市政府的安排部署，制定本区参与东西部扶贫协作和对口支援的实施办法，全部成立对口支援与合作交流领导工作小组，分解任务、整合资源，谋划落实对口帮扶政策等。上海全市16个区，基本实现每个携手奔小康县至少派出一名处级援外干部、一名支教教师、一名帮扶医生，至少有一个产业合作项目落地、一批社会组织参与帮扶。同时，还根据市委、市政府要求，围绕携手奔小康行动任务，分解脱贫攻坚和对口支援任务，完善部门结对、街镇结对、村企结对、社会力量参与帮扶的格局，不断创新工作模式，努力实现对深度贫困乡镇、深度贫困村的全覆盖，协助结对贫困县实现摘帽脱贫目标。按照有协议、有规划、有资金、有项目、有干部、有人才、有互访、有联席会议、有措施、有成效的要求，建立结对推进机制，加强交流往来，实现共商共建共享目标。

其次，是各类企业的协力参与和帮扶。

对口援建中，产业扶贫具有根本性、长期性。上海既注重政府引导，又注重市场运作，积极为各类企业赴对口地区投资发展创造便利条件，促进合作项目产生预期效益，完善带贫机制，带动建档立卡户增收脱贫。积极实施贫困地区特色产业提升工程，做好土地和农业这篇大文章，因地制宜加快发展对贫困户增收带动作用明显的种植养殖业、林草业、农产品加工业、民族手工业、休闲农业和乡村旅游，建设一批有规模、有品牌、有效益的现代农业示范基地，帮助打造"一县一品""一村一特"。帮助当地建设产业融合发展的扶贫产业园、绿色食品和有机农产品原料基地，在对口地区建设 3 万亩、2 个以上供沪农特产品外延生产基地。如"遵菜入沪"、联合利华茶园项目、安信农保等，都是政府引导下的企业帮扶行为。

参与东西部扶贫协作和对口帮扶的，既有国企，也有民企。上海国资国企主动担当作为，45 家市属企业集团下属百余家企业结对云南100 个贫困村及贵州遵义 12 个贫困村，开展精准扶贫，助推贫困村脱贫摘帽，带动全市超过 1600 家企业，与云南、贵州遵义近 2300 个贫困村开展结对帮扶。上汽集团、上药集团、华谊集团、临港集团等 20多家市属国企投资农产品加工、园区开发、中医药种植加工、建材制造等产业，直接间接带动就业超万人。很多上海企业收购贫困村生产的农产品作为发放给员工的福利。光明食品集团、百联集团依托产业、市场和管理优势，帮助结对村解决产业发展后劲问题。很多民营企业也纷纷履行社会责任。如上海民营企业上海复星高科技（集团）旗下的复星基金会，在中国光彩事业促进会、国家卫健委扶贫办等的指导下，在 2017 年年底发起乡村医生健康扶贫项目，创新性地提出以帮扶全国150 万名乡村医生为切入口，以派出企业员工进行接力驻点扶贫的方式，开展村医培训、保险赠送、慢病签约管理奖励、优秀村医评选、村民大病救助及智慧卫生室升级等系列措施，积极参与扶贫协作。

再次，各类社会组织和社会志愿公益组织参与援助行动。

对口帮扶中，充分发挥上海市社会组织发育成熟、实力较强、运作规范的优势，综合运用公益扶贫项目资助等政策，引导他们积极参与公益扶贫事业。从 2003 年启动"银龄行动"以来，上海每年组织老年知识分子赴新疆开展专业的志愿服务，涉及医疗、教育、农业等十多个专业领域，涵盖阿克苏、博州、巴州、克拉玛依、喀什 5 个地区（州、市），赢得沪疆两地社会各界的广泛好评，既实现了广大老年知识分子老有所为的价值，也为新疆经济建设、社会发展和民族团结作出了积极的贡献。一些组织参与扶贫协作和对口支援，还积极探索创新，形成规模效应、持续效果。在新疆巴楚县，"小胡杨"是第九批上海援疆干部因地制宜、发挥援疆优势，打造出来的一个成熟的扶贫扶志扶智品牌。它着力推进"五个美好"系列活动，即美好童年、美好少年、美好就业、美好心灵、美好生活服务脱贫攻坚工作。项目开展以来，创新、引进、扶持优秀扶贫扶智扶志项目 42 个，开展各类活动 400 场次，惠及群众 167900 人次，其中贫困户 55800 人次。而参与"小胡杨"行动的大多数是社会组织和志愿者。① 另外，2019 年全市动员 191 家社会组织参与对口帮扶，实施项目 675 个。投入帮扶资金逾 1 亿元。

当然，援外干部家庭和普通市民的支持、合作也很重要。上海整座城市都在协力同心参与脱贫攻坚。多年来，上海充分营造"援藏重要、援藏光荣""一人援藏，全家光荣"的良好社会氛围，营造"人人皆可为、人人皆愿为、人人皆能为"的工作局面。尤其是援外干部人才家属、家庭的支持与合作更能够体现协力同心的合作精神，这是前后方合作的最主要内容，也事关扶贫协作的成效。1998 年援藏干部邵海云同志在工作中不幸遇难殉职。邵海云同志的家属对组织没有一句怨言。这

---

① 罗娜、王星：《"精细化"援疆助力喀什四县脱贫攻坚》，《文汇报》2019 年 7 月 4 日。

一方面是因为各级领导和工作人员在选送干部、照顾家属上做得非常好，善后工作考虑得也极为周到；同时也要感谢邵海云同志的家属，他们非常通情达理，表现出很高的思想境界。

有援滇干部这样描述："我这次去，家里给予了很多支持，父母对我说，去国家最需要你的地方，甚至亲自帮助、参与了扶贫工作。我的爱人在徐汇区卫健委工作，她也争取专家，给我们当地被弹片折磨的百姓进行手术，发动自己的同学朋友一起参与。我的女儿所在的学校，也积极为云南捐款达3万元。我不是一个人去参与工作的，我是带着他们所有人的参与来进行工作的。实现了对于全部县、全部乡镇的扶贫，联系企业，一一对接，全方位深入合作，单位的支持是我们的坚强后盾。我在云南工作的时候，虽然我不是徐汇的干部，但徐汇区的各类人士对于我家庭很照顾，援外干部家属定期交流慰问等活动，他们仍然通知我爱人参加，这也让我十分感动。"如此人人参与、人人尽责，就形成了一个扶贫协作和对口支援的信念共同体、责任共同体、参与共同体，随之而来的是良好的社会氛围，这最能体现上海对口帮扶中协力同心、通力合作的精神品格。

第十章

与乡村振兴战略有效衔接

的启示和思考

脱贫摘帽不是终点，而是新生活、新奋斗的起点。解决发展不平衡不充分问题、缩小城乡区域发展差距、实现人的全面发展和全体人民共同富裕仍然任重道远。东西部扶贫协作和对口支援作为推动区域协调发展、协同发展、共同发展的重大战略，作为实现先富帮后富、最终实现共同富裕目标的重大举措，无论是以往的实践结果，还是未来共同富裕发展的要求，依然是可以发挥巨大作用的中国特色社会主义帮扶制度。当然，由于发展环境的改变，东西部群众生活水平的进步，东西部扶贫协作和对口支援制度要能继续发挥好互惠互利、合作共赢的作用，需要与乡村振兴战略有效衔接，把东西部扶贫协作和对口支援的经验做法转化为有利于乡村振兴的有效举措。

第一节　乡村振兴战略的内涵和对对口帮扶的要求

乡村振兴战略是党的十九大立足"三农"这一关系国计民生的根本性问题推出的一项重大战略决策。2018 年 2 月，中共中央政治局召开会议审议通过的《国家乡村振兴战略规划（2018—2022 年）》，是对这一战略决策的细化。《规划》不仅对乡村振兴战略的目标、原则等进行了明确，更是对从 2018 年到 2022 年如何推动乡村振兴战略开好局、起好步进行了规划。

2019 年 4 月，2021 年 2 月、3 月，党中央根据经济社会发展变化对乡村振兴战略的需要出发，先后发布了《中共中央、国务院关于建立健全城乡融合发展体制机制和政策体系的意见》《中共中央、国务院发布关于全面推进乡村振兴加快农业农村现代化的意见》《中共中央、国务院关于实现巩固拓展脱贫攻坚成果同乡村振兴有效衔接的意见》，三个《意见》与《规划》从理论、制度、政策、技术等不同方面确立了乡村振兴战略的"四梁八柱"，不仅是推动乡村振兴的系统性指导文件，也回答了全面建成小康社会、进入全面建设社会主义现代化国家新征程，到底要不要继续实施东西部扶贫协作和对口支援，怎么创新地实施好东西部扶贫协作和对口支援制度等问题。

一、关于新征程上要不要继续实施东西部扶贫协作和对口支援问题

建设社会主义现代化国家离不开农业农村的现代化，因为农村的现代化是建设现代化经济体系的重要基础、建设美丽中国的关键举措、传承中华优秀传统文化的有效途径、健全现代社会治理格局的固本之策、实现全体人民共同富裕的必然选择。乡村振兴的目的就是推动农村农业现代化，就是按照产业兴旺、生态宜居、乡风文明、治理有效、生活富裕的要求建设现代化的新乡村。

基于乡村振兴要实现的产业兴旺、生态宜居、乡风文明、治理有效、生活富裕等要求，党中央提出了乡村振兴需要坚持的八个基本原则，分别是：坚持党管农村工作；坚持农业农村优先发展；坚持农民主体地位；坚持乡村全面振兴；坚持城乡融合发展；坚持人与自然和谐共生；坚持改革创新、激发活力；坚持因地制宜、循序渐进。不难看出，不论是二十字的目标，还是"八个坚持"，乡村振兴完全仅靠乡村自己是难以实现的。对此，需要国家在制度设计上继续宏观把握，需要调动全国的积极性投入其中，需要继续发挥好东西部扶贫协作和对口支援这一制度创新的独特作用。因为实施乡村振兴首要的也是最基本的一步，是持续巩固好脱贫攻坚的成果，对那些易返贫致贫人口及时发现、及时帮扶，守住防止规模性返贫底线。易返贫致贫人口本身的可持续发展能力不是很强，实现脱贫攻坚是在国家和各地的大力支持下和自己奋斗实现的，还比较脆弱，如果立刻脱离外部的支持有的很难持续下去，有的

一有风吹草动就很有可能再次进入贫困境地。所以，习近平总书记反复强调，"调动各方力量，加快形成全社会参与的大扶贫格局……脱贫致富不仅仅是贫困地区的事，也是全社会的事"，"贫困县摘帽后，也不能马上撤摊子、甩包袱、歇歇脚，要继续完成剩余贫困人口脱贫问题，做到摘帽不摘责任、摘帽不摘政策、摘帽不摘帮扶、摘帽不摘监管"。[①] 这表明，脱贫攻坚任务完成后的共同富裕之路上，东西部扶贫协作和对口支援制度的好做法不能马上停下来。

其次，乡村振兴战略的关键和核心是增强乡村自身的发展能力，也就是传统对口帮扶过程中强调的"造血"功能。根据《规划》关于到2022年乡村振兴战略的目标描述，在经济发展方面，主要是乡村产业加快发展，农村一二三产业融合发展格局初步形成，城乡融合发展体制机制初步建立。特别是在城乡融合发展方面，要使市场在资源配置中起决定性作用，更好发挥政府作用，推动城乡要素自由流动、平等交换，推动新型工业化、信息化、城镇化、农业现代化同步发展，加快形成工农互促、城乡互补、全面融合、共同繁荣的新型工农城乡关系。这些目标的实现，不仅需要国家层面的宏观设计，也需要东部等经济发达地区主动对西部地区，特别是西部广大农村开放，更需要东部经济发达地区对西部地区，特别是刚刚完成脱贫攻坚任务的贫困地区的支持和帮助，这与多数贫困地区完成脱贫攻坚时间不长、自身"造血"能力还不够强有关。许多刚刚脱贫的地区的产业最初是依靠对口帮扶地区引进资金、项目、人才等要素，从无到有发展起来的，很多还没有真正扎根当地形成可持续发展态势，需要对口帮扶地区继续投入精力给予支持，扶上马再送一程。

第三，乡村振兴是全面的振兴，是要实现全面建成社会主义现代化强国目标下的农业强、农村美、农民富。"强、美、富"揭示出实现

---

① 习近平：《论"三农"工作》，中央文献出版社2022年版，第193、285页。

振兴的乡村不仅仅是经济发展起来，还包括很多软实力的增强。因此，《规划》对照党中央新时代"五位一体"总体布局及党的建设等要求，设定了 2022 年、2035 年的乡村振兴指标，都不仅仅限于经济发展方面，还有许多其他方面指标。如到 2022 年要实现农村基础设施条件持续改善，城乡统一的社会保障制度体系基本建立；农村人居环境显著改善，生态宜居的美丽乡村建设扎实推进；乡村优秀传统文化得以传承和发展，农民精神文化生活需求基本得到满足；以党组织为核心的农村基层组织建设明显加强，乡村治理能力进一步提升，现代乡村治理体系初步构建等。这些指标的完成，同样离不开外界的支援和帮助，特别是东部发达地区的帮扶，因为这些地区由于经济社会发展快于西部地区，积累了大量丰富的资源和经验，西部地区正在遇到的问题，东部地区已经提前遇到过并探索出解决的办法，因此，在这些方面，东部地区和西部地区、对口支援的双方依然有合作的必要性。

这也是习近平总书记在全国脱贫攻坚总结表彰大会上讲到做好巩固拓展脱贫攻坚成果同乡村振兴有效衔接各项工作时，强调"要坚持和完善驻村第一书记和工作队、东西部协作、对口支援、社会帮扶等制度，并根据形势和任务变化进行完善"的原因所在。

二、关于如何根据形势和任务变化完善东西部扶贫协作和对口支援问题

实现共同富裕是乡村振兴战略的应有之义。因为"共同富裕是全体人民的富裕，是人民群众物质生活和精神生活都富裕，不是少数人的富裕，也不是整齐划一的平均主义"①，也就是说没有农民农村共同富裕，

---

① 《习近平主持召开中央财经委员会第十次会议》，新华社 2021 年 8 月 18 日，https://baijiahao.baidu.com/s?id=1708394312257947626&wfr=spider&for=pc。

就谈不上全体人民的共同富裕；"没有农业农村现代化，就没有整个国家现代化"，"民族要复兴，乡村必振兴"。

不过由于中国农村发展差别大，如有的地区的农村刚刚脱贫，有的地区的农村已经建成小康，还有的地区的农村迈进富裕阶段，这预示着全面实施乡村振兴战略的深度、广度、难度都不亚于脱贫攻坚。不仅如此，乡村振兴战略目标的实施正是中国贯彻新发展理念、构建新发展格局的新发展阶段，决定了包括东西部扶贫协作和对口支援在内的乡村振兴举措，都必须根据形势和任务的变化进一步发展完善，才能最终实现建成强、美、富的现代化新乡村的目标。

对此，《中共中央、国务院关于实现巩固拓展脱贫攻坚成果同乡村振兴有效衔接的意见》《中共中央、国务院关于建立健全城乡融合发展体制机制和政策体系的意见》，对如何坚持和完善东西部协作和对口支援、社会力量参与帮扶机制进行了明确：继续坚持并完善东西部协作机制，在保持现有结对关系基本稳定和加强现有经济联系的基础上，调整优化结对帮扶关系，将现行一对多、多对一的帮扶办法，调整为原则上一个东部地区省份帮扶一个西部地区省份的长期固定结对帮扶关系。省与省之间要做好帮扶关系的衔接，防止出现工作断档、力量弱化。中部地区不再实施省际结对帮扶。优化协作帮扶方式，在继续给予资金支持、援建项目基础上，进一步加强产业合作、劳务协作、人才支援，推进产业梯度转移，鼓励东西部共建产业园区。教育、文化、医疗卫生、科技等行业对口支援原则上纳入新的东西部协作结对关系。更加注重发挥市场作用，强化以企业合作为载体的帮扶协作。继续实施"万企帮万村"行动。定期对东西部协作和定点帮扶成效进行考核评价。[1]

---

[1] 《中共中央、国务院关于实现巩固拓展脱贫攻坚成果同乡村振兴有效衔接的意见》，新华社2021年3月22日，https://baijiahao.baidu.com/s?id=1694945097343524000&wfr=spider&for=pc。

概括起来，可以从以下几个方面理解如何根据乡村振兴战略背景对东西部扶贫协作和对口支援机制进行完善。

一是新形势下的东西部扶贫协作和对口支援应该树立"城乡一盘棋"的理念。习近平总书记强调，"要把乡村振兴战略这篇大文章做好，必须走城乡融合发展之路"①。所谓城乡融合发展，关键就是要加快形成工农互促、城乡互补、全面融合、共同繁荣的新型工农城乡关系，城乡发展差距和居民生活水平差距显著缩小直至基本实现共同富裕，其核心就是把城乡发展放在一起考虑谋划，就是城乡一盘棋。东部地区帮扶西部地区，可以看作中观层面的城乡融合发展实践，在这个过程中，东部地区不再是单一的输出地区，西部地区也不再是单一的输入地区，帮扶工作应该是立足于有利于双方发展的基础上开展的，应该是东部地区工业优势与西部地区农业优势互相促进、东部城市地区与西部农村地区优势互补，互惠互利的。

二是新形势下的东西部扶贫协作和对口支援应该牢牢抓住产业合作这个重中之重。产业兴旺在乡村振兴战略总要求中位居首位，是乡村振兴的工作重点。东西部扶贫协作和对口帮扶在这方面大有可为。目前，东部地区产业体系相对比较完善，不仅可以帮助支持脱贫地区乡村特色产业发展壮大，还能发挥自身科学技术人才优势，帮助西部农村地区发展现代农业、培育新产业新业态；发挥自身的市场优势，深化拓展消费帮扶，进一步推动农村一二三产业融合发展，实现乡村经济多元化和农业全产业链发展。

三是新形势下的东西部扶贫协作和对口支援应该立足激发乡村振兴内生动力，在促进被帮扶地区人才发展方面作出贡献。人才是实现新时代城乡融合发展的生力军和主力军，乡村振兴同样离不开人才这把"金

---

① 《习近平谈治国理政》第 3 卷，外文出版社 2020 年版，第 260 页。

钥匙"。在促进城乡融合发展和实施乡村振兴战略过程中，高素质人才队伍的建设至关重要。这也是东西部扶贫协作和对口支援机制具备的优势之一。东西部扶贫协作和对口支援除了要继续延续好传统的有组织劳务输出、就业培训等做法，更应该从调动农民积极性、主动性、创造性的角度出发，发挥人才引领作用，帮助西部地区培育自己的成体系的人才队伍。

四是新形势下的东西部扶贫协作和对口支援应该立足有利于促进城乡一体化开展合作帮扶。要在推动公共服务向农村延伸、社会事业向农村覆盖，健全全民覆盖、普惠共享、城乡一体的基本公共服务体系方面多发力；在推进乡村公共基础设施建设方面多发力，坚持先建机制、后建工程，加快推动乡村基础设施提档升级；在推动乡村发展理念转变方面多发力，帮助乡村地区加快梳理市场经济理念，形成按市场规律发展的思想；在帮助乡村土地提高社会治理方面多发力，帮助乡村建立起与社会主义现代化适应的现代治理模式。

第二节　上海关于对口帮扶与乡村振兴有效衔接的先期探索

乡村振兴一直是党中央关注的重大问题，早在 21 世纪初，党中央为振兴乡村提出实施美丽乡村建设。2017 年党的十九大正式提出乡村振兴战略。很多地方开始就乡村振兴进行探索实践。一些提前完成脱贫攻坚任务的地区，在巩固脱贫攻坚成果的同时，也开始探索乡村振兴之路。以上海对口帮扶的云南、三峡（重庆、湖北）、西藏、新疆、青海、贵州等中西部地区为例，上海积极发挥自身优势，主动在助力摘掉贫困帽子的地区进一步发展上发挥作用，开启了对口帮扶与乡村振兴相衔接的实践工作。

乡村振兴，要振兴的是"三农"，是一个涉及从事行业、居住地域和主体身份三位一体的问题。因此，习近平总书记有针对性地提出乡村产业振兴、乡村人才振兴、乡村文化振兴、乡村生态振兴、乡村组织振兴的"五个振兴"的科学论断。[①]回顾总结上海40多年的对口帮扶工作，不难发现，上海的对口帮扶工作随着受助地区逐步完成脱贫任务，已经开始转向帮助对口帮扶地区探索产业振兴、人才振兴、文化振兴、生态振兴、组织振兴问题，为实现对口帮扶与乡村振兴有效衔接积累了一定的经验。

上海帮助对口帮扶地区振兴乡村产业的探索，比较有代表性的是对口帮扶贵州省遵义市和云南省。不同于其他的西部地区，云南和遵义都属于资源禀赋和生产生活环境较好的地区，特别是遵义，当地群众的发展愿望也比较强。对口帮扶40多年，特别是东西部扶贫协作以来，上海立足当地的资源优势帮助当地初步建立起了产业体系。但是，应该看到的是，这些产业体系也仅仅是建立起来，高质量可持续地自我运作还需要花很大的精力。对此，上海发挥自身市场经济经验丰富的优势，引导当地按市场规律发展产业，通过改造生产链、打通流通链、提升价值链，把市民对绿色、健康农产品的需求与对口帮扶地区资源禀赋独特、农副产品丰厚的优势有机结合，推动当地农村产业产品朝着高质量、高标准迈进。如上海蔬菜集团在云南和贵州遵义建立了30多个外延基地，在种植、分拣、加工、冷链、运输和销售等环节进行全方位指导。统计显示，通过打通流通链，上海2020年销售对口帮扶地区农产品超1100亿元。上海还积极发挥自身科技优势和产业优势，通过产业合作带动当地的产业振兴。位于贵州省遵义市汇川区高坪街道的临港遵义科技城，是沪遵两地携手打造的东西部产业合作示范区。在园区管理

[①] 《习近平对实施乡村振兴战略作出重要指示》，新华社2018年7月15日。

上，临港遵义科技城引入上海工业园区的先进理念，把服务作为核心竞争力，根据客户需求定制厂房。截至 2020 年，临港遵义科技城已建成面积达 11 万平方米的 13 栋现代工业厂房，吸引世界 500 强联合利华的战略合作企业、中国 500 强光明集团的旗下企业等 30 余家龙头企业入驻。园区还解决了 1000 余名当地群众就业，目前资产规模达 17.8 亿元，2020 年上半年产值达 7.2 亿元。谦比合（上海）文化传播有限公司采取企业和家庭"认养咖啡树"的新模式，联合上海多家企业和家庭在新寨村认养咖啡树，从源头解决了咖农销售难的问题，通过商业和平台为咖农发声，让咖啡文化得以发扬传承。让上海更多的家庭到隆阳来体验咖啡种植、采摘、制作全过程，打响隆阳小粒咖啡知名度，让更多企业及上海人士到隆阳旅游开发，推动隆阳经济发展，不断夯实沪滇合作交流成果。保障了咖农和村集体的经济利益最大化，带动了周边经济发展，是振兴乡村产业的一种独创做法。

　　上海帮助对口帮扶地区振兴乡村人才的探索，比较有代表性的是对口帮扶新疆喀什和西藏日喀则。乡村振兴，关键在人。中共中央办公厅、国务院办公厅专门印发《关于加快推进乡村人才振兴的意见》，聚焦农业生产经营人才、农村二三产业发展人才、乡村公共服务人才、乡村治理人才、农业农村科技人才等，明确了要培养造就一支懂农业、爱农村、爱农民的"三农"工作队伍，坚持多元主体、分工配合的原则，提出要推动政府、培训机构、企业等发挥各自优势，共同参与乡村人才培养，解决制约乡村人才振兴的问题，形成工作合力。东西部扶贫协作和对口支援在这方面可以发挥很好的无可替代的作用。上海对口支援的新疆喀什和西藏日喀则都存在着医疗卫生和教师等公共服务人才短缺的问题。通过志愿者服务和原来定期输送医生和教师帮扶的做法，可以较短时间解决当地这方面人才短缺问题，但是一旦中断，两地医疗卫生和教育水平不高，人才短缺的问题依然存在。要从根本上解决这个问题，关键是要为当地留下一支带不走的人才队伍。上海通过"组团式"援助，找到了有效的方法。2016 年，上海首次采用"定点组团"方式选派大规模教师队伍援藏，首批 40 余位上海教师赴日喀则市开展教育援藏。当地没有教材，他们自己动手编写；对于辍学的孩子，他们翻山越岭去做工作，就这样办起了一所得民心的好学校。在新疆，上海成立援疆教育集团，实施"玉兰工程"，打造"1 + 4 + n"（1 个核心校、4 个县域集团、辐射全地区）模式，全面提升喀什地区基础教育水平和质量。在"组团式"医疗援助方面，2015 年上海派出 12 名援藏医疗队队员，在日喀则市人民医院开展医疗援藏，实现由原来选派单一专业技术人才援疆到选派"专业技术人才 + 卫生管理人才"的"组团式"人才队伍援疆的转变。援藏医疗团队通过"手把手""一对一"的带教，帮助日喀则市人民医院培养 19 位中青年骨干，帮助打造心内科、妇产科、儿科、骨科、血液科等 10 个拳头科室，进一步满足了群众对就医质量的新需求，真正让西藏日喀则医疗卫生机构整体服务能力提升。

上海帮助对口帮扶地区振兴乡村文化的探索，比较有代表性的是对口帮扶新疆喀什和青海果洛。文化是魂，乡村文化自信是中国文化自信的重要环节。乡村振兴，离不开乡村文化的振兴。根据中央乡村振兴文件关于文化振兴的描述，所谓文化振兴，就是加强农村思想道德建设和公共文化建设，培育文明乡风、良好家风、淳朴民风，体现浓郁的当代特色乡村文化、提升农民精神风貌、提高乡村社会文明程度、焕发乡村文明气象。对此，上海在对口帮扶的过程中，不仅就如何立足帮扶地区的乡村文化特色助力乡村振兴进行了许多探索，还就提高当地乡村社会文明程度进行了探索。上海发挥喀什和果洛地区独特的自然环境特色和民族特色，帮助当地开发旅游线路，打造当地独具特色的旅游文化品牌。特别是果洛地区，是格萨尔文化资源最富集、表现形式最有特色、文化特征保持最完整、说唱传承人最多、影响力最广泛的地区之一。保护和传承格萨尔文化，是当地乡村文化振兴的重要内容，也是多民族团结一心，共同进步的文化纽带。上海帮助当地开展相关文化典藏的保护，在上海举办"走进上海大世界果洛非遗文化旅游展示"，帮助格萨尔文化走出果洛。除了保护弘扬传统文化，上海在振兴乡村文化方面还进行了引导群众讲文明、讲道德，培养文明健康的生活方式的实践，如上海援建干部发现喀什地区的群众比较喜欢鼓乐，就积极推动上海鼓鼓文化传播有限公司（以下简称"上海鼓鼓乐团"）到当地进行培训，帮助当地打造泽普版的"鼓鼓乐团"队伍。乐团经常到群众中表演，丰富了当地群众文化。上海还在喀什巴楚地区开先河创办了社区学校，设立微笑图书馆，给当地小朋友提供学校之外的学习、活动场所，后来把这种模式发展为服务成人的社区工作室，满足了群众 8 小时工作时间外的文化需求。

上海帮助对口帮扶地区振兴乡村生态的探索，比较有代表性的是对口帮扶青海和西藏日喀则。良好生态是乡村振兴支撑点。乡村振兴是持久战，在推进落实的过程中，必须始终立足生态优先战略，筑牢乡村发展的生态屏障，任何时候都不能以牺牲环境为代价。上海对口帮扶的许多地区都是中国重要的生态保障重地，如青海果洛，为三江源头所在地；西藏日喀则为珠穆朗玛峰所在地，在这些地区实施乡村振兴，必须振兴乡村生态，不能为了发展去牺牲生态。对此，上海在对口帮扶这些地区的过程中，始终把绿色发展放在第一位，在帮助当地发展特色产业时紧紧围绕绿色、生态开展，帮助这些地区利用当地的自然资源和自然环境，发展出许多其他地区难以发展的特色产业，如高原牦牛产业、菌菇、藏红花种植等。推动乡村生态振兴，还体现在农村环境问题的综合治理上，把乡村打造成农民安居乐业的美丽家园。对此，上海最大的实践是建设"边境小康示范村"。不同于原来的温饱村建设，小康村的建设更加注重生态宜居，注重生态环境的保护，实施生活垃圾整治，推行"能源革命"，让雪域高原守住美丽的净土，留住记忆的乡愁。

上海帮助对口帮扶地区振兴乡村组织的探索，比较有代表性的是对口帮扶三峡库区。上海对口帮扶三峡库区移民从一开始就确定了"搬得出、稳得住、逐步能致富"的目标。这些移民几乎是整体搬迁到一个新的地方开始全新的生产生活。除了帮助当地发展产业、实现就业、改善民生等，上海帮扶三峡库区移民的一个很大创新就是社会治理上的探索。因为，没有一个坚强的领导核心来组织领导，无论是脱贫攻坚，还是乡村振兴都很难顺利推进。对此，上海发挥自身社会治理能力强、经验丰富的优势，帮扶当地在完善治理体系组织化上用真功，探索出上海部分街道与三峡库区的村形成村（居）委会结对共建机制，不断加大两地党建引领、社区治理等方面基层交流合作。有的村学习探索了群众自我管理、自我约束模式，设立红白理事会，制定村规民约，引导大家红事少办、白事简办、事事文明办，受到村民们普遍欢迎。

第三节 在新的实践中完善对口帮扶机制的思考

无论是理论，还是实践，都证明实施乡村振兴，依然需要继续发挥东西部扶贫协作和对口支援机制的巨大优势和作用。但是针对新的任务要求，对口帮扶机制要能够更好地发挥作用，必须根据新的发展目标和要求在继承中发展，在继承中创新。

一是仍要牢固树立"两个大局"和"一盘棋"的思想。这是继续坚定执行好对口帮扶机制的思想基础。随着脱贫攻坚任务的圆满完成，全国都进入到为实现共同富裕，建设社会主义现代化强国的新阶段，各地都有着为实现共同富裕需要完成的重任，有些地区，特别是经济发达的地区，就会觉得对口帮扶似乎没有继续实施下去的必要了，放松或淡化对对口帮扶工作的重视。事实上，由于中国幅员辽阔、发展不平衡的状况仍然存在，要实现共同富裕的目标，有些地区还是需要经济发达地区的帮扶的，这是由我们要实现的共同富裕决定的。因为我们的共同富裕是全体人民的富裕，是人民群众物质生活和精神生活都富裕，不是少数人的富裕，也不是整齐划一的平均主义，要分阶段促进共同富裕。要坚持基本经济制度，立足社会主义初级阶段，坚持"两个毫不动摇"，坚持公有制为主体、多种所有制经济共同发展，允许一部分人先富起来，先富带后富、帮后富，重点鼓励辛勤劳动、合法经营、敢于创业的致富带头人。[①]这表明，实现共同富裕的过程依然需要先富地区帮助后富，依然需要发达地区、城市坚持全国一盘棋、城乡一盘棋思想，主动把自己放在全国发展的大背景中，为促进全体人民的共同富裕作出自己应有的贡献。当然，新的目标任务下的对口帮扶肯定不完全是传统意义上的帮扶，需要与时俱进赋予新的内涵。

二是把发挥好产业和市场的关键核心作用放在第一位。乡村振兴的关键和基础是产业振兴，而产业振兴的根本出路在市场。实施乡村振兴战略不同于以往的脱贫攻坚，农民富、农业兴是考量乡村振兴的重要指标，这一指标不是原来的脱贫攻坚任务下单纯帮助贫困地区贫困人口发展微小种养殖等可以实现的。帮助脱贫地区找到一条适合自己的产业发展之路，紧紧依靠市场探索出可持续的发展之路才是关键。这需要经济发达地区给予帮助和支持，特别是需要经济发达地区发挥自身较早参与市场经济积累的丰富经验和已经形成的产业优势，以及技术优势，帮助对口帮扶地区按照市场规律找寻适合自己发展的产业。当然，促进全体人民共同富裕目标下的对口帮扶乡村产业振兴，不能简单地单一要求经

---

① 《习近平主持召开中央财经委员会第十次会议》，新华社 2021 年 8 月 18 日，http://news. china.com.cn/2021-08/18/content_77698980.htm。

济发达地区的付出，还要强调经济发达地区在继续下去的对口帮扶中有利于自身的发展，成为促进自身发展的新平台和新机遇。基于这一点出发的对口帮扶乡村产业振兴，除了继续做好脱贫攻坚阶段的支持外，更需要从有利于双方发展的基础上找准双方的需求结合点，进行有机对接，在建立长期利益联结纽带上下功夫，真正实现内外部市场互为联通、资源相互对接、人员有序流动。

三是要把帮助乡村加快发展公共事业作为对口帮扶大有可为的领域开展好。根据乡村振兴是全面的振兴的要求，对口帮扶机制在乡村振兴中需要继续坚持和完善的一个重要方面就是乡村存在的公共事业发展短板问题。长期的城乡二元结构，使得城乡公共事业发展存在比较大的差距，刚刚完成脱贫攻坚任务的地区在公共事业发展上与城市的差距更大。农村美的乡村振兴目标不仅仅是环境的美，还指人们的精神状态美、生活状态美，这都离不开公共事业的发展。在这方面，以往的对口帮扶机制中，经济发达地区对不发达地区做了大量的探索和实践，特别是医疗卫生、教育方面，也形成了"组团式"帮扶等为当地留下带不走的卫生、教育人才队伍的好做法。乡村振兴过程中，这些好的做法仍需要继续发扬，同时要根据新的人民群众的需求，开拓文化、法律、体育、环保等方面的对口帮扶。文化、法律、体育、环保等公共事业方面的对口帮扶，除了传统的帮助加强基础硬件建设外，更多更重要的是在软件建设上帮扶，可以运用已经有的"组团式"帮扶模式，在送文化、法律、体育、环保的同时，注意帮助当地提高文化、法律、体育、环保事业发展水平，提高当地群众的文化、法律、体育、环保等方面的意识，进一步提高对口帮扶地区的群众素质。

四是要注意发挥先进理念的引导作用。当居住和生活的环境得到改善之后，最需要改变的是观念。经济发达地区在发展理念上有很多先进的地方，这也是这些地区能够不断实现领先发展的关键。经过改革开放

40 多年的对口帮扶，经济发达地区先进理念在对口帮扶地区已经产生了深远的影响，经济不发达地区在对口帮扶的过程中开始慢慢接受新理念，改变自己的传统观念。但观念的转变是最难的，也是最重要的，因此在乡村振兴过程中的对口帮扶尤其需要注重发挥经济发达地区先进理念的引导作用，不能仅是简单地帮助帮扶地区建个大楼、修条马路，而是要在建楼、修路的过程中，把先进的管理理念、治理理念等一并引进去，帮助当地在对口帮扶过程中学会先进的管理理念、治理理念，并运用到当地自己开展各项工作的过程中，使之成为规范，这也是帮助被帮扶地区提高自我造血功能的必需。当然，经济发达地区形成的先进理念有很多，涉及经济、文化、社会、生态环境等很多方面，这些无形的财富，需要在对口帮扶过程中有意进行传授。

附录 上海参与东西部扶贫协作和对口支援工作大事记

1979 年

4月 中共中央提出"要组织内地省市实行对口支援边境地区和少数民族地区",并确定上海支援云南、宁夏。

1982 年

5月3日 为加强上海与兄弟省市的经济联系,上海市人民政府决定成立上海市人民政府协作办公室。上海市人民政府协作办公室成立后,原上海市咨询服务总公司和上海市计委协作办公室同时撤销。

5月11日 上海市代表团参加"云南省经济技术协作邀请会议"。会议期间,上海与云南签署了经济技术协作商谈纪要。

1983 年

4月15日 由市政府协作办、市农委、市民委共同组织了上海市郊县赴云南少数民族地区经济考察团。上海与云南签署了《1983年经济技术协作商谈纪要》。

11月3日 为支援开发新疆,上海与新疆拟定了97项经济技术协作项目。

1984 年

3月20日 中共中央在中南海怀仁堂召开支援西藏经济工作会议。上海市政府协作办、市计委和纺织局有关人员参加会议。会议确定上海援藏项目3项。

6月4日—10日　上海市代表团参加在银川召开的西北地区经济技术协作联席会议。代表团与宁夏有关部门签订了《上海市和宁夏回族自治区1984年经济技术协作项目议定书》。

1985 年

1月9日　宁夏回族自治区经济协作代表团来沪访问。上海和宁夏签署了进一步扩大经济技术联合协议。

1986 年

5月29日　市政府协作办与市计委组织上海联合发展公司、建行上海分行赴北京、青海和国家有色工业总公司商谈参与投资建设青海铝厂。同年10月，在上海举行合资建设青海铝厂的签字仪式。

1992 年

3月27日　国务院办公厅下发《关于开展对三峡工程库区移民工作对口支援的通知》，确定上海对口支援四川万县（现重庆市万州区）和湖北省宜昌县（现湖北省宜昌市夷陵区）。

12月12日　上海市对口支援三峡工程移民领导小组成立，副市长庄晓天任组长。

1993 年

1月19日　上海制定出台《关于上海对口支援三峡工程库区移民工作的意见》。

5月31日　国务院三峡工程建设委员会移民开发局转发《关于上海对口支援三峡工程库区移民工作的意见》。

1994 年

1 月 5 日　国务院三峡工程建设委员会移民开发局上报国务院的《关于深入开展对口支援三峡工程库区移民工作意见的报告》中确定，上海市对口支援湖北省宜昌县和四川省万县市五桥区。

7 月 20 日—23 日　中央第三次西藏工作座谈会召开，明确上海对口支援西藏日喀则地区有关部门和江孜、亚东、拉孜、定日四个县。

8 月 23 日　上海市委组织部下发《关于赴三峡库区挂职干部管理的暂行规定》。

8 月 30 日　上海市委决定成立上海市援藏工作领导小组。9 月 1 日，市委召开援藏工作领导小组第一次会议，落实中央安排的两个重点项目及领导小组成员单位分工任务，建立了援藏专项资金，并与西藏自治区日喀则地区签署了《关于进一步做好上海对口日喀则地区十年援藏工作的会谈纪要》。

9 月 5 日　上海市考察团赴西藏，落实中央第三次西藏工作座谈会确定的上海援藏项目和商定上海市援藏干部选派事宜。

10 月 28 日　上海市对口支援三峡工程移民领导小组办公室制定《上海市对口支援三峡工程移民工作基金运用、管理暂行办法》。

1995 年

3 月 30 日　上海市筹集 300 万元资金，援建四川省万县市五桥区移民培训中心。主要用于对三峡库区干部、劳务人员的业务培训。

4 月 11 日　国务院在四川省万县市召开三峡工程移民工作会议。与会人员考察了上海在万县市五桥区援建的项目。

4 月 24 日　上海市对口支援三峡工程移民工作领导小组办公室发函，同意成立"上海长江三峡绿化投资有限公司"，在参与上海旧城区改造、绿化建设的同时，为三峡库区移民开发筹措资金。

5月17日 上海市第一批49名援藏干部赴藏。1998年6月6日，首批援藏干部完成为期3年援藏任务返沪。

8月14日 上海市对口支援三峡工程移民工作领导小组办公室发函，同意成立"上海支援三峡联合有限公司"，凭借上海的技术、人才、信息、设备制造等优势，组织上海的企业积极参与三峡工程建设。

8月24日—9月6日 上海市代表团赴西藏，参加西藏自治区成立30周年大庆活动和上海投资4500万元援建的日喀则水厂竣工仪式，慰问上海援藏干部。

10月23日—11月5日 西藏日喀则地区代表团来沪考察访问，两地签订5个项目的合作意向，涉及资金600余万元。

1996 年

2月5日 云南省丽江、中甸两县发生强烈地震。上海市委、市政府立即成立支援云南灾区工作领导小组，并向云南提供应急援助款项和物资。

3月19日 中央政治局常委会会议专题研究新疆稳定工作。1997年2月17日，根据中央要求，上海首批23名援疆干部到新疆阿克苏挂职。2000年1月15日，首批援疆干部返回上海。

6月6日 上海白猫有限公司与四川省五一日化实业总公司共同组建的白猫（四川）有限公司正式开业。

7月4日 上海市援藏工作领导小组第三次会议召开。会议总结了两年来本市的援藏工作情况，并对下一步的援藏工作作了研究。会议决定，市政府每年拨款500万元作为本市援藏资金。

7月11日 《上海市对口支援三峡工程移民工作基金管理办法》发布实施。

8月5日—20日　上海市党政代表团赴西藏考察，在拉萨市参加上海市政府援藏项目西藏自治区传染病医院落成揭幕仪式，在日喀则期间出席上海向日喀则地区捐赠资金的仪式，参加上海援建日喀则23所希望学校总纪念碑奠基仪式，并与在地区工作的24名援藏干部进行座谈。

9月23日　中央扶贫开发工作会议确定在全国开展东西部扶贫协作，上海市与云南省建立对口帮扶关系。重点帮扶文山哈尼族彝族自治州、红河壮族苗族自治州、思茅地区（现普洱市）。

10月4日　上海市政府召开全市区、县、委、办、局、控股（集团）公司及有关企业领导干部会议，传达中央扶贫开发工作会议精神，部署本市对口帮扶工作。

10月16日　上海市委副书记、市长徐匡迪率团赴云南学习考察。这期间，两省市领导签署了《关于开展对口帮扶、加强经济协作的会谈纪要》。

10月31日　上海援藏工作领导小组第四次会议召开。会议议定：上海每年援助西藏自治区日喀则地区的资金总盘子控制在1600万元左右，其中市财政出资800万元，20个区县出资800万元。并成立援藏资金管理小组。

11月2日　上海开展"扶贫济困送温暖活动月"募集的衣被103万件、共34节车厢运抵云南贫困地区受援站点。云南省政府在昆明市王家营车站举行了"云南省接收上海捐赠衣被仪式"。

11月15日　上海市委、市政府决定将市援藏工作领导小组更名为市援藏援疆工作领导小组，并调整部分成员。

11月25日—12月9日　西藏日喀则地区党政代表团来沪参观考察，两地协商形成了《关于进一步做好上海对口日喀则地区十年援藏工作的会谈纪要》《关于援藏项目"上海广场"的会谈纪要》《关于进一步加强上海对口日喀则地区智力援藏的会谈纪要》。

12月13日 上海市代表团出席了由上海援建的五桥移民培训中心竣工启用仪式，参加了五桥区招商会，商定了1997年度上海对五桥区无偿援助的项目。

12月26日 上海市政府决定成立上海对口云南帮扶协作领导小组。

1997 年

1月16日 云南省代表团来上海考察。两地签署了《上海—云南对口帮扶与经济社会协作"九五"计划纲要》，并签订了30个协作项目。

3月21日 上海市政府办公厅转发《上海—云南对口帮扶与经济社会协作"九五"计划纲要》及《"九五"期间沪滇对口帮扶协作任务表》。

4月28日 西藏自治区日喀则地委、行署在日喀则市举行上海市援建的日喀则"上海广场"奠基仪式。8月20日，日喀则"上海广场"主体结构封顶，工期仅102天。

7月2日 上海市政府举行欢送12名干部赴云南挂职锻炼仪式。

11月7日 国务院"三峡工程移民暨对口支援工作会议"在湖北省宜昌市召开。10日召开的表彰大会，上海市人民政府和上海白猫有限公司被国务院评为对口支援先进集体。

11月20日 沪滇两地协作领导小组首次联席会议在上海举行，两地签署《上海—云南对口帮扶协作领导小组第一次联席会议纪要》。

1998 年

3月5日 上海市第二批20名援疆干部赴新疆阿克苏挂职。2001年1月14日，第二批援疆干部完成任务回沪。

4月6日 "上海—重庆对口支援三峡库区合作项目"及"上海—

重庆关于对口支援三峡库区移民工作会谈纪要"在上海举行签约仪式，投资总额 1.85 亿元。

5 月 17 日　第二批 50 名援藏干部启程赴藏挂职。2001 年 6 月 9 日，第二批援藏干部完成任务回到上海。

5 月 25 日　上海市政府发布《关于进一步服务全国扩大对内开放的若干政策意见》。

6 月 6 日　市委书记黄菊、市长徐匡迪率团赴云南学习考察，并在昆明签署了《上海市与云南省关于进一步做好两地对口帮扶协作工作纪要》。

6 月 11 日　新疆维吾尔自治区政府代表团来上海考察，两地政府签署《关于进一步加强沪新经济合作的会谈纪要》。

9 月 30 日　上海市政府援建的"文山上海人才培训中心"在云南文山州民族师范学校落成。总投资 250 万元，是集教室、实验室、会议室、办公用房和教师宿舍为一体的多功能综合楼。

12 月 3 日　上海市援藏援疆工作领导小组第五次会议召开。会议议定：援藏资金的安排一年一定，在 1999 年已安排 800 万元项目建设资金的基础上，再增加 1000 万元。

12 月 23 日　上海市第二批 12 名援滇干部赴云南挂职。2000 年 12 月，第二批援滇干部完成任务回沪。

12 月 28 日　上海市代表团赴云南参加上海—云南对口帮扶协作领导小组第二次联席会议，参加云南省政府在景东县召开的温饱试点村现场会、在文山州举行的卫星电视接收站的开幕仪式。上海逐步探索形成了"整乡规划、整村推进、资源整合、连片实施"的工作思路。

1999 年

6 月 23 日　上海市第三批 40 名援疆干部启程进疆。2002 年 6

月23日，第三批援疆干部完成任务返回上海。

6月30日 云南省代表团访问上海。双方签署了《关于加强上海市与云南省对口帮扶合作的工作纪要》《关于将上海市原投入云南省的5000万元小额贷款转为无偿支援的协议》和《关于上海市今明两年增加援助资金1000万元支援云南省"扶贫安居工程"建设的协议》。

7月8日 上海市援藏重点项目建设单位表彰暨向日喀则地区捐赠仪式在闵行区莘庄地铁广场举行。上海市卫生局、上海自来水公司、上海建工（集团）总公司等单位受到表彰。

10月22日 市政府召开会议，研究三峡工程重庆库区5500名农村移民安置上海农村的问题。5月国务院召开的三峡工程移民工作会议，决定积极鼓励移民外迁安置，明确上海市要安置5500人。

11月16日 上海市人民政府决定成立上海市安置三峡库区移民工作领导小组。副市长冯国勤为组长。办公室设在市农委。

11月18日 上海市对口支援工作会议暨对口支援先进集体表彰大会在市政府大会议厅举行。会议传达了中央扶贫开发工作会议和国务院三峡工程移民工作会议精神，总结了近年来上海开展对口支援工作的情况，布置了下一阶段的工作。

2000 年

1月17日 云南省姚安县发生地震。上海市委、市政府代表全市人民捐款150万元，表示对灾区人民的深切慰问。

同日 上海会同云南省有关部门在云南省红河州金平县召开上海援建温饱试点村经验交流现场会。

2月25日 上海浦东发展银行昆明分行正式开业，并签订5亿元人民币贷款意向书，以支持云南省的运输主动脉——昆明石林公路改建项目建设。同时，向云南"希望工程"捐赠人民币20万元。

2月26日　国家经贸委在成都召开全国对口支援西藏工作座谈会。会议确定上海援建日喀则地区项目7个，总投资8300万元。

6月13日　上海市政府协作办、市教育委员会、市委组织部、市发展计划委员会、市财政局、市人事局联合印发了《关于推动沪滇学校对口支援工作的实施方案》。上海市组织60名中学教师赴文山、红河、思茅三地州的15所中学开展为期1年的支教工作。2001年起，上海向云南选派的支教教师增加到100名；2002年，支教时间每期延长至两年，支教地区扩大到思茅、红河、文山、大理、楚雄、临沧等六地州的37所中小学校。选派教师赴滇支教的计划原定4年，至2003年为止。

8月9日　上海出资750万元援建云南3座妇幼保健中心委托协议签字仪式在市政府协作办举行。

8月17日　首批600多名三峡移民乘坐"江渝9号"抵达崇明县南门港码头。至2004年8月，上海市分四批共接收安置库区农村移民1835户7519人，分别安置在崇明、金山、奉贤、南汇、青浦、松江和嘉定7个区县的62个乡镇、520个村组。

10月18日　云南省代表团来上海访问。双方就进一步加强两地之间的合作进行座谈。

11月21日　上海市人民政府发布《关于上海市服务参与西部大开发的实施意见》。

12月5日　由上海市人民政府援建的新疆阿克苏地区少年宫在阿克苏市正式落成。

2001 年

2月5日　上海市政府发布《关于转发市政府协作办〈关于落实上海市服务参与西部大开发的实施意见分工建议〉的通知》，标志着上海服务参与西部大开发进入新的实施阶段。

2月26日　国家经贸委召开"全国对口支援西藏工作座谈会",国家经贸委代表中央第四次西藏工作座谈会筹备领导小组,下达"对口援藏建设项目分配方案",上海市承担8项,共计资金8300万元。

5月10日　第三批15名援滇干部赴滇工作。2003年5月10日,第三批援滇干部完成任务后返回上海。

5月25日　由上海援建的"日喀则上海体育场"完工交接仪式在日喀则举行。

5月26日　纪念西藏和平解放50周年、展示辉煌灿烂西藏民族文化的《雪域珍藏——西藏文物精华展》在上海博物馆开幕。

5月27日　上海市第三批50名援藏干部离沪赴藏。2004年6月15日,第三批援藏干部完成任务回沪。

6月25日—27日　中央第四次西藏工作会议召开,提出新世纪西藏工作"一加强、两促进"的战略任务,把萨迦县纳入上海对口援藏范围。

7月15日　国务院三峡工程移民暨对口支援工作会议在湖北省宜昌市召开。上海市政府被授予对口支援三峡库区移民先进单位、崇明县被授予三峡工程移民工作先进单位。

7月30日　经上海市政府同意,市计委、市财政局、市政府协作办共同印发《上海市服务西部大开发专项资金管理办法》,标志着西部大开发专项资金正式启动。

8月20日　上海市委、市政府召开市对口支援工作会议。会议传达了"中央扶贫开发工作会议""中央第四次西藏工作座谈会""国务院三峡工程移民暨对口支援工作会议"三个会议精神,积极探索新时期上海对口支援工作的新路子,努力做到在继续做好专业条线对口支援的同时,更加注重把受援地区的发展纳入本市经济和社会发展的整体规划;

在继续抓好无偿对口支援的同时，更加注重推进符合社会主义市场经济规律的经济协作；在继续搞好物力财力支援的同时，更加注重发挥智力支援的作用；在继续运用传统对口支援方式的同时，更加注重运用各种现代化技术手段。

11月2日　由上海市援建的云南省思茅地区"白玉兰温饱试点工程"全面启动。

12月12日　上海市政府颁布修订后的《关于进一步服务全国，扩大对内开放的若干政策意见》。

12月17日　上海市政府召开市长办公会议，专题审议通过了《上海—云南对口帮扶与全面合作"十五"计划纲要》，提出要推动沪滇合作从以对口帮扶为重点，逐步转向对口帮扶与经济社会合作并重，重点帮扶思茅、文山、红河三个地州，稳定解决农村贫困人口温饱问题，重点建设"白玉兰温饱试点工程"。

2002 年

4月28日　由上海援建的西藏日喀则地区中专学校教学楼奠基暨开工典礼在日喀则市举行。2003年5月28日，日喀则地区中专学校教学楼顺利竣工，上海和日喀则同时通过网络举行了竣工典礼，同时还举行了白玉兰教育网（日喀则站）开通仪式。

5月17日　上海第三批对口援藏的扎寺文化广场开工典礼在西藏日喀则市扎什伦布寺门前举行。扎寺文化广场总投资3200万元，总面积2.7万平方米，中心广场面积1.6万平方米。

6月5日—10日　上海市经贸代表团赴云南省参加"第十届昆明出口商品交易会"。上海企业与云南企业在环保、科技、信息、宾馆、养殖、生物、建材、贸易、旅游等领域签订了15个合作项目，总金额达9亿多元。

6月14日　新疆维吾尔自治区党委、自治区政府作出关于表彰第三批优秀援疆干部的决定。上海市5名援疆干部榜上有名。

7月26日　本市第四批51名援疆干部启程赴疆挂职。2005年7月，第四批援疆干部完成任务回沪。

8月3日　上海市赴藏学习慰问考察团赴拉萨、日喀则学习考察，慰问援藏干部。代表团向日喀则地区捐赠价值3400万元的援藏资金和物资，签订"为西藏培养党政干部、文艺人才"等4个协议。

9月6日　上海市行政管理学校西藏班开学，接收260名西藏学生。

9月26日　沪滇两地开通了沪滇白玉兰远程医学教育网。上海在红河、文山、思茅三个地州无偿援建了26个医学网教学点，其中23个点设在上海对口支援的22个贫困县医院和普洱县医院，另外建在三个地州妇幼保健中心。

10月13日　上海在云南实施开发式扶贫，援建1000个温饱村。

12月19日　上海云南对口帮扶协作领导小组第六次联席会议在昆明召开。沪滇两地将探索开发式扶贫的新思路，拓展对口帮扶新局面。上海有条件的区帮助云南对口县编制或完善城镇规划，逐步启动"一县一业""一镇一品"工程；上海继续选派干部、青年志愿者和支教老师到云南贫困地区开展合作；从产业、科技、现代物流、服务贸易、旅游、联合参与中国—东盟合作等多方面研究全面合作新举措，逐步形成两地经济互动式发展新格局。

2003年

3月4日　上海市委、市政府向发生地震灾害的新疆巴楚、伽师两县表示慰问，并捐助500万元。3月—10月，上海市委、市政府先后向新疆、安徽、云南、甘肃等遭受地震及洪涝灾害的地区捐款1600万元，帮助灾区人民重建家园。

4月14日 2003年"上海—新疆阿克苏地区捐赠仪式暨经济技术项目推介会"在上海举行。上海市政府及有关单位捐赠价值1819万元的资金和设备，用来援建阿克苏地区的28个实事项目。

5月27日 上海市第四批13名援滇干部启程。2005年5月29日，第四批援滇干部完成任务后回沪。

同日 云南文山州委、州政府向上海抗击"非典"赠送350万元药品。

7月30日 上海市老龄委组织以本市离退休知识分子为主的沪疆第一期"银龄行动"志愿者启程仪式。首批为期3个月。

8月18日—22日 由上海市政府合作交流办公室、市希望工程办公室和市援滇干部联络组举办的"白玉兰远程教育网"希望中小学教师培训，在云南、西藏、三峡库区万州五桥区坝区宜昌夷陵区同时举行，近3800名中小学教师接受了培训。

9月27日—10月3日 上海市赴藏学习慰问考察团赴拉萨及日喀则地区考察并慰问援藏干部，出席"2003年珠峰文化艺术节"开幕式，与日喀则地区领导进行座谈，并向日喀则地区捐赠520万元。

2004 年

3月1日 上海市委、市政府印发《关于进一步服务全国加强上海国内合作交流工作的若干意见》。

3月5日—9日 上海市经贸代表团赴湖北宜昌、重庆万州进行考察、洽谈，共达成意向性协议8个。

4月6日—8日 上海市代表团赴云南学习考察。代表团与云南省领导进行了座谈交流，会见了部分援滇干部、支教老师和青年志愿者。考察期间，上海向云南捐赠了8000万元资金、225万元希望小学援建款和

400 多万元的物资，并增加了迪庆藏族自治州为上海重点帮扶地区。

5 月 11 日　上海市第七次援藏援疆领导小组会议召开。会议确定了上海市第四轮援藏的部分重点项目和《上海市新一轮援藏资金筹措办法》。

5 月 25 日—27 日　由世界银行主办、中国政府承办、国家财政部、上海市政府协办的全球扶贫大会在上海市召开。温家宝总理、回良玉副总理、沃尔分森行长以及巴西、乌干达、孟加拉等国家的总统、总理出席了大会开幕式。上海作《上海—云南对口帮扶反贫困案例报告》的主题演讲。

6 月 4 日　上海市第四批 50 名援藏干部启程。2007 年 6 月 18 日，第四批援藏干部完成任务回沪。

6 月 8 日　上海市国内合作交流工作联席会议第一次会议举行，会议审议通过《上海市国内合作交流工作联席会议制度》。该联席会议是《关于进一步服务全国加强上海国内合作交流工作的若干意见》中明确建立的。

7 月 26 日　云南德宏发生山体滑坡，遭受泥石流灾害。上海市委、市政府向云南省捐助人民币 200 万元。

8 月 31 日　上海市对口云南帮扶协作领导小组批转《上海市对口云南迪庆州帮扶协作启动方案》。确定由嘉定区重点对口香格里拉县和德钦县，宝山区重点对口维西傈僳族自治县。从 2005 年起，两区干部选派纳入市委组织部统一选派赴滇干部轮换计划。同时，确定上海锦江（国际）集团公司、上海航空公司等国有大型企业与迪庆州建立对口帮扶关系。启动方案确定了 8 个对口支援项目，涉及资金 1680 万元。

9 月 8 日　上海市委、市政府就重庆市开县、万州等区县突降大暴雨，遭受特大洪涝灾害发去慰问电，并捐助 200 万元。

12 月 1 日　上海市援藏重点项目"桑孜珠宗堡"重建工程论证会在四川省成都市召开。

2005 年

2月16日　上海市委、市政府就阿克苏地区乌什县遭受地震灾害表示慰问，捐款 100 万元人民币。

4月14日　上海市委、市政府就西藏仲巴县遭受地震灾害表示慰问，捐款 50 万元人民币。

4月22日　上海市委、市政府召开上海市对口支援工作会议。会议宣布撤销市援藏援疆、对口支援三峡、对口帮扶云南三个领导小组和市国内合作交流工作联席会议，成立上海市合作交流与对口支援工作领导小组。

4月23日—26日　上海市代表团赴云南省考察。向云南省捐赠 2005 年第一批对口帮扶项目援助资金 5000 万元。

5月20日　新疆维吾尔自治区党政代表团来沪考察。两地进行座谈。

5月25日　上海市第五批 19 名援滇干部赴云南挂职。2007 年 5 月，第五批援滇干部完成任务回沪。

7月25日　上海市第五批 56 名援疆干部离沪。2008 年 7 月，第五批援疆干部完成任务回沪。

同日　上海市党政代表团赴西藏考察。参加了上海市政府驻西藏办事处成立揭牌、向日喀则地区捐赠和上海制氧厂竣工等活动，并与日喀则地区领导进行了座谈，慰问了上海第四批援藏干部。

12月17日　上海市合作交流与对口支援工作领导小组第一次会议举行。同日，领导小组印发《上海市国内合作交流专项资金使用管理暂行办法》。

12月21日—25日　上海市党政代表团赴云南学习考察，两地签署《上海—云南对口帮扶与经济社会合作"十一五"规划纲要》。

2006 年

5月17日　上海举办向新疆阿克苏地区援助捐赠仪式暨招商引资项目推介会。

7月15日　上海就12日新疆阿克苏地区发现有疑似禽流感病例作出紧急援助批示，上海市政府合作交流办组织运送防治禽流感急需医药用品118箱，共计1460公斤。

9月3日　上海市委、市政府就重庆市、四川省遭受特大干旱高温热害表示慰问，各捐助200万元。

12月15日　上海举行向云南灾区"送温暖、献爱心"捐赠仪式，向云南捐款1400万元，支援云南灾区群众重建家园，帮助灾区、贫困地区困难群众顺利过冬。

2007 年

1月12日　全国对口支援三峡库区移民工作会议在北京召开。国务院三峡工程建设委员会办公室授予上海市政府合作交流办公室为"全国对口支援三峡库区移民成果展览组织奖"。

2月16日　上海市委、市政府召开市合作交流与对口支援工作领导小组第三次会议。会议审议通过了2007年上海市合作交流专项资金和对口支援项目资金安排建议方案、2007年上海市参加各地经贸会展活动建议方案、上海市合作交流与对口支援工作会议建议方案和《上海市服务全国和对口帮扶"十一五"规划（草案）》。

3月30日　西藏自治区政府代表团来沪考察。双方就两地合作进行商谈。

4月13日　中德合作西部地区处级干部（第二期）高级研修班举行开班仪式。来自云南、西藏、重庆万州等上海市对口支援地区的20

名学员将赴德国、西班牙进行为期 15 天的学习考察。

6月3日　云南省党政代表团访问上海。双方就加强两地合作和对口帮扶工作进行座谈。

6月7日　上海市第五批 50 名援藏干部启程。2010 年 6 月，上海市第五批援藏干部完成任务回沪。

6月19日　白玉兰农民现代远程教育红河网点建设启动仪式在云南省红河州举行。

6月26日—27日　上海市代表团出席了重庆市万州区"2007年三峡库区（重庆）对口支援经贸洽谈会和第十二届中国重庆国际旅游节"开幕式、万州上海职业技能培训中心奠基仪式和万州上海移民就业基地标准厂房开工典礼。代表团还参加了由国务院三峡建设委员会办公室主持召开的"三峡库区对口支援长效机制专题座谈会"。

7月7日　上海市政府印发《关于进一步加强国内合作交流工作的若干政策意见》，明确开展国内合作交流工作的指导思想、基本原则和重要举措。

7月11日　为落实中央新疆工作协调小组办公室关于"电视进万家"任务，上海市向新疆阿克苏地区赠送了首批 3120 台电视机。

7月13日　上海市委、市政府召开市合作交流与对口支援工作会议。习近平同志作重要讲话，会议表彰了市合作交流与对口支援先进单位和先进个人。市委、市政府发布《关于进一步加强国内合作交流工作的若干政策意见》。

10月15日　由中央农业干部教育培训中心上海水产大学分院承办的宜昌市夷陵区水产系统干部培训班举行开班典礼。来自对口支援地区湖北省宜昌市夷陵区的 30 名水产干部在上海系统学习生态水产养殖和水产动物疫病防治知识。

11月5日　西藏自治区日喀则国资管理和企业经营人才上海培训班

举行开班典礼。来自日喀则地区行署国资委的领导干部以及委属企业管理人员，在沪进行为期 20 天的经济发展、企业管理方面系列课程的学习。

12 月 21 日　中西部地区特色产品（上海）迎新年展销会开幕式在上海举行。来自上海市对口支援地区及十几个中西部省区市的近 300 家企业、600 余种当地特色农副产品亮相展销会。

12 月 25 日　农村经济人培训班举行开班仪式。来自对口支援地区新疆阿克苏地区的 63 名学员在沪进行为期 5 天的培训学习。

2008 年

2 月 4 日　第三批 4600 台电视机运抵新疆阿克苏地区，完成了中央下达给上海市援助新疆阿克苏地区一市三县 1.3 万台电视机的任务。

4 月 18 日　中德合作西部地区处级干部（第四期）高级研修班在上海行政学院举行开班仪式。来自云南、重庆、西藏、青海、内蒙古等地的 21 名学员，分别在上海和德国进行为期两周的学习和考察。

5 月 5 日　"上海—西部培训计划"2008 年第三期食品药品安全监管人才研修班开班。来自贵州、重庆、西藏、新疆等西部地区以及上海市对口支援地区的 40 名学员在沪学习和考察。

5 月 12 日　四川省汶川县发生 8 级特大地震。上海先后向灾区派出各类专业救援人员 1.5 万人次，携带 6 万件（套）先进救援装备服务灾区，收治来沪灾区伤员 300 多人。上海人民捐款逾 27 亿元。按照党中央、国务院的总体部署，上海对口支援都江堰市，上海 19 个区县结对支援都江堰各乡镇。

6 月 18 日　上海市委、市政府决定成立上海市对口支援都江堰市灾后重建工作领导小组，市长韩正任组长。上海市对口支援都江堰市灾后重建工作全面启动。21 日，上海市对口支援都江堰市灾后重建工作领导小组第一次会议召开。

6月28日　上海市对口支援都江堰市灾后重建指挥部成立。

6月29日　上海第五批援疆项目中投资最大的单体项目——新疆阿克苏博物馆新馆举行交接仪式。

7月20日　以"心系灾区、携手共建"为主题的"2008年光彩事业活动日"举行。上海市民营企业援建的首批12个投资项目与都江堰等灾区签约，同时启动为期三年的"光彩再行动"。

7月26日　上海市第六批61名援疆干部赴疆挂职。2010年12月，第六批援疆干部完成任务回沪。

8月27日　上海市第八批100名赴滇支教及首批60名赴都江堰支教教师启程赴对口地区开展为期一年的支教工作。

10月22日—25日　上海市党政代表团赴新疆学习考察。代表团与阿克苏地委、行署举行对口支援阿克苏地区工作座谈会，看望慰问了上海援疆干部及市政府驻新疆办事处工作人员。

11月24日　沪滇对口帮扶协作领导小组第十次联席会议在上海召开，会议签署了《上海—云南对口帮扶协作领导小组第十次联席会议纪要》。

12月5日　国务院扶贫开发领导小组授予上海市政府合作交流办、市科学技术委、宝山区政府合作交流办"全国东西扶贫协作先进单位"称号。

2009 年

2月8日　上海市代表团看望坚守在上海对口支援都江堰灾后重建第一线的各行业建设者。

4月11日　上海市委、市政府召开市合作交流与对口支援工作会议。会议表彰了2007—2008年度市合作交流与对口支援工作先进集体和先进个人。

4月22日　上海市有关部门与宜昌市政府共同在沪举办宜昌三峡旅游推介系列活动。

5月9日—13日　上海市政府合作交流办会同市工商联组织金桥集团等17家企业赴重庆市万州区、湖北省宜昌县考察洽谈。

5月12日　中共中央总书记胡锦涛到四川考察灾后重建工作时，考察了上海对口援建的四川省都江堰市现代农业科技示范园区。胡锦涛称赞上海援建工程体现了上海速度、上海技术，并希望加大农技推广力度，带动更多农民发展特色高效农业，既推进灾区农业生产再上新台阶，又为灾区农民增收开辟新渠道。

6月　上海市第七批17名援滇干部赴云南挂职。2011年6月，第七批援滇干部完成任务回沪。

7月24日—30日　上海市党政代表团赴四川、西藏、重庆、湖北四省区市学习考察。其间，代表团分别与当地党政领导进行了座谈，还与四川方面签订上海市对口支援都江堰灾后重建第四批项目协议。

9月24日　上海市政府合作交流办、市国资委、市商务委、市农委有关领导召开专题会议，研究协助做好新疆名特优及精加工农产品上海展示会筹备工作，帮助阿克苏农产品进入上海市场的相关事宜。

2010 年

1月7日　首届上海对口支援地区投资环境推介会和旅游资源推介会在上海举行。上海对口支援的西藏日喀则，新疆阿克苏，云南文山、红河、普洱、迪庆和重庆万州、湖北夷陵、四川都江堰等地区有关领导和相关单位负责人分别推介了投资环境和旅游资源。上海企业与对口支援地区签订了34个合作项目协议。

1月18日—20日　国务院召开第五次西藏工作座谈会，作出对口支援青海省藏区的重大战略部署。上海对口支援青海省果洛藏族自治州玛多、久治、甘德、玛沁、班玛、达日六个县。23日，上海市委常委会召开专题会议，听取市政府合作交流办领导关于贯彻落实中央第五次西藏工作座谈会精神的汇报。

3月11日—12日　对口支援三峡库区移民工作第三次联席会议暨援建项目现场观摩会在沪举行。会议签署了《第三次联席会议纪要》和2010年上海对口支援万州区、夷陵区项目资金协议。

3月29日—30日　全国对口支援新疆工作会议召开。会议确定上海由对口支援阿克苏地区三市县，调整为对口支援喀什地区叶城、泽普、莎车、巴楚四县。4月28日，上海市委召开常委会，听取全国对口支援新疆工作会议精神的汇报。

4月26日　国务院扶贫办在甘肃省兰州市召开藏区扶贫工作研讨会，上海在会上介绍对口支援西藏日喀则、云南迪庆藏区的有关做法与经验。

6月17日　上海市第六批59名援藏干部赴藏挂职。2013年6月23日，第六批援藏干部完成任务回沪。

6月27日—7月2日　韩正率团赴新疆学习考察，研究部署上海对口支援喀什四县工作并出席"上海市对口支援新疆工作前方指挥部"揭牌仪式和第六届"中国新疆喀什·中亚·南亚商品交易会"开幕式。

8月4日　上海市委、市政府决定上海市合作交流与对口支援工作领导小组更名为上海市对口支援与合作交流工作领导小组，并调整领导小组组成人员。市委书记俞正声任组长，市长韩正任第一副组长。

8月6日　本市第一批7名援青干部赴青海果洛挂职。2013年8月2日，第一批援青干部完成任务回沪。

8月13日—15日　上海市代表团赴四川省成都市、都江堰市，就上海对口支援都江堰市灾后重建"三年目标任务，两年基本完成"各项工作，听取当地广大干部群众的意见，出席"上海·四川经济社会发展情况交流座谈会"、上海市对口支援都江堰市灾后重建项目竣工仪式和

"上海市对口支援都江堰市灾后重建工作汇报会暨对口合作长效机制框架协议签字仪式"。

8月22日—11月10日　上海市第七批125名援疆干部分三批次到喀什开展援疆工作。2013年12月，第七批援疆干部完成援疆任务返回上海。

8月26日　上海市举行第十批赴滇支教教师欢送会。第十批100名支教教师启程赴滇，开始为期一年的支教工作，帮助云南省贫困地区提高九年义务教育水平。

9月3日　上海市对口支援与合作交流工作会议召开，俞正声讲话强调，必须按照中央的要求，统筹兼顾、突出重点，把当前迫切需要、群众热切期盼、条件基本具备的事情重点做好，以更加奋发有为的精神状态、更加扎实过硬的工作作风，保质保量、不折不扣地完成中央交给上海的对口支援任务。

11月10日—15日　上海市党政代表团赴新疆学习考察，出席上海市对口支援喀什地区及四县工作座谈会和项目签约、捐赠仪式，听取了上海市对口支援新疆工作前方指挥部工作汇报，并深入喀什四县基层实地考察。

2011年

3月　上海海洋大学、华东师范大学（市希望工程教师培训基地）、上海开放大学、上海大学、东海职业技术学院、上海师范大学天华学院等承担新疆喀什地区未就业大学生到沪培养任务。

6月28日—7月2日　上海组团参加第七届中国新疆喀什中亚南亚商品交易会。

8月11日　上海云南对口帮扶合作领导小组第十三次联席会议召开，会议决定增列西双版纳州、保山市为沪滇经济合作重点地区。

9月17日　上海喀什文化周在沪举行。

2012 年

4月　喀什地区行署联合上海市援疆工作前方指挥部，立足当地实际情况、有效整合各类资源，探索"组团式"卫生援疆新模式。

9月29日　中国扶贫基金会与上海市人民政府对外交流办公室首次合作，在富宁开设的小额信贷扶贫试点项目，探索建立政府无偿援助资金与社会金融扶贫资金联合的新机制。

2013 年

2月7日　《国务院办公厅关于开展对口帮扶贵州工作的指导意见》明确上海市对口帮扶贵州遵义市湄潭、道真、凤冈、务川、习水、桐梓、赤水、余庆、正安九个县（市）。

4月8日　上海市对口支援与合作交流工作领导小组召开全体会议。市委书记韩正讲话强调要扎实推进本市对口支援工作，要始终坚持"民生为本、产业为重、规划为先、人才为要"的基本方针，始终明确"将援建工作纳入当地经济社会发展规划"的基本要求，始终用好"交钥匙"与"交支票"两种基本方法，始终把握项目建设和选派干部两种基本形式。

4月9日　贵州省党政代表团来沪考察。双方座谈对接对口帮扶和两地合作等事宜。

4月30日—5月2日　上海市代表团赴新疆喀什、巴楚考察并看望慰问援疆干部。

5月7日—8日　上海市代表团出席国家发展改革委在贵州省贵阳市召开的对口帮扶贵州工作启动会，并在会上作了交流发言。会后，赴遵义市考察对接对口帮扶工作。

6月16日　上海市第七批68名援藏干部启程赴西藏挂职。2016年6月22日，第七批援藏干部完成任务返回上海。

6月25日—28日　上海市代表团赴新疆喀什出席第九届中国新疆喀什·中亚南亚商品交易会。在疆期间，先后赴市援疆工作前方指挥部、市政府驻新疆办事处看望慰问干部。

7月4日　上海市对口帮扶遵义市第一次联席会议在沪召开。会议通报了《上海对口帮扶遵义2013—2015年工作计划》编制情况，审议通过了《上海市对口帮扶贵州省遵义市项目管理暂行办法》，举行了对口帮扶协议签约仪式。

7月8日—10日　上海云南对口帮扶合作第十四次联席会议在沪召开，双方签署了《上海市人民政府云南省人民政府关于进一步加强沪滇帮扶合作携手参与中国面向西南开放重要桥头堡建设战略协议》和《上海云南对口帮扶合作第十四次联席会议纪要》。云南省政府还分别与复旦大学、上海交通大学、同济大学签署了《省校战略合作框架协议》。

7月27日　本市第二批17名援青干部启程赴青海果洛挂职。2016年7月，第二批援青干部完成任务回沪。

8月20日　宜昌市代表团来沪考察并举办2013年宜昌（上海）推介会。

10月16日—19日　上海市党政代表团赴贵州省学习考察，出席上海对口帮扶遵义工作座谈会，慰问上海市第一批援黔干部，并赴遵义市考察援建项目，赴习水县看望贫困农户。

11月6日　新疆喀什地区党政代表团来沪考察。在沪期间，两地召开了援疆工作座谈会。

11月25日　西藏日喀则地区党政代表团来沪考察。在沪期间，两地座谈对接对口支援西藏日喀则工作。

2014 年

1月4日　上海市对口支援地区暨西部地区特色商品迎春博览会在上海展览中心举办。

2月22日　上海市第八批156名援疆干部人才启程赴喀什地区挂职。2017年1月，第八批援疆干部完成任务回沪。

4月25日　青海果洛代表团来沪考察。在沪期间，两地召开了上海市对口支援果洛州工作联席会议。

5月27日　上海市委、市政府就云南省德宏州盈江县发生地震灾害表示慰问，并捐助200万元支援灾区抗震救灾。

5月28日—29日　第二次中央新疆工作座谈会在京举行。根据会议精神，中组部确定上海对口克拉玛依市开展干部、人才支援。

6月3日—7日　上海市代表团赴贵州省学习考察。在黔期间，两地召开上海市与贵州省人大座谈会、上海市对口帮扶遵义市第二次联席会议、上海遵义两地座谈交流会。

7月10日　上海市委、市政府就云南省遭受暴雨洪涝、泥石流灾害表示慰问，并捐助200万元支援救灾。

7月17日—20日　上海市党政代表团赴新疆喀什地区学习考察。在疆期间，两地召开上海·新疆对口支援工作座谈会，双方签署了《会议纪要》。

8月13日—17日　上海市代表团赴青海果洛学习考察。在青期间，看望慰问了上海市第二批援青干部，出席了果洛州建政60周年暨第四届玛域格萨尔文化旅游节开幕式庆祝活动。

8月25日—29日　上海市代表团赴三峡库区（湖北省宜昌市夷陵区、重庆市万州区）学习考察。其间，分别召开了上海对口支援三峡库区座谈会和上海·重庆市万州区对口支援座谈会，考察了上海援建项目。

9月1日—6日 上海市代表团赴西藏日喀则学习考察。实地考察日喀则及江孜、拉孜、定日、亚东、萨迦5县上海援建项目，并看望慰问了上海市第七批援藏干部、上海市政府驻西藏办事处工作人员及上海青年志愿者代表。

10月8日 上海市委、市政府就云南省普洱市景谷傣族彝族自治县地震灾情表示慰问，并捐助200万元。

10月16日 "上海—喀什职业教育联盟"在新疆维吾尔自治区喀什地区成立。

2015 年

1月1日 在上海"组团式"医疗援疆帮扶下，喀什地区第二人民医院以新疆维吾尔自治区所有参评医院第一名的成绩顺利通过了三级甲等医院的评审。

4月19日—22日 上海市党政代表团赴云南省学习考察。在滇期间，两省市举行了座谈交流会，签署《关于加强沪滇对口帮扶与重点领域合作框架协议》。

4月27日 上海市对口帮扶遵义市第三次联席会议召开。会议总结部署了年度援黔重点工作，普陀、杨浦、奉贤区分别与遵义市九县（市）签署了2015年度对口帮扶项目实施协议。

6月11日—15日 上海市代表团赴云南昆明参加第三届中国—南亚博览会暨第二十三届中国昆明进出口商品交易会，并组织上海企业家代表团赴云南文山、保山、迪庆等地投资考察。

6月16日 新疆喀什地区党政代表团来沪考察。在沪期间，代表团出席了沪喀合作论坛、沪喀青少年手拉手活动开营仪式，举办了"2015上海·喀什宣传周"系列活动。

6月17日 "上海—果洛职业教育联盟"在青海果洛成立。

6月23日 青海果洛党政代表团来沪考察。在沪期间，两地召开了上海市对口支援果洛州工作联席会议。

6月25日—29日 上海市代表团赴新疆喀什出席第十一届"喀交会"开幕式暨第二届中国新疆·喀什丝绸之路经济带国际论坛。

7月6日—10日 上海市代表团赴贵州省遵义市学习考察。在遵义期间，双方举行座谈交流，实地考察了遵义市上海对口帮扶项目，并看望慰问了上海市援黔干部。

8月4日—7日 上海市代表团赴西藏学习考察。在藏期间，代表团与西藏自治区、日喀则市领导座谈交流，实地考察了江孜红河谷现代农业示范园、萨迦县吉定镇卫生院、日喀则人民医院迁建工地等。

9月13日 云南省代表团来沪考察。两地召开沪滇经贸合作企业座谈会，举办了2015云南高原特色农产品（上海）推介会、云品中心揭牌仪式等活动。

10月14日—17日 上海市代表团赴三峡库（坝）区学习考察，在湖北省宜昌市夷陵区、重庆市万州区检查上海援建项目，慰问援派干部，并考察重庆两江新区。

2016 年

2月16日 上海市政府召开专题工作会议，研究上海就业援疆工作推进落实情况。

4月20日 云南省党政代表团来沪考察。两地召开座谈交流会，两省市政府签署《关于贯彻落实中央决策部署进一步加强对口扶贫协作的协议》。

4月25日—27日 上海市代表团赴新疆喀什地区学习考察。在喀什期间，代表团出席上海·喀什产业援疆促进就业工作汇报会，与新疆维吾尔自治区领导座谈交流，见证两地产业合作项目签约。

5月3日—7日　上海市代表团赴三峡库（坝）区学习考察，并看望慰问上海援三峡干部人才。

5月11日—13日　上海市代表团赴贵州省遵义市学习考察。在黔期间，召开上海·遵义对口帮扶工作座谈会暨第四次联席会议。

6月11日—13日　上海市代表团赴昆明参加第四届中国—南亚博览会暨第二十四届中国昆明进出口商品交易会，并赴云南省红河州考察调研上海对口帮扶项目。

6月24日—28日　上海市代表团赴新疆维吾尔自治区喀什地区出席中国新疆喀什·中亚南亚商品交易会，并召开援疆干部座谈会，考察喀什地区第二人民医院等上海对口援疆项目。

6月　根据中央第六次西藏会议精神，上海首批"组团式"教育援藏工作队于2016年6月进藏。管理干部是上海市第八批援藏干部，专任教师原则一年一轮换，先后有三批，共104位。

7月7日　上海市党政代表团赴青海省学习考察，召开上海·青海两省市座谈交流会和上海·果洛对口支援工作汇报会，并看望慰问本市援青干部人才。

7月11日—12日　上海市第二批援黔干部启程赴贵州省遵义市挂职。

7月24日　本市第三批22名援青干部启程赴青海果洛挂职（2018年4月又增派2名）。2019年7月，第三批援青干部完成任务回沪。

10月9日　"上海—遵义职业教育联盟"在贵州省遵义市成立。

10月16日　全国脱贫攻坚奖表彰大会在京召开，上海安信农保公司总裁石践获创新奖。

同日　上海在对口地区援建的首个自然能提水工程在云南省大理州

剑川县马登镇建成通水。至2020年年底，借助上海科技力量，上海在对口地区援建了65个自然能提水项目，应用动势能转换原理，不用油、不用电就能将水提到几十米、几百米的高处，解决了24万人生活用水和8万多亩农田灌溉的难题。

11月9日—10日 上海市党政代表团赴云南省学习考察。在滇期间，两地座谈交流沪滇扶贫协作工作并签署《上海市人民政府、云南省人民政府关于进一步加强扶贫协作的协议》，协议确定将扶贫协作范围由"4+2"拓展至"8+4"，即对文山、红河、普洱、迪庆、大理、楚雄、德宏、西双版纳8个少数民族自治州开展重点扶贫协作，将保山、曲靖、临沧、丽江4个市纳入面上扶贫协作范围。

2017 年

2月19日 上海市第九批193名援疆干部人才分批启程。其中20名骨干于2016年12月25日先赴新疆。2020年，第九批援疆干部人才完成任务全部回沪。

3月21日 贵州省遵义市党政代表团来沪考察。在沪期间，两地召开上海对口帮扶遵义市第五次联席会议。

4月10日—13日 上海市代表团赴青海省学习考察。在青期间，代表团出席市政府驻西宁办事处揭牌仪式，赴果洛州慰问上海援青干部，考察果洛州旅游服务中心、果洛州职业技术学校、果洛州藏医院等上海对口援青项目。

5月31日 南疆首个院士专家工作站落户喀什地区第二人民医院。这是医疗人才"组团式"援疆的重要成果之一。

6月29日 上海市委、市政府召开上海市对口支援与合作交流工作会议暨东西部扶贫协作动员大会。韩正出席会议，讲话强调要深入学习领会习近平总书记关于东西部扶贫协作和对口支援的重要讲话精神，切实增强做好上海对口支援与合作交流工作的责任感和紧迫感，全力以赴帮助支持对口地区打赢脱贫攻坚战，在深化区域合作交流、更好服务全国中加快自身发展，为全面建成小康社会作出上海应有的更大贡献。

8月20日—21日　上海市党政代表团赴贵州省遵义市学习考察。在黔期间，两地召开沪遵扶贫协作联席会议。

8月25日—27日　上海市代表团赴云南省学习考察。在滇期间，两地召开沪滇扶贫协作联席会议，代表团深入普洱市和大理白族自治州，考察上海金融企业开展农产品价格保险情况、上海企业在当地劳务用工情况，听取教育帮扶、卫生帮扶情况，看望慰问上海援滇驻滇干部及沪滇扶贫接力计划志愿者代表。

9月5日—10日　上海市代表团赴西藏自治区日喀则市考察调研，召开两地联席会议，看望贫困群众，慰问援藏干部。

9月29日　云南省人民政府发布公告，批准上海结对帮扶的寻甸县等15个县退出贫困县（包括寻甸回族彝族自治县、罗平县、牟定县、姚安县、石屏县、宁洱哈尼族彝族自治县、勐海县、祥云县、宾川县、巍山彝族回族自治县、洱源县、鹤庆县、芒市、玉龙纳西族自治县、云县）。

10月17日　举办"摆脱贫困有你有我"大型社会帮扶系列活动，启动"自然的馈赠"阿基米德精准扶贫行动，举行社会力量参与助力对口地区精准扶贫、精准脱贫工作签约仪式，开展"上海公益伙伴日"主题活动。

10月23日　日喀则市亚东县被国务院扶贫办批准退出。亚东县成为西藏自治区首批脱贫摘帽的5个县区之一。

10月31日　贵州省人民政府发布公告，批准赤水市退出贫困县（市、区），正式脱贫摘帽。

12月12日　贵州省代表团来沪考察。在沪期间，两地政府签订《上

海市政府　遵义市政府关于加强东西部扶贫协作助推脱贫攻坚合作协议》。

12月15日　云南省代表团来沪考察并召开沪滇扶贫协作联席会议。

2018 年

3月5日—8日　上海市代表团赴重庆市万州区、湖北省宜昌市夷陵区学习考察，与当地政府共同研究推动对口支援三峡库区工作。

3月29日　上海市·遵义市扶贫协作第七次联席会议在沪召开。两地相关部门签订产业、商务、旅游、文化、教育等方面合作协议。

3月29日—4月2日　上海市代表团赴云南参加文山壮族苗族自治州成立60周年庆祝活动，并出席同济大学与云南省联合举办的中德职教联盟昆明示范基地揭牌仪式。

4月26日—28日　上海市代表团赴云南省学习考察。在滇期间，两地召开上海云南扶贫协作联席会议，代表团看望慰问上海援滇驻滇干部人才。

5月17日—18日　上海市代表团赴遵义市学习考察。在遵义期间，两地举行沪遵扶贫协作联席会议，共同见证双方签署劳务协作、产业扶贫及金融扶贫框架协议，代表团看望慰问上海市第二批援黔干部人才。

6月8日　上海市委召开常委会，专题研究进一步做好东西部扶贫协作工作等事项，听取上海贯彻落实中央要求开展东西部扶贫协作工作情况的汇报，推动本市东西部扶贫协作工作。

6月25日　东西部扶贫协作地区基层党组织结对共建仪式在沪举行，上海相关街镇等党组织与云南省、遵义市的贫困村党组织签署结对共建协议。

7月8日—12日　上海市代表团赴西藏自治区学习考察，推动上海对口援藏工作。

7月12日　上海市对口支援与合作交流工作领导小组召开全体会议，传达学习全国东西部扶贫协作工作推进会精神，审议《上海市助力对口地区打赢脱贫攻坚战三年行动计划（草案）》。8月1日，市委、市政府正式印发该《行动计划》。

7月18日　上海（复旦大学）扶贫研究中心成立。

7月19日　上海市政府合作交流办与国家开发银行扶贫金融事业部共同举办"开发性金融支持东西部扶贫协作——上海在行动"活动。云南、遵义地区代表与上海企业对接互动，国家开发银行上海市分行分别与上海市工商业联合会、光明食品（集团）有限公司、上海临港经济发展集团、绿地控股集团有限公司、上海安信农业保险股份有限公司、上海鹏欣集团有限公司、上海景域旅游投资有限公司（驴妈妈旅游网）签署协议。

7月20日—21日　上海市代表团赴青海省西宁市和果洛州学习考察，推动上海对口援青工作。在青期间，见证西宁果洛中学加盟上海大同教育集团签约仪式，看望慰问上海援青干部和市政府驻西宁办事处全体干部。

7月31日　"上海—云南职业教育联盟"在云南省昆明市成立。

8月4日—5日　上海市区县结对携手奔小康现场会在云南西双版纳州勐海县召开。沪滇两地携手奔小康区县、前方工作联络小组代表介绍结对帮扶经验做法，并举行沪滇扶贫协作媒体报道联盟揭牌仪式。

8月22日　上海市代表团赴新疆喀什地区学习考察。在疆期间，两地举行上海·新疆对口支援工作座谈会。

9月21日　贵州省人民政府发布公告，批准桐梓县、凤冈县、湄潭县、习水县等14个县（区）退出贫困县，正式脱贫摘帽。

9月29日　云南省人民政府发布公告，批准上海结对帮扶的寻甸县等15个县退出贫困县（包括寻甸回族彝族自治县、罗平县、牟定县、姚安县、石屏县、宁洱哈尼族彝族自治县、勐海县、祥云县、宾川县、巍山彝族回族自治县、洱源县、鹤庆县、芒市、玉龙纳西族自治县、云县）。

10月9日　青海省党政代表团来沪考察。在沪期间，两地召开沪青对口支援合作座谈会，两地政府签署加强对口支援和重点领域合作框架协议。

10月17日　2018年上海市对口帮扶地区特色商品展销会在源深体育中心开幕。市委书记李强，市长应勇赴现场查看。李强指出，打赢打好脱贫攻坚战，是以习近平同志为核心的党中央作出的重大战略部署，要精准对接对口地区所需，全力做好产业扶贫这篇大文章，依托上海大市场、大流通趋势，让对口地区的特色优质产品走进千家万户、走向更大市场，助力对口地区提升脱贫攻坚时效、实现更好发展。

同日　2018年全国脱贫攻坚奖表彰大会暨首场脱贫攻坚先进事迹报告会在北京举行。上海广播电视台、上海文化广播影视集团有限公司东方卫视中心获组织创新奖，西藏自治区日喀则市上海实验学校校长、上海师范大学基础教育发展中心常务副主任傅欣获创新奖，上海均瑶（集团）有限公司董事长王均金获奉献奖。

11月19日—20日　贵州省代表团来沪考察对接东西部扶贫协作工作。

12月12日　西藏自治区党政代表团来沪考察并举行上海西藏对口支援工作座谈会。

12月14日　云南省党政代表团来沪考察并举行上海云南扶贫协作联席会议。

2019 年

1月4日　上海市委召开常委会，传达学习全国扶贫开发工作会议精神，研究贯彻落实措施。会议指出要全力落实中央部署要求，发挥上海优势，在产业扶贫、劳务协作、人才支持、消费扶贫等方面加大工作力度，落实帮扶项目，更好帮助对口地区打赢脱贫攻坚战。

2月6日　西藏自治区脱贫攻坚指挥部发布公告，经独立第三方评估，批准日喀则市定日县正式脱贫摘帽。

4月24日　贵州省人民政府发布公告，批准道真县、务川县等18个县（区）退出贫困县，正式脱贫摘帽。

同日　上海市代表团赴云南学习考察，举行沪滇扶贫协作第二十一次联席会议，看望慰问上海援滇驻滇干部人才。

4月　新疆维吾尔自治区人民政府发布公告，批准泽普县退出贫困县序列，正式脱贫摘帽。

4月30日　云南省人民政府发布公告，批准上海结对帮扶的东川区等31个县（市、区）退出贫困县（包括昆明市的东川区、禄劝县，曲靖市的富源县、师宗县，保山市的龙陵县、昌宁县，楚雄州的双柏县、南华县、大姚县、永仁县，红河州的泸西县，文山州的砚山县、西畴县，普洱市的景谷县、镇沅县、西盟县、孟连县，西双版纳州的勐腊县，大理州的漾濞县、南涧县、永平县，德宏州的盈江县、陇川县，迪庆州的香格里拉市、德钦县，临沧市的临翔区、凤庆县、镇康县、耿马县、沧源县、双江县）。

5月8日　上海市代表团赴贵州考察扶贫协作工作。在黔期间，两地召开沪遵扶贫协作联席会议，代表团看望慰问上海援黔干部人才。

5月15日　青海省人民政府发布公告，批准玛多县退出贫困县序列，正式脱贫摘帽。

5月24日　青海果洛党政代表团来沪考察，共商助力果洛打赢打好脱贫攻坚战。在沪期间，两地召开上海市对口支援果洛州工作联席会议。

5月27日 《上海市人民政府办公厅关于本市深入开展消费扶贫助力打赢脱贫攻坚战的实施意见》发布。

6月16日 "黔菜入沪"产销对接会在沪召开,上海蔬菜集团与贵州省现代物流集团签署合作框架协议,进一步拓展贵州蔬菜在上海的销售渠道。

7月23日 贵州省党政代表团来沪考察。在沪期间,两地召开上海·贵州扶贫协作工作座谈会,共商扶贫协作和加强合作等事宜。

8月6日—8日 上海市代表团赴青海西宁、果洛学习考察,看望慰问上海援青干部人才,实地查看上海援青项目,走访慰问建档立卡贫困家庭。

8月15日—16日 上海市代表团赴西藏学习考察。在藏期间,两地召开上海·西藏对口支援工作座谈会,代表团实地察看了上海对口援建项目,看望慰问上海援藏干部人才,推动对口援藏工作。

9月8日—12日 上海市代表团赴新疆维吾尔自治区学习考察。在疆期间,两地召开上海对口支援新疆工作座谈会,研究产业援疆促进稳定就业、改善民生助力脱贫攻坚、加强交往交流交融增进民族团结等工作。

10月16日 云南省党政代表团来沪考察。在沪期间,两地召开上海·云南扶贫协作联席会议,市农业农村委、市商务委与云南省农业农村委、省商务厅签署《关于生猪稳产保供合作框架协议》。

10月17日 李强、应勇会见上海对口帮扶扶贫先进事迹报告会成员,现场察看2019年上海市对口帮扶地区特色商品展销会。

同日 2019年全国脱贫攻坚奖表彰大会暨首场脱贫攻坚先进事迹报告会在北京举行。中国太平洋财产保险股份有限公司获组织创新奖,上海来伊份股份有限公司总裁郁瑞芬获奉献奖,上海复星高科技(集团)有限公司董事长陈启宇获创新奖。

12月23日　西藏自治区脱贫攻坚指挥部发布公告，经独立第三方评估，批准江孜县、拉孜县、萨迦县正式脱贫摘帽。

2020 年

1月24日　新疆维吾尔自治区人民政府发布公告，批准巴楚县退出贫困县序列，正式脱贫摘帽。

3月3日　贵州省人民政府发布公告，批准正安县等24个县（区）退出贫困县（区），正式脱贫摘帽。

4月21日　青海省人民政府发布公告，批准久治县、甘德县、玛沁县、班玛县、达日县退出贫困县序列，正式脱贫摘帽。

5月17日　云南省人民政府发布公告，批准上海结对帮扶的23个县脱贫摘帽。（包括曲靖市宣威市，保山市隆阳区、施甸县，楚雄州武定县，红河州红河县、元阳县、绿春县、金平县，文山州文山市、麻栗坡县、马关县、丘北县、富宁县，普洱市景东县、墨江县、江城县，大理州弥渡县、云龙县、剑川县，德宏州梁河县，丽江市永胜县，迪庆州维西县，临沧市永德县）。

5月20日　上海市对口支援与合作交流工作领导小组办公室等12部门联合发布《上海市深化消费扶贫行动助力决战决胜脱贫攻坚的实施方案》。

6月7日　以"申情购、沪爱帮"为主题的上海市消费扶贫专项行动启动仪式在南京路步行街举行。

7月16日—17日　上海市代表团赴云南考察调研。在滇期间，两地召开上海·云南扶贫协作联席会议，察看对口地区脱贫攻坚最新进展，狠抓沪滇扶贫协作项目落实推进，看望慰问上海援滇驻滇干部人才代表。

9月9日　上海市代表团赴西宁出席对口援青十周年总结表彰大

会，考察西宁果洛中学等上海对口支援项目，参观上海援青十周年图片展，并看望慰问上海市援青驻青干部人才。

9月11日　上海市代表团赴遵义市学习考察，看望慰问援黔干部人才。在黔期间，两地召开沪遵扶贫协作第十一次联席会议，签订产业、教育、劳务、医疗等领域合作协议。

10月10日—12日　上海市代表团赴新疆喀什地区学习考察，与当地共同举行上海对口支援新疆工作会议，看望慰问援疆干部人才和支教教师代表。

10月17日　2020年上海市对口帮扶地区特色商品展销会在光大会展中心举办。

同日　市委书记李强，市委副书记、市长龚正赴上海市消费扶贫工作平台调研考察消费扶贫工作推进和平台运行情况。

同日　2020年全国脱贫攻坚奖表彰大会暨先进事迹报告会在北京举行。上海寻梦信息技术有限公司获组织创新奖，春秋航空董事长王煜获奉献奖，蔬菜集团董事长吴梦秋获创新奖。

10月17日—20日　上海市代表团赴西藏日喀则市考察调研，察看指导亚东县边境小康示范村建设工作，召开对口援藏工作会议，看望慰问援藏干部人才。

11月14日　新疆维吾尔自治区人民政府发布公告，批准莎车县、叶城县退出贫困县序列，正式脱贫摘帽。

同日　云南省人民政府发布公告，批准上海结对帮扶的5个县退出贫困县（包括宁蒗县、广南县、会泽县、澜沧县、屏边县）。

11月17日　遵义市党政代表团来沪考察，两地召开沪遵对口扶贫协作联席会议。

11月21日　第三届长三角国际文化产业博览会暨上海对口支援地区文化旅游产品博览会在沪举办，上海对口帮扶地区组团参展，促进

"东西大联动，文旅助小康"。

12月24日　亚东边境小康示范村建设推进会议在沪召开，研究部署推进边境小康示范村建设相关工作。

2021 年

2月25日　全国脱贫攻坚总结表彰大会在北京人民大会堂隆重举行。中共中央总书记、国家主席、中央军委主席习近平在大会上发表重要讲话。会上，上海33名个人、25个集体分别荣获先进个人和先进集体表彰。

5月20日　上海市助力脱贫攻坚表彰大会在上海展览中心隆重举行。李强出席并讲话强调，要深入贯彻落实习近平总书记在全国脱贫攻坚总结表彰大会上的重要讲话精神，从伟大脱贫攻坚精神中汲取开拓进取、建功立业的强大力量，以更坚定的决心、更饱满的热情、更昂扬的斗志，切实做好助力对口地区巩固拓展脱贫攻坚成果同乡村振兴有效衔接各项工作，在全面建设社会主义现代化国家新征程上，为谱写东西部协作和对口支援工作新篇章作出上海的更大贡献。会议表彰了70名上海市助力脱贫攻坚先进个人、50个上海市助力脱贫攻坚先进集体。

后 记

　　《东西部扶贫协作和对口支援中的上海样本》是中央党史和文献研究宣传专项引导资金资助，中共上海市委党史研究室有关研究人员集体撰写的研究自党的十一届三中全会以来上海服从服务国家小康社会建设，参与东西部扶贫协作和对口支援的历程和经验做法的著作。本书采取历史脉络梳理和经典案例分析相结合的形式，分阶段、分领域对上海开展东西部扶贫协作和对口支援工作进行系统分析，从中归纳总结上海好的做法和经验，以为今后的对口帮扶工作提供借鉴。全书具体撰写分工如下：第一章、第十章、大事记郭继，第二章、第三章、第四章、第七章许璇，第五章、第八章侯桂芳，第六章、第九章孙宝席。全书初稿于 2022 年完成，感谢上海人民出版社的大力支持。

　　书中如有疏漏或错误之处，敬请读者予以批评指正。

著者

2024 年 6 月

图书在版编目(CIP)数据

东西部扶贫协作和对口支援中的上海样本/郭继等
著. —上海:上海人民出版社,2024
ISBN 978 - 7 - 208 - 18908 - 9

Ⅰ.①东…　Ⅱ.①郭…　Ⅲ.①扶贫-经济援助-案例
-上海　Ⅳ.①F127.51

中国国家版本馆 CIP 数据核字(2024)第 089764 号

责任编辑　罗　俊　郑一芳
封面设计　谢定莹

东西部扶贫协作和对口支援中的上海样本
郭　继　侯桂芳　孙宝席　许　璇 著

出　　版　上海人民出版社
　　　　　(201101　上海市闵行区号景路 159 弄 C 座)
发　　行　上海人民出版社发行中心
印　　刷　上海商务联西印刷有限公司
开　　本　720×1000　1/16
印　　张　19
插　　页　2
字　　数　236,000
版　　次　2024 年 6 月第 1 版
印　　次　2024 年 6 月第 1 次印刷
ISBN 978 - 7 - 208 - 18908 - 9/D·4322
定　　价　85.00 元